主题结构的
跨语言认知探索

李银美　王义娜　著

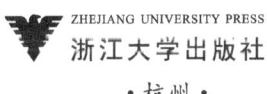
浙江大学出版社
·杭州·

图书在版编目（CIP）数据

主题结构的跨语言认知探索 / 李银美，王义娜著.
杭州：浙江大学出版社，2024.12. -- ISBN 978-7-308-25732-9

Ⅰ.H0-06

中国国家版本馆CIP数据核字第2024RX4545号

主题结构的跨语言认知探索

李银美　王义娜　著

策划编辑	徐　瑾
责任编辑	董齐琪
责任校对	李　琰
封面设计	周　灵
出版发行	浙江大学出版社
	（杭州市天目山路148号　邮政编码310007）
	（网址：http://www.zjupress.com）
排　　版	浙江大千时代文化传媒有限公司
印　　刷	广东虎彩云印刷有限公司绍兴分公司
开　　本	710mm×1000mm　1/16
印　　张	15
字　　数	230千
版 印 次	2024年12月第1版　2024年12月第1次印刷
书　　号	ISBN 978-7-308-25732-9
定　　价	68.00元

版权所有　侵权必究　印装差错　负责调换

浙江大学出版社市场运营中心联系方式：0571-88925591；http://zjdxcbs.tmall.com

序 言

主题结构是汉语的基本句法结构,包含前置式、偏置式、悬置式等多种主题结构类型,其独特的主题—述题关系代表着汉语和其他语言的重要句法区别。本书秉承认知学派的"用法本位"思想,运用认知语法的句法—话语融合视角(Langacker,2001,2008,2016,2017 等),以主题结构在小句和话语层面的标记性为切入点,围绕不同主题结构类型的用法独特性展开汉、英、日等多语言对比研究,探究其概念化方式差异。

本书主要具备以下四个特点。

第一,立足于汉语视角的跨语言比较研究。汉语里主题结构丰富,但此类结构并非汉语独有。无论是主语突出的英语或法语还是主语主题双突出的日语都有主题结构,但在具体结构的选择和使用上不同语言存在显著差异。本书的研究以汉英对比为主,涉及主题结构、主题连锁结构、主题提升结构以及其反向但呈现跨语言关联的无主句、it-主语句等非人称结构,剖析了不同语言的主客观性差异。

第二,运用多种语料库的跨语言研究。在可比语料库、平行语料库、学习者语料库以及多译文方面,本书都进行了个案对比尝试,涉及口语对话、小说、散文、新闻报道以及童谣等体裁。尤其是汉语口语语料库的建立与汉英对比运用,是本书的一大亮点。本书的多项成果都是基于自建语料库和圣巴巴拉美语口语语料库的对比研究(见第 1、2、3、7 和 10 章),可为对比或认知研究爱好者提供基于多种语料库的研究范例。

第三,超越小句视角的认知融合研究。本书基于认知语法的空间本位观,以当前话语空间为理论出发点,将其前期话语和后期话语一并纳入考察,突破了句子的狭窄范围。借此,主题和述题小句之间的关涉机制得到了更为清晰的展现,汉英句子的扩展方式差异、主句和从句的语序差异、提升句式的主题性与非人称性等不同现象也得到了更为合理的阐释。跨语言事实表明，由主题到述题已成为汉语使用者的一种思维表述方式，而主谓关系始终是英语的思维主干。

第四，语句标记分析的情境植入层级视角。研究普遍认可汉语缺少形态（语法）标记，但对于汉语使用哪些标记手段则观点不一。本书突破印欧语的形态分析路线，以述题小句的情境植入为观察点，结合其主题（或相关名词性成分）的空间性定位特征，提出了主题结构对比的情境植入层级建构，进而指出了汉语主题结构时空定位的独特性。本书提出，情境植入是将语法结构重新语境化的一套认知理论模式，情境植入层级考察是一条语句标记研究的新路径，有望解决更多复杂结构的时空定位问题，其理论建构价值有待进一步挖掘。

本研究为北京社会科学基金项目"汉英主题结构与主谓结构语句标记层级的情境植入对比研究（24YYB010）"的研究成果。感谢《外语教学与研究》《外国语》《外语教学》《外语与外语教学》《解放军外国语学院学报》《西安外国语大学学报》《外国语文》等对本研究的支持和肯定。感谢北京航空航天大学精品课建设项目"对比语言学"的课程建设支持。感谢浙江大学出版社对书稿的认可，感谢责任编辑董齐琪老师对文稿的认真审读和辛勤付出！文中出现的问题概由作者负责。

这本书的出版见证了两位作者亦师亦友的十余年光阴，以及那些观点不断碰撞，或兴奋或苦恼的有趣的、闪光的日子。其中部分章节也有李亚培教授、袁凤识教授、李甜硕士、杨艺博士和刘佳欣硕士的参与和付出，在此表示感谢。目前主题结构研究还在不断涌现出新成果（刘丹青，2023；钟玲俐，刘正光，2024；等），语言对比研究也呈现出新的认识转向和多因素研究态势（王义娜、刘伟乾，2024；王义娜、赵娟，2024；等）。近日将书稿分编整理出来，呈现给广大语言学研究爱好者。期待朋友们能从中有所启发，推动汉语或跨语言对比研究不断走向深入。

王义娜

2024 年 12 月 18 日

前　言

自 Li 和 Thompson（1976）提出"主题突出""主语突出"等语言类型假说以来，主题结构一直是语言学研究领域的热点，涉及主题的识别度、述题的现实性以及结构的语篇功能等研究。十余年来，我们以情境植入观为理论基础，以结构的标记性为切入点，以行为特征分析法为研究方法，基于多语言语料库开展了一系列主题结构的跨语言对比研究，现结集成书出版。期待本书可引发学界对主题结构研究的更多关注，深化对汉语独特性的观察和认识。

全书分为五个部分。第一部分介绍本书运用的理论框架及研究方法，包括第 1 章和第 2 章。第 1 章运用认知语法的情境植入观，结合认知类型学的标记性理论，提出主题结构考察的典型特征束思路，可从结构、话语和认知层面分别提取主题和述题的典型特征加以比较，为主题结构的标记性考察提供新视角。第 2 章则提出主题结构的语料库考察方法，比照圣巴巴拉美语口语语料库，建立了一个相应的汉语可比口语语料库，进行主题结构的语料标注与数据分析，挖掘不同语言中主题结构的异同，解析跨语言对应范畴的根本差异。

第二部分对不同语言里特定结构的主题属性及与主题相关的语言特征进行对比研究，包括第 3 章至第 6 章。第 3 章分析了汉英主题结构的土题在指称义、回指性和预指性等维度的特征束，论证汉英结构的使用异同及结构间的替换问题。第 4 章对比了汉日不同受事前置结构的分立与中和问题。第 5 章基于可比语料库对"难易评价结构"的句式分布与功能取向进行认知对比。第 6 章基于英语学习者和英汉时间状语从句句法位置的分布观察，提出汉英从句句法位置差异与其主题和主语突出语言类型相关。

第三部分是以述题小句为切入点的跨语言对比，包括第 7 章至第 9 章。第 7 章从述题的限定角度对汉英主题结构进行对比，指出汉英述题在态度限定倾向和时间限定倾向上存在显著差异。第 8 章讨论后置"的"字结构的述谓性倾向，提出该结构与汉语自身的零句优势和主题突出特点相关。第 9 章围绕汉英从属关系表达探讨汉语句子的扩展方式，提出其链式小句衔接倾向是汉语语段或篇章取向型语言的特点。

第四部分重在分析主题结构的跨语言表现，包括第 10 章和第 11 章。第 10 章从主题和述题标记性的反向关联角度论证汉英主题结构在主观评价和客观描写功能上存在的显著差异。第 11 章提取汉语四类受事前置结构，考察其前置成分主题性和事件类型现实性的差异，发现前置结构的多样性恰恰是主题突出型语言的典型特征。

第五部分提出语句对比的认知研究路向与展望，包括第 12 章和第 13 章。第 12 章梳理了 Langacker 和 Nuyts 的认知功能主张，提出基于现实性的句内/句外情境植入层级，超越语法手段观察不同语句的现实标记维度，推进对时、体、情态和言据等四大语义范畴的语句标记认识。第 13 章讨论了多因素定量分析路径在语言对比研究中的优势，指出其形义配对思想对推进对比语言学研究具有重要的方法论和理论推动意义。

本书采用认知语法视角对主题结构这一经典议题进行跨语言探索，研究倡导结构—语篇—认知处理融合观，对比主题结构及相关结构使用的语言环境，解析人类认知的普遍性和具体概念化方式的差异性。期待本研究可在一定程度上推动对语言结构本质特征的观察，为语言类型差异提供一条新思路。

目 录

第一部分 理论框架及研究方法

1 情境植入视角下主题结构的标记性考察 / 3
 1.1 以往研究评述 / 4
 1.2 基于情境植入的典型特征束考察思路 / 10
 1.3 小结 / 15

2 对比视角下汉语口语语料库的建立及主题结构研究应用 / 16
 2.1 汉语口语语料库现状及研究挑战 / 17
 2.2 对比视角下的汉语口语语料库 / 18
 2.3 英汉口语语料库的主题结构应用研究 / 22
 2.4 小结 / 25

第二部分 主题结构的主题研究

3 典型特征束视角下汉英主题结构的话语分析 / 29
 3.1 研究问题的提出及研究方法 / 30
 3.2 汉英主题结构的语料考察 / 37
 3.3 讨论:汉英主题结构的原型特征 / 44
 3.4 小结 / 47

4 汉日受事前置结构的语篇信息等级表现 / 48
 4.1 研究回顾及研究方法 / 50
 4.2 研究数据及初步分析 / 53
 4.3 结构类型及语言表现异同原因 / 59

4.4 小结 / 62

5 英汉"难易评价结构"的主题性与非人称性 / 63
　5.1 研究方法 / 65
　5.2 句式分布及其语义特征 / 66
　5.3 难易评价结构的主题性与非人称性表达 / 69
　5.4 小结 / 79

6 学习者英语与英汉时间状语从句的句法分布差异 / 80
　6.1 研究方法与初步数据分析 / 81
　6.2 连接词概念语义与句法位置分布 / 83
　6.3 从句的篇章语用功能与句法位置分布 / 88
　6.4 小结 / 91

第三部分　主题结构的述题研究

7 从述题的情境植入看汉英主题结构的主观性 / 95
　7.1 理论基础及研究方法 / 98
　7.2 汉英述题的情境植入类型对比 / 103
　7.3 讨论:汉英主题结构的主观性差异 / 109
　7.4 小结 / 115

8 后置"的"字结构的评述性及其英语对应语表现 / 117
　8.1 语料提取与基本结构观察 / 118
　8.2 后置语的视角观察图式 / 120
　8.3 "的"字短语后置的视角观察分析 / 121
　8.4 小结 / 129

9 从童谣翻译看汉语句子的扩展方式 / 130
　9.1 童谣"The House that Jack Built"及其译文材料 / 131
　9.2 句法层面:不同扩展方式的有效性 / 134
　9.3 语段层面:不同扩展方式的认知加工有效性 / 137
　9.4 小结 / 143

第四部分 主题结构的跨语言研究

10 当前话语空间视角下的汉英主题结构的标记性研究 / 147
   10.1 研究问题的提出和研究方法 / 148
   10.2 情境植入与主题结构的标记性维度 / 150
   10.3 汉英主题结构的标记性考察 / 154
   10.4 讨论：不同主题结构的典型特征与标记性 / 159
   10.5 小结 / 164

11 汉语四类受事前置结构的语料库研究 / 166
   11.1 受事前置结构研究现状 / 167
   11.2 受事前置结构研究方法和初步数据 / 169
   11.3 受事成分主题性的语篇考察 / 170
   11.4 谓词成分现实性的语篇考察 / 176
   11.5 小结 / 179

第五部分 语句对比的认知研究路向与展望

12 情境植入层级视角下的语句标记研究 / 183
   12.1 认知语法的句内/句外情境植入观 / 184
   12.2 功能路向下的事态限定等级 / 187
   12.3 跨语言研究启示 / 190
   12.4 小结 / 194

13 对比语言学研究的多因素转向 / 196
   13.1 对比语言学研究的两大问题 / 197
   13.2 基于使用的实证对比研究路径与进展 / 199
   13.3 小结 / 207

结　语 / 209
参考文献 / 211

| 第一部分 |

理论框架及研究方法

1. 情境植入视角下主题结构的标记性考察[①]

主题结构由主题和述题组成,主题是位于句首的名词性成分,述题是用以说明主题的后续小句(Gundel,1985;陈平,1994)。根据两者的句法关联,主题结构可分为前置式、偏置式和悬置式等类型。本章重点关注四类主题结构:主语主题结构(subject marking,SM)、宾语主题结构(object fronting,OF)、左偏置结构(left-dislocation,LD)和悬置主题结构(hanging topic,HT)。其分别指述题小句[②]的主语或宾语前置为主题的结构,述题部分使用复指词回指主题的结构,以及主题和述题之间在句法上没有语义共指关系的结构(Prince,1997;Shi,2000;Netz and Kuzar,2007,2009;徐烈炯、刘丹青,2007)。例如[③]:

(1)a. 就[那],[∅]能好看？(SM)

　　b. 咱们早自习不还挺多吗？[英语]你还必须得去[∅]嘛。(OF)

　　c. [我爸],我就特受不了[他]。(LD)

　　d. 反正[他那个房子],他跟我说条件不是很好。(HT)

(2)a. [Much of our political behavior], [∅] is a product of what was covered in this class under history and culture.

---

① 原文题为《主题结构的标记性考察——基于情境植入的典型特征束思路》,发表在《北京航空航天大学学报(社会科学版)》2017年第2期,作者为李银美、王义娜。
② 鉴于学界对述题的普遍界定,本书中"述题"和"述题小句"皆指主题结构中的述题部分。"述题小句"的使用更为突出小句这一概念。
③ 文中汉英例证分别取自作者自建的对话体语料库和圣巴巴拉美语口语语料库(Santa Barbara Corpus of Spoken American English,SBCSAE)。主题结构中,主题及其复指词用[ ]标出,复指词为零形式时用[∅]表示。有上下文时,主题结构用下划线标示。

(SM)

b. But [these shoes] we never did put [∅] on a horse. (OF)

c. um, [the woman that just walked out], um, [she] was riding on BART. (LD)

d. And like [the first part of it], we just go into the classroom. (HT)

主题结构的研究成果丰富,尤其是主题角度的研究,提出了有定性、已知性、可及性和凸显性等语义及话语特点,推进了对主题结构及其不同结构类型的基本认识。但是主题结构在不同语言类型中的典型程度以及不同主题结构的典型性如何,现有研究存在很多分歧,其述题小句具有何类特征以及有无制约作用目前少有分析。鉴于此,本章拟从标记性角度对英汉语言的主题结构研究加以评述,将研究分为语言类型、主题结构类型和制约因素,以探求其分歧的症结所在,之后尝试结合认知类型学的标记性研究,提出一条基于认知情境植入(cognitive grounding)的典型特征束分析思路。

1.1 以往研究评述

1.1.1 英汉主题结构的标记性研究

Li 和 Thompson(1976)等指出,汉语和英语分属于主题突出型和主语突出型语言,英语里主谓结构是基础的无标记结构,主题结构很少,所发挥的话语功能也非常有限,属于语用上的有标记句式(Netz and Kuzar,2007,2009;Lambrecht,1994;Givón,2001;Gregory and Michaelis,2001)。这一观点得到学界的普遍认可。然而,主题结构在汉语里究竟能发挥多大作用,即在多大程度上可视为无标记的基本结构,目前的研究视角很多,但提出的观点并不一致。

形式派大多认为,汉语的主题结构也不是基础句式,而是由主谓结构移位产生的变式。其代表人物为 Huang(1982,1987,1991)、Ning(1993)等,其依据是主题在移位过程中需要遵循邻接条件,不能违反孤岛限制,结构呈现出有标记属性。如例(3a)主题"这本书"不可从充当主语的复杂名词短语"读过的人"中提取,例(3b)主题"那个强盗"也无法跨越宾语从句提取。

(3)a. *[这本书],读过[∅]的人来了。
   b. *[那个强盗],我想抓到[∅]的人得了奖。①

以能否进入从句为判断标准,石毓智(2000a,2001)也认为汉语里主谓结构为基础句式,如例(4a)可进入句子和从句两个层面,而主题结构的使用范围受限,是有标记的主题标示手段,如(4b)只能用于主句中。持类似观点的还有陈静和高远(2000),以及陈国华和王建国(2010)等,他们都认为汉语主题结构在实际使用中并不常见(仅占3.44%),凸显性不高。

(4)a. 小王看完了书→这就是小王看完书的地方。
   b. [书]小王看完了[∅]→*这就是[书]小王看完[∅]的地方。

(石毓智,2001)

相反,Li 和 Thompson(1976)、曹逢甫(1995,2005)等功能学派学者认为主题结构是汉语的典型句式,并非由主谓结构派生而来。形式学派的 Xu 和 Langendoen(1985)、Xu(1986)等也认为主题结构是基础生成句式,与主谓结构的句法地位同等。徐烈炯和刘丹青(2007)明确提出主题形成的"插入观",指出汉语主题是一个与主语并列的句法单位,所有的句子结构都有一个可插入主题的位置,主题结构具有无标记性。Shi(1992,2000)也认为汉语的主题可通过对主谓结构的删除、填补等操作方式得出,其主题结构类似于主谓结构,不具有标记属性。

上述研究将主题结构与主谓结构相比较,从汉语主题的语法地位出发,讨论主题结构形成的句法限制或使用范围,或者从主题凸显推断主题结构的无标记性,或者将主题和主语的句法或使用功能对应起来考虑。这对于全面认识汉语的主题结构表现很有助益,但需要注意的是,主题只是主题结构的一部分,两者并不等同;另外,考察句法或其使用分布时不能忽略主题

---

① *表示该句不符合语法规则。

结构的篇章表现，尤其是汉语主题在上下文中经常采用零形式回指[如例(11a)]，否则即使是基于真实语料的数据统计也可能会失之偏颇，无法提供令人信服的分析。

1.1.2 不同主题结构类型的标记性研究

相对而言，不同主题结构类型的标记性研究较为关注其语篇功能倾向，分析视角包括结构—功能对应观察、信息结构观察和话语功能分析等。

结构—功能对应考察以 Prince(1984,1997,1998)为代表，研究基于记叙文语料分析 LD 与 OF 的语篇功能，提出结构与功能之间并非一一对应关系。具体来说，LD 具有简化信息处理（LD1）、激活偏序集合（LD2）和避免孤岛限制（LD3）等功能，OF 兼具偏序集合激活及标示开放命题的功能。两者比较，OF 必须标示开放命题，其语篇限定条件更为严格，标记性更高，Gregory 和 Michaelis 使用图 1-1 的形式表示两者之间的关系。此时，OF 可替换为 LD，如例(5)。

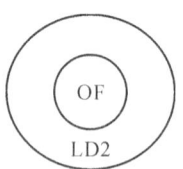

图 1-1　LD2 与 OF 的功能对立

(Gregory and Michaelis,2001)

(5)a. She had an idea for a project. She's going to use three groups of mice. One, she'll feed them mouse chow, just the regular stuff they make for mice. Another, she'll feed them veggies. And [the third], she'll feed [∅] junk food. (OF)

a'. And [the third], she'll feed [them] junk food. (LD)
(Prince,1997)①

---

① a'表示基于例(5a)修改的例句。

信息结构观察注重主题结构的语篇连贯属性,通过主题在语篇中的指称示踪(referential tracking),确定其信息等级、有定性和接续性等特征。代表人物有 Ochs Keenan 和 Schieffelin(1976)、Geluykens(1992)、Lambrecht(1994)、Givón(2001)、Gregory 和 Michaelis(2001)等,得出的基本结论是:LD 为"主题设置手段"(Gregory and Michaelis,2001)或"主题提升"(topic promotion)手段(Lambrecht,1994),具有低回指性和高延续性特征,多位于主题链(topic chain)的链首位置,可"引进语篇的新实体"或将已经背景化的实体"重新引入"(Ochs Keenan and Schieffelin,1976);而 OF 的特点是回指性强但延续性弱,通常不处在链首位置(Gregory and Michaelis,2001;Givón,2005)。两类句式的标记性呈现对立表现。

通过对电话文本中的使用加以考察,Gregory 和 Michaelis(2001)发现 LD 和 OF 的功能倾向分别为主题提升和主题回指,用以回指主题时,OF 不可用 LD 替换。如例(6a)中的 OF 主题 that 具有回指性,使用 LD 则行不通。于是作者修正了 Prince 的上述结论,将 LD2 与 OF 的标记性对立(即功能对立,见图 1-1)修改为图 1-2。

(6)a. A:You should run for a local school board position.
　　　B:[That] I'm not so sure about [∅]. (OF)
　　a'. *[That] I'm not so sure about [it]. (LD)(Gregory and Michaelis,2001)

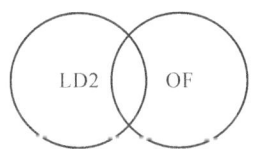

图 1-2　LD2 与 OF 的功能对立
(Gregory and Michaelis,2001)

更为新近的研究是 Netz 和 Kuzar(2007,2009)的话语功能分析,作者采用语步观察分析不同主题结构的话语导向和话语内容导向功能。研究发现,LD 和 SM 的话语功能分别为开启语步和维持语步,但 OF 不具有话语导向功能,因此三个主题结构之间不存在标记性的中和现象。作者还对英语和希伯来语进行比较,从熟悉度(familiarity)、功能多样性(variability)及结构复杂性(complexity)角度对不同主题结构的标记性加以判定,指出标记性其实是个程度问题,SM 的使用频率最高且结构形式最简单,而 OF 的使用频率和话语功能都最为受限,标记性最高。这一标记性考察基本沿用了 Lambrecht(1994)的语用分析思路,他指出:命题义相同但语言形式或语用功能不同的句子构成一组同分异构句(allosentence),其中承担话语功能多的成员在语用上中立或无标记,这类格式的分布更为广泛自由,使用频率相对较高,功能更为多样。这一研究思路关注不同主题结构的使用特点和相互联系,对我们的研究启发很大。

近年来,汉语研究也从话语功能角度探讨主题结构的标记性,但不同研究的结论分歧很多。文旭(2005)认为 LD 功能广泛,OF 较为受限;杨朝军(2010)、王继楠(2012)等也指出 LD 具有强调、对比、简化和衔接等功能;但刘林军、高远(2010)的研究结论则不同,他们以前置式的主题化结构 OF、SM 和偏置结构 LD 为研究对象,考察不同结构在北京话中的使用情况,指出前置结构兼具英语 LD 的简化信息处理、激活偏序集合和避免孤岛限制的功能,可开启或维持一个话语语段,用于"LD 使用的各语言环境中",足见 LD 具有高标记性。对此,潘珣祎(2010)的做法是关注不同主题结构在主题信息等级、主题接续性及话语管理功能上的功能倾向异同,她的分析结论是:前置式与上文的关联度高,多用于维持语步;偏置式在下文的持续性强,多用于引入主题;悬置式则介于两者之间。

综上,将句法分布与语篇研究结合起来,就不同主题结构的语篇属性进行比较,在句法行为与话语功能的相关性、语篇语用条件对主题结构的选取限制等方面都有明显推进,但将前置式的 SM 和 OF 合并的做法忽略了两个结构的不同特性;更为明显的问题是,对于不同结构的标记性差异,不同研究思路提出的结论不一致甚至相反,不论是汉英语言对比还是主题凸显的汉语研究,不同结构的标记性异同尚未落到实处。

1.1.3 主题结构标记性的受制因素

语义关涉观(aboutness)认为主题是句子的言谈对象,述题则是一个句子的所谓部分,关涉关系构成主题结构成立的前提(Gundel,1985;Lambrecht,1994;Li and Thompson,1976;徐烈炯、刘丹青,2007)。然而关涉关系的概念过于模糊,无法解释例(7a)虽然"苹果"与"水果"相关,但句式仍不合乎语法的原因。Pan 和 Hu(2008)、Hu 和 Pan(2009)等尝试使用"允准条件"(licensing condition)和"阐释条件"(interpretation condition)来分解关涉关系,解释 HT 成立的原因。允准条件要求述题中某个变项所引出的集合与主题的交集非空,阐释条件则强调主题与述题中的某个成分构成主谓关系,可分别解释例(7a)和例(7b)的不合法性。

(7) a. *[苹果],我喜欢水果。(HT)
　　b. *[苹果],我喜欢香蕉。(HT)

关涉关系分解看到了关涉性定义的模糊性,推进了对主题结构(尤其是 HT)的相关认识,但这一观察仅限于孤立小句,并未考虑语篇语境对句式的制约作用。正如屈承熹(2003)所言,如果语境条件合适,看似凭常识不具任何语义关联的主题和述题,也可构成合法句子,如在医患对话语境下,例(8)也能构成合法的悬置结构。可见,对语义关涉关系的考察不能只停留在语言结构层,还需考虑包括言听双方及话语语境等在内的情境因素在结构构建中所发挥的作用。

(8) 医师:今天怎么样?
　　患者:喔,我膝盖,今天没有开会。(HT)(屈承熹,2003)

认知语言学对主题结构受制因素的考察则将这些情境要素纳入其中,强调认知主体在结构构建中不可或缺的作用。主题结构的选用体现了言者对客观情景的认知识解差异。主题结构的概念化图式为参照体结构,主题为参照体,旨在帮助建立与述题这一目标命题的概念联系(Langacker,1993, 2001a;Kumashiro and Langacker,2003)。一旦参照体与命题之间的心理通道得以建立,命题即可被确立为目标。参照体—目标关系体现了语法的动态性:从主题参照体的确立,到建立与述题目标的心理关联,再至参照体的消逝和新参照体的确立,如此依次展开,可形成参照体链,达成语篇连贯。

此外,刘林军(2013)从言听交互视角探讨主题标记词的语篇功能,指出带有标记词的主题往往编码复杂,承担更多信息,凸显的主题可用来关照听者的认知需求。简单编码主题带有主题标记时,意在为述题表述赢得时间,关照言者自身的认知诉求。主题标记词这种"瞻前顾后"的言语交际功能,正是言听双方交互作用的产物。

　　认知视角关注语言结构的概念意义和动态性，强调认知主体在结构构建中的制约力，但对于主题结构产生的语篇语境基础并未给予具体分析。言者如何在当前语言场景中调配认知情境因素来增强主题的认知凸显度，如何通过主题标示手段，维持、回顾或开启某个心理空间，如何通过述题标示手段来达意或传情，从而达成与听者的言语互动，实现语篇衔接与连贯等，都有待进一步研究。

　　综上所述，主题结构研究涵盖形式、功能和认知等各个路向，对主题及主题结构特征已形成一些共识，但不同路向对主题及主题结构的标记性结论并未达成一致。以往的研究有所局限，对主题结构的语用关涉关系和篇章衔接作用等的观察大多停留在对结构内部或主题本身的认识上，言听双方等认知情境因素在主题结构的构建和选取中所发挥的作用有待挖掘。更为突出的问题是，研究并未就主题对应的述题特征进行分析，自然也就无法看到主题结构的标记性全貌。为弥补以往研究的不足，我们在情境植入理论的指导下，结合认知类型学研究提出主题结构的典型特征束考察思路。

1.2 基于情境植入的典型特征束考察思路

1.2.1 典型特征束考察思路

　　语言符号本身并无意义，在使用过程中与认知情境发生联系后，才会具有实际交际意义，这一过程即为情境植入（Langacker，2002a，2002b，2008）。认知情境位于当前话语空间（current discourse space，CDS）的主体层，包括言语事件、言听双方以及言谈即时环境（immediate circumstances）（事件发生的时间、地点、先前话语及言听双方共有知识等），是一切语言形式具有实际交际意义的话语基础。而处于CDS客体层的则是话语交际中依次展开的序列话语框架（discourse schema），包括前期、当期及预期话语框架等。语言符号的意义在认知主体层与认知客体层互动的过程中获取：言者在话语交际的当下调配一定的情境要素，使言听双方就所指实体（事物或事件）在

CDS 中的话语地位达成一致。

主题结构的构建是言者基于 CDS 调动一定的情境要素来实现主题和述题的情境植入并搭建两者语义关联的过程。其中,主题为名词短语,凸显情境化了的事物类型,标示在认识上得到情境定位的事物的表达式,是交际双方的言谈起点。述题为定式小句(finite clause),凸显情境化了的过程类型,标示一个在认识上得到情境定位的事件,是主题所激活的相关场景内的一个目标事件。言者在 CDS 中对主题—述题关联加以认识和控制,主题与述题间客观语义关联的弱化,伴随着言者识解作用在语义关联中的强化,两者此消彼长。主题结构的情境植入可帮助看到主题和述题在客体层的语言表征形式、在主体层所调配的认知情境因素以及在话语框架中的话语导向力差异,既可分析主题结构内部的组成要素,又可观察认知情境要素在结构构建中的作用。

结合认知类型学的研究思路,语言结构的标记性不仅指句式使用频率的高低,而且指在句法、话语和认知层面上几个综合因素所构成的特征束的典型程度(Croft,2003;Givón,2005;沈家煊,1999;屈承熹,2006)。据此,我们在认知语法情境植入理论的指导下,提出主题结构标记性的典型特征束考察思路,其涵盖使用频率、结构复杂性、认知复杂性、话语功能多样性等多维标准,以帮助最终确立汉英主题结构的标记性等级,如表 1-1 所示。

表 1-1　主题结构的典型特征束

特征束	标记性高低
使用频率	使用频率高＜使用频率低
结构复杂性	主题:代词＜专有名词＜短有定描写＜长有定描写＜无定描写 述题:时态标记＜否定标记＜情态标记
认知复杂性	主题:回指式/直指式＜搭桥式＜回顾式＜前瞻式 述题:感知现实＜非现实＜投射现实＜潜在现实
话语功能多样性	广泛性＜单一性

1.2.2 情境植入观对典型特征束的阐释

先来看结构复杂性。主题结构的标记性与其编码复杂性呈反比关系,低标记项的编码复杂性至少不高于高标记项的编码复杂性。主题结构情植入时在客体层的结构表征形式可用来分析其结构特征。从主题层看,主题的基本概念原型为事物,情境植入可将事物区别开来,成为具有指称性的、有别于其他事物的名词短语,识别(identification)是主题结构情境植入的核心,其编码形式反映了所指实体的可及性:主题所用编码策略越简单,其可及性越高,标记性越低(Ariel,1990;许余龙,2004)。结合以往研究,可将主题编码策略的标记性由低到高界定为代词＜专有名词＜短有定描写＜长有定描写＜无定描写。再从述题层看,述题为定式小句,其基本概念原型为事件,同一事件类型的多个实例不可能同时发生。对事件而言,其情境植入所关注的中心并非识别问题,而是事件的时间性质,即事件的存在或发生与否,对事件现实性的判断便成为述题情境植入的核心,其编码策略一般包括时态标记、否定标记和情态标记等,编码复杂性依次增加,述题的标记性也随之提高。以汉语主题结构为例(例9),四类结构的主题编码复杂性依次增加,主题标记性递增;述题编码的编码复杂性也不相同。例(9a)使用情态标记,其标记性高于其余三例使用的否定述题标记。

(9) a. A:老师,你会说日语啊?
B:[日语]我不太会说[∅]。我刚学完[日语]……
(OF)

b. A:那个用不了三千吧?
B:那个变频的?
A:[变频的],[∅]用不了三千吧?(SM)

c. 反正[他那个房子],他跟我说条件不是很好。(HT)

d. 这就是我要说的下一层意思,[一个人的魅力],[它]是自内而外散发的。[它]绝不仅仅停留在表面的嘴皮功夫。(LD)

接下来看认知复杂性。结构的标记性与其认知复杂性呈反比,具体来说,就注意力、加工努力或者加工处理时间而言,高标记项比低标记项具有认知复杂性的倾向。主题结构在主体层所触发的认知情境因素差异可用来分析结构的认知复杂性。首先,主题植入时可以调配话语情境、物理情境、知识情境及临时构建情境等,据此可将主题植入方式分为回指式、直指式、搭桥式、回顾式和前瞻式等。这些情境因素在 CDS 的心理空间可及性依次增加(Esptein,2002;王义娜,2003),主题植入方式的认知复杂性也逐渐提高。其次,述题的情境植入主要涉及即时时间情境,其情境植入类型按照事件的现实性大致分为感知现实(perceived reality)、非现实(irreality)、投射现实(projected reality)和潜在现实(potential reality)等(Langacker,2008),分别用来标示具有现实性的事件、不具有现实性的事件、由现在现实投射而来的事件和具有发生可能性的事件。言者感知这些事件所付出的认知努力程度依次增加,述题的认知复杂性也随之增加。以英语主题结构为例(例 10),例(10a)和例(10b)主题触发话语情境,例(10c)和例(10d)触发临时建构情境,主题标记性存在差异;而四例述题分别为非现实、潜在现实、过去和现在感知现实,述题标记性也存在差异。

(10) a. [This] I don't know [∅]. (OF)
b. [That boy], [he]'s supposed to be awesome. (LD)
c. [The songs they were playing on the radio], [∅] were the exact songs they were singing at Bahia. (SM)
d. [All of this stuff out in there], he works six days next week. (HT)

再来看话语功能的多样性。主题结构的标记性还可通过结构的话语功能观察。主题结构的话语功能越多样,标记性越低,反之,标记性越高。基于 CDS 的情境植入观(grounding)可用来分析主题结构的话语功能倾向,主题结构以所在的当前话语框架为核心,包含前期、当前和预期话语框架,当前话语框架承接前期话语框架,并为预期话语框架的阐释做好准备。按照结构在 CDS 中的作用,可区分出延续主题、提升主题、表态主题和旁枝主题等话语功能。延续主题在当前话语框架中将前期话语框架主题延续下去,如例(9a)、例(9b)和例(10a);提升主题将某个实体引入当前话语框架,并使之在预期话语框架中持续下去,如例(9d)和例(10c);表态主题使用比前期话语框架主题更为复杂的编码形式将主题重新引入话语中,意在表明言者对主题的态度,如例(9c)和例(10b);旁枝主题不具有语篇话语功能,只能临时充当小句主题,如例(10d)。

需要重视的是,主体层与客体层互动在主题结构的构建中起着关键作用。比如,是选择延续、引入还是重新引入主题,这些都需要考虑听者的认知状态。主题在 CDS 的识别度越高,所调配的认知情境因素越简单,言者使用的主题编码就越简单,即主题的标记度低;反之则需增加主题标记度,使用高标记手段以帮助听者有效识别主题。可见,标示主题是言听双方的交互主观性表达需要。述题的编码选择也是如此,述题小句描述的是感知现实事件还是非现实或投射及潜在事件,其构建更多倚赖于言者对不同事件的主观识解,即言者会根据其心理空间可及性来选择,高标记性的述题表征是言者主观性表达之需。实际语料中,汉语述题的高标记性明显(王义娜、李银美,2016),如例(11)都使用述谓标记词"能、肯定、可能会"标示。

(11) a. [∅]你说现在不挑的话,[∅]就是也能找到,[∅]远一点肯定能找到,[∅]就直接去直接住。(OF)

b. [这一套],[∅]肯定可贵了。(SM)

c. 像[那个教力学的老师],[那]肯定就是好多万。(LD)

d. 然后[每一类]我们可能会出譬如几道的作为一个题库。(HT)

这一主题结构的典型特征束考察思路具有可操作性。首先可在实际语料中提取出所使用的主题结构,然后在一段相对完整的上下文中标注不同主题结构的各个行为特征,包括主题/述题的编码形式和情境植入方式、主题结构的话语功能等(如表 1-1 所示),以此为基础可对语料数据进行多维比较,从而找到不同句式间的相对标记程度,确立不同结构之间的标记性等级体系。对此我们已基于汉英口语语料库提出了对比分析(王义娜、李银美,2016)。

1.3 小结

主题结构是句子和话语组织的重要手段,以往研究未能就不同主题结构的标记性达成共识,我们认为,一个重要原因是其述题表现以及其认知复杂性表现没有得到足够重视。基于认知语法的情境植入理论,结合认知类型学观点,本书提出了一套综合句法、话语和认知等层面的主题结构标记性考察思路。相较于简单罗列特征束的做法,运用动态的情境植入观,同时关注主题和述题的标记性表现,有助于明晰主题和述题关涉关系的具体实现方式,找到不同主题结构在使用频率、结构复杂性、认知复杂性和话语功能多样性等方面的典型特征,进而探究不同主题结构的语言类型差异。希望这一思路能够推进主题结构的类型对比研究,为主题结构的标记性考察提供新视角。

2. 对比视角下汉语口语语料库的
建立及主题结构研究应用[①]

  自然口语对话(naturally occurring spoken interaction)是最为常见的语言形式,基于口语的语法分析在语言学研究中具有重要意义。以主题结构研究为例,该结构常被视为汉语这类主题突出型语言的常用句式(Li and Thompson,1976),但也同时为其他类型的语言(如英语类主语突出型语言)所共享(Prince,1997)。近年来,英语主题结构研究多在自然口语中展开话语功能观察,阐释了不同主题结构的语篇功能及话语导向力异同(Gregory and Michaelis,2001;Netz and Kuzar,2007)。然而,汉语自然口语语料库匮乏,相关研究要么基于电视访谈进行数据统计(潘珣祎,2010),限定了口语对话的主题走向;要么针对独白式口语进行话语功能分析(刘林军、高远,2010),无法体现口语对话的互动性。在语料不对等的基础上开展英汉对比研究,难以就语言间的类型差异得出令人信服的结论。究其原因,很大程度上受制于口语语料的收集、转写及标注困难,构建汉语口语语料库就成为语法结构对比研究亟须解决的一个问题。

  本章拟以加利福尼亚大学(圣巴巴拉校区)语言学系建立的圣巴巴拉美语口语语料库(Santa Barbara Corpus of Spoken American English,SBCSAE)为参照,在对比视角下探讨汉语口语语料库建立的问题,包括汉语口语语料的采集和转写等,并以我们以往的主题结构研究为例(王义娜、李银美,2016,2019;李银美,2017;李银美、王义娜,2017),探讨汉语口语语料库的标注及统计分析等问题,希望可以为汉语口语语料库的建设及基于可比语料库的语法分析提供一点借鉴。

[①] 原文题为《对比视角下汉语口语语料库的建立及应用:以主题结构研究为例》,发表在《北方工业大学学报》2020 年第 3 期,作者为李银美。

2.1 汉语口语语料库现状及研究挑战

2.1.1 汉语口语语料库现状

早在1968年,赵元任先生就围绕汉语口语中的词类、句子、形态、句法类型等语法问题展开一系列重要研究。50多年后的今天,语言学研究却"从来都是以书面语为核心"(陶红印,2004),真正基于自然口语对话这一最常用、最自然的语言形式的研究少之又少。这与汉语自然口语语料库的匮乏有关。

目前较为大型的汉语自然口语语料库有两个,一个是中国科学院建设的时长约500小时的汉语情景口语语料库(Spoken Chinese Corpus of Situated Discourse, SCCSD),另一个是兰卡斯特—洛杉矶汉语口语语料库(Lancaster Los Angeles Spoken Chinese Corpus,LLSCC),约有100万汉字,但这两个语料库均未开放使用,使得口语语法研究面临语料缺失的困难。

汉语口语语料库的匮乏很大程度上归因于口语语料库的建设困难。口语的使用广度虽远远高于书面语,但是口语语料库的建立过程却非常复杂,有一系列问题需要考虑。比如,在语料库建设中,应该如何获取最自然的语料? 获取之后,如何将之转写为语言文字形式保存? 口语语料中的各种非语言要素要不要转写? 如若需要,以什么符号转写? 转写完成后,如何对语料进行标注? 如何统计分析标注后的数据?

2.1.2 主题结构研究挑战

主题结构是由主题和述题构成的语法结构。其研究是一个经典话题,涉及形式、功能和认知等多个视角,大都围绕主题结构的典型性、差异性以及受制机制等问题展开。一些研究者提出了主题具有已知性、有定性、可及性、凸显性以及在话语中唤起听者注意等很多有价值的观点,但汉语口语语料库的匮乏,导致基于语料库的实证研究较为困难,许多问题未能得到有效解决。

首先,研究(尤其汉语)并未就主题结构的典型性达成一致认识。一种观点认为,主题偏置、前置等是汉语的典型主题结构类型(Li and Thompson,1976;徐烈炯、刘丹青,2007),另一种观点则认为这些结构并不是汉语主题突出的主要表现(曹逢甫,1995;沈家煊,2014)。其次,研究(尤其汉语)对主题结构的差异并未形成一致认识。以往研究并未就不同主题结构的差异达成一致(文旭,2005;刘林军、高远,2010;潘珣祎,2010),而且这些研究主要关注主题在语篇层面的表现,易忽略述题特征。再次,研究对主题结构的受制因素认识不足。关涉关系、篇章视角、信息结构等研究多停留在对主题结构内部或主题本身的认识上,未真正触及包括言听双方在内的认知情境因素在主题结构使用中所发挥的作用。最后,主题结构的比较研究匮乏。主题结构在英汉语中同时存在,但在两种口语中主题结构会有何种类型差异,目前相关研究罕见。仅有的思考研究也存在结论相左、语料不对等的问题(文旭,2005;刘林军、高远,2010;潘珣祎,2010),有必要借助对比语料库系统考察和论证。

可见,汉语口语语料库的匮乏,制约了语法结构的实证研究,建设汉语口语语料库就成为对比研究亟须解决的问题。而汉语口语语料库的建设完全可以以现有的英语口语语料库建设规范为参照。英语口语语料库众多,尤其是 SBCSAE,已广泛用于多语言对比研究中,其建设规范可以给汉语口语语料库的建立提供诸多借鉴。

2.2 对比视角下的汉语口语语料库

自 1990 年第一个英语口语语料库 London-Lund Corpus of Spoken English 问世以来,英语口语语料库的数量如雨后春笋般激增,规模突飞猛进,如 Lancaster/IBM Spoken English Corpus(兰卡斯特英语口语语料库)、Bank of English (Spoken Section)[柯林斯英语语料库(口语部分)]、British National Corpus (Spoken Section)[英国国家语料库(口语部分)]、Corpus of Spoken Professional American-English(职业美语口语语料库)、Wellington Corpus of Spoken New Zealand English(惠灵顿新西兰英语口语语料库)等。其中,较有影响力的口语语料库是由以 John W. Du Bois(约翰·杜布尔)为首的加利福尼亚大学(圣巴巴拉校区)语言学系建立的 SBCSAE,其建设过

程、转写方法等对汉语口语语料库的建立具有重要参考价值。

2.2.1 SBCSAE

SBCSAE 于 1988 至 1996 年录制完成,先后发行 4 个部分,共包括 60 段语音材料,每个对话时长 15～30 分钟,大约由 249000 个单词组成。SBCSAE 也是 International Corpus of English(国际英语语料库,ICE)中美语自然口语语料的主要来源。SBCSAE 既有录音音频(WAV 和 MP3 格式),又有转写文本(TRN 和 CHAT 格式),可从 https://www.linguistics.ucsb.edu/research/santa-barbara-corpus 免费下载获取,也可通过 Linguistic Data Consortium(语言数据联盟)购买获得 CD 和 DVD。

SBCSAE 录音材料来自美国全国各地,保证了会话参与者在区域方言、年龄、性别、种族及社会背景等方面的多样性。其谈话大多为面对面的随意性口语对话,多发生在家人或朋友之间,包括朋友聚会、夫妻聊天、生日派对等场景。有些对话在一些特定的生活场景中录制完成,如纸牌游戏、备餐聊天、电话聊天等。另有话题较为正式的任务型活动,如课堂讲座、商务会谈、市政会议等,但比重不大。

在转写体例上,SBCSAE 主要采用 Du Bois 等(1993)提出的转写系统,最左侧一列记录录音开始和结束时间,中间一列为谈话者,最右侧一列为谈话内容的转写文本。转写文本以语调单位为基本单位,每个语调单位占一行,自上而下依次记录谈话内容。语调单位后面可以有",""."、"?"和"—"等符号,分别表示语调单位的延续、完成、征询和切断。另有一些特殊符号代表文本中的非语言成分,部分举例如下(表 2-1)。

表 2-1 SBCSAE 部分非语言成分转写体例

符号	表示意义	符号	表示意义
[ ]	话语重叠(起始和终结位置标注)	@	一个笑声
...	长停顿(长于 0.5 秒)	..	短停顿(少于 0.5 秒)
H	吸气	H_x	呼气
(COUGH)	咳嗽	(SOB)	啜泣
TSK	啧啧声	(SNIFF)	打喷嚏

SBCSAE 是未加附码的生语料库,研究人员可用合适的软件提取索引,如 Wordsmith 等,也可按研究所需手动检索或标注。SBCSAE 所有语料都是以语篇为中心的连贯话语,且含有录音材料,既适合用于语法结构特征分析,又适合用于韵律特征分析。虽然英语口语语料库众多,但 SBCSAE 却因其独特性及开放性备受青睐,目前被广泛应用于语篇分析、会话分析、语法结构分析等研究领域,使得基于口语语料库的"语言表现"(language performance)研究成为可能。

2.2.2 汉语口语语料库的建立

为展开基于口语语料库的英汉实证对比研究,我们比照 SBCSAE 建立了一个汉语口语语料库,在语体、语域、话题等方面与 SBCSAE 匹配。下面简要说明语料收集和转写规则等问题。

当收集语料时,我们尽量保证研究人员不对谈话材料产生影响,在完全自然的环境(如餐厅、宿舍、校园、家中等)中完成音频录制,并尽可能收集来自全国各地的自然语料。有时研究人员并不在现场,而是让谈话者自行录音,这样参与者可在完全自然的状态下完成语料收集,从而将研究人员对谈话的影响降到最低。

我们尝试选取了部分 SBCSAE 的语料,建立与之可比的汉语口语语料库。具体方法为:剔除 SBCSAE 前两部分较为正式的布道、讲座等材料,选取时长共约 606 分钟的 27 段录音为英语口语语料,汉语对照英语语料构建,尽量保证所录材料在长度、话题等方面与英语相当,内容包括较为随意的面对面聊天,如朋友来访、室友杂谈、家庭聊天、妈妈聚会等,还包括一些主题略微正式的录音,如师生谈话等,另有一些任务型对话,如论文研讨、商务电话会议等。最终所建汉语口语语料库由 27 段录音组成,时长共计 605 分钟(约 10.1 小时),209731 个字符(包括标点符号等),如表 2-2 所示。

2. 对比视角下汉语口语语料库的建立及主题结构研究应用

表 2-2 可比的英汉口语语料库

英语主题	时长/分	汉语主题	时长/分	英语主题	时长/分	汉语主题	时长/分
Actual Blacksmithing	25	男同志聊天	20	Deadly Diseases	2	电视连续剧	26
Lambada	23	同学聚会	24	Tape Deck	22	睡前卧谈	26
Conceptual Pesticide	26	学生来访	32	Wonderful Abstract Notions	20	明日安排	20
Kaging Bureaucracy	19	一家三口	15	Vet Morning	11	男女朋友	20
A Book About Death	20	妈妈聊天	22	Doesn't Work in This Household	21	绿园闲聊	20
Cuz	27	拜访同事	30	Runway Heading	13	宿舍闲聊	15
A Tree's Life	23	客人来访	15	Howard's End	24	归家路上	20
Tell the Jury That	25	电话会议	19	Risk	26	国考考试	22
Zero Equals Zero	24	跳槽	20	The Egg Which Luther Hatched	22	考研	20
Letter of Concerns	15	购买建材	18	Hundred Million Dollars	26	寒假到来	29
This Retirement Bit	20	师生面谈	17	Atoms Hanging Out	16	文科理科	28
American Democracy Is Dying	25	论文辅导	21	Hey Cutie Pie	25	健身锻炼	30
Appease the Monster	27	师生聊天	33	Ancient Furnace	27	艺体上课	28
Bank Products	28	拥抱宝宝	15				

在汉语口语语料的转写体例上，我们主要参考 Du Bois(1993)和陶红印(2004)提出的转写体例，考虑到汉语口语语料库主要用来开展语法结构的话语使用研究，我们对转写规则做出适当调整，基本转写规则如下。

第一，忠实于原文的问题。转写要保证忠实于会话原文，词、句、话语修正、停顿词，甚至非完整句、病句等都保持原样。一些看似无关紧要的零碎成分，对于语言交际来说，都有可能发挥重要作用。例如，主语后如果添加"啊、呢、么、吧、嘛"等主题标记词即成为主题，可引起听者对主题所指的关注，是区分主题结构和主谓结构的一个重要判别方式，转写过程中我们尤其关注提顿词类非实义词，以免误判语法结构类型。

第二，非语言因素问题。口语语料在转写过程中还可能有一些非语言现象，如肢体语言、深呼吸、长出气、笑声、哈欠、咳嗽等。考虑到这些因素与主题结构的研究并无太大相关性，我们暂未在语料库中标注这些非语言现象。

第三，转写单位问题。比照 SBCSAE，汉语语料转写以语调单位为基本转写单位。语调是话语信息单位的语言表现形式，具有一定的功能性切分作用。语调单位可以有很多划分方式，如停顿、音高变化、语速变化等。SBCSAE 以语调单位为基本划分单位，每个语调单位占据一行，逗号、句号、问号等分别用来表示语调单位的延续、完成、征询功能。汉语语料库在建立时，亦以此为操作方法。

下节我们将以主题结构为例，介绍可比口语语料库在语法结构研究中的应用。

2.3 英汉口语语料库的主题结构应用研究

2.3.1 主题结构的语料库标注

建立语料库后，我们提取了英汉四类主题结构，即 SM、OF、LD 和 HT 结构，基于英汉口语语料库进行了一系列主题结构的对比考察（王义娜、李银美，2016，2019；李银美，2017；李银美、王义娜，2017），对以下三个问题做了解答:第一,主题结构在自然话语中是如何分布的?其英汉表现有何异同?第二,不同主题结构的主题和述题是如何标记的?各个结构之间以及英汉语言之间有何异同?第三,英汉主题结构在主题—述题语义关联方式上有何异同?其背后的认知理据是什么?

Gries(2012)在语料库的标注与检索方式中采用了行为特征标注法,并在语料库中对语法结构进行细微标注,为结构间异同观察提供了一个可靠的、系统的观察方式,最终解释结构在语言特征和使用模式上的差异。

语料库标注过程包括语料库检索、语料人工分析和标注、生成共现频率表和统计分析等四个步骤。首先在语料库中手动检索、提取主题结构,并区分主题结构类型,接下来按照事先确定的不同层面的行为特征对语料进行细粒度标注,之后将标注结果绘制成频率表,最后使用 SPSS(Statistical Product and Service Solutions)软件统计标注结果,观察不同主题结构的句式特征,解释英汉主题结构在内部结构及话语功能特征等方面的异同,帮助发现主题结构在英汉不同语言中的类型差异。

具体来说,所提取主题结构的行为特征主要包括:主题和述题的表征方式,用来考察结构的复杂程度;主题和述题调配的认知情境因素,用来考察结构的认知复杂程度;主题结构的话语功能,用来考察结构的话语导向力。每个行为特征包括多个细类,具体如表 2-3 所示。

表 2-3 主题结构的行为特征

序号	主题		述题		话语功能
	结构复杂度	认知复杂度	结构复杂度	认知复杂度	
1	代词	回指式	零形标记	感知现实	延续主题
2	专指	直指式	时态标记	非现实	引入主题
3	指示描写	搭桥式	否定标记	投射现实	回顾主题
4	短有定描写	回顾式	情态动词标记	潜在现实	旁枝主题
5	长有定描写	前瞻式	情态副词标记	事态限定	—
6	无定描写				

表 2-3 中,每个具体行为特征包括多个细类,以主题的结构复杂度为例,这一行为特征包括"代词""专指""指示描写""短有定描写""长有定描写"和

"无定描写"等编码形式,标注时分别使用数字代码 1~6 表示。其余各个行为特征亦采用这样的数字代码编号。行为特征的确定是语料库标注的前提,之后的具体标注过程如下。

第一,在语料库中使用数字代码对所有主题结构的主题、述题及话语功能等行为特征进行手动标注。经过"二次核查",找出存有异议的标注结果,两个标注方商讨并达成一致,以确保标注结果的准确率和可信度。

第二,将每个主题结构的标注代码拷贝并统一放置在 Excel 表格中以备数据分析。

第三,使用 SPSS 17.2 处理数据,用卡方检验法等分析英汉语言及不同主题结构的异同之处。

2.3.2 主题结构的语料库研究发现

基于可比语料库的英汉对比研究,可较好地回答主题结构尚需解决的一系列问题。其研究发现包括以下几点。

第一,主题结构在英汉语言中的典型程度得到一定解答。语料中主题结构的使用频次(表中括号内容为使用频率)如表 2-4 所示。从整体上看,汉语主题结构的使用频次(1789 例)约为英语的 6 倍;从结构类型分布看,汉语四类结构都较为常见,LD 是使用频率最低的主题结构,其余大致相当;而英语里主题结构分布悬殊,使用最多的 SM 占 57.3%,而 OF 和 HT 分别只有十几例,占 10% 以下。可见,主题结构在英汉语言中的典型性并不相同,基本符合汉语是"主题突出"语言而英语是"主语突出"语言的论断(Li and Thompson,1976)。

表 2-4 英汉主题结构使用频次(频率)

语言	结构				总计
	SM	OF	LD	HT	
汉语	567 (31.7%)	560 (31.3%)	182(10.2%)	480 (26.8%)	1789
英语	177 (57.3%)	16 (5.2%)	105 (34.0%)	11 (3.5%)	309

第二,英汉主题结构在主题和述题表现上具有差异性。英语主题复杂性较高,多使用短有定及长有定描写形式,表现为在下文中持续的前瞻式主

题和重新引入的回顾式主题,而汉语主题复杂性相对简单,主要为零代词、代词和定指短语,主题所触发的认知情境可及性偏高,主要表现为延续前期话语的回指式主题。英汉述题表现恰恰相反,英语述题常使用简单的时态标记,主要表达感知现实事件,但汉语述题则无此倾向,否定标记和情态标记偏多,除现实事件外,非现实和潜在现实事件也比较常见。两者在主题和述题上的差异在一定程度上可反观英汉语言的类型差异。

第三,英汉主题结构的话语功能具有差异性。英语主题结构主要表现为提升主题的话语功能,其次为旁枝主题,而汉语主题结构以延续主题的功能为主,话语凸显度高。英汉主题的篇章地位不同,英语的 SM 使用偏好与其篇章主题的偏离倾向有关,而汉语的 OF 使用偏好正是主题突出型语言的重要特征。

第四,从不同主题结构的对比来看,主题结构类型不同,其结构复杂性和认知复杂性也不同,句式功能不同时句式之间不可替代;英语句式可替代性结论(Prince,1997)或汉语主题结构间的中和现象(刘林军、高远,2010)可见于特征共享的句式之间,但并不普遍。

第五,从主题—述题关联方式看,英语主题结构偏于时间情境限定,时间类标记较多,而汉语主题结构偏于态度限定,多使用认识类和评价类认识情态,以及推理类言据标记。在言听双方的认知互动上,英汉主题结构分别表现出交互主观性和主观性的表达倾向:英语受主题的低可及性限制,其述题的客观描写功能更为凸显;而汉语主题的篇章地位高,所调配的认知情境对于听者的心理空间可及性高,更容易接续主观评价类述题。

2.4 小结

SBCSAE 为汉语口语语料库的建设提供了录制方式、转写原则等方面的参照,据此可建立一个与之可比的汉语口语语料库。在英汉可比口语语料库中对主题结构的行为特征进行标注和统计,揭示了英汉主题结构的异同及语言类型差异。口语语料库有助于扩大语言研究的范围,更好地呈现不同语言中同一句法结构的差异性,对语言类型分析具有较大助益。学者可以基于语料库的口语语法研究在连贯语段里观察语法结构使用的规律性,分析句法、语义、语用等语法层面与话语篇章层面的互动关系。通过语料对比审视以往的矛盾性观点,有助于揭示语法使用的本质特征,提高研究的可证伪性和结论的说服力。

不可否认,目前我们所建立的汉语语料库只保留了会话中的文字部分,未能在语料库中体现出韵律特征、手势特征、眼神特征等,而韵律与非语言动作是会话交际的微观语境,是意义构建的重要基石,多模态语料库建设也许会成为更系统地进行语法研究的一个出路。

| 第二部分 |

主题结构的主题研究

3. 典型特征束视角下汉英主题结构的话语分析①

Li 和 Thompson(1976)提出汉英有"主题突出"(topic prominent)和"主语突出"(subject prominent)的语言类型之别。然而,英语(尤其口语)也有汉语中的主题结构类型(Prince,1997;Gregory and Michaelis,2001;Netz and Kuzar,2007;王义娜、李银美,2016,2019),例如②:

(1) a. [这一套],[∅]肯定可贵了。
    b. [My child], you know, [∅] has already filled this form.
(2) a. [现在房价]你别去看[∅]了。
    b. [These shoes] we never did put [∅] on a horse.
(3) a. 你看像[二十七所],[它们]是按天收费。
    b. [That boy], [he]'s supposed to be awesome.
(4) a. 但是像[那个小肥羊团购]₁,[我]₂就经常有时候是糯米有时候是美团。
    b. And like [the first part of it]₁, [we]₂ just go into the classroom.

以上各句分别为主语主题结构(SM)、宾语主题结构(OF)、左偏置结构(LD)和悬置主题结构(HT),分别指主语("这一套"及"my child")单独享有

---

① 原文题为《汉英主题结构的典型特征束:基于口语语料库的话语分析》,发表在《外语与外语教学》2020年第4期,作者为李银美、袁凤识。
② 文中例句除引用句外,其余均出自作者自建的对话体语料库;主题及其在述题中的复指词用[ ]标示,复指词空位时标示为[∅],多个主题用数字下标标示;连贯话语会给出语境,并用下划线标出主题结构。

一个语调单位,宾语("现在房价"及"these shoes")置于述题小句前充当主题,述题中复指词("它们"及"he")回指小句主题,以及主题("小肥羊团购"及"the first part of it")与述题不存在语义共指关系的主题结构。其中,SM与OF共享主题前置且在述题中无复指词回指的特征,都属前置结构,有研究将之合并为主题化结构(topicalization,TOP)(刘林军、高远,2010;潘珣祎,2010)。

本研究在类型学蕴含标记理论基础上构建主题结构原型范畴的特征束(Greenberg,1966;Croft,2003;沈家煊,1999),在汉英可比口语语料库中对主题结构的话语特征进行考察,对比分析四类结构在范畴内部形成的等级体系,并探究语言内部各结构之间的替换关系,为汉英语言的"主题突出与主语突出"类型差异提供新的观察和解释角度。

3.1 研究问题的提出及研究方法

3.1.1 研究问题

主题结构研究成果丰富,涉及句法结构、话语功能和认知理据分析等研究取向,多关注主题结构的形成原因(Ross,1967;Huang,1987;Xu and Langendoen,1985;徐烈炯、刘丹青,2007)、主题结构与主谓结构的等同与否(Chao,1968;胡裕树、范晓,1985;沈家煊,2012,2014)、主题结构的语篇功能(Prince,1984,1997;Givón,1983,2001,2005;Lambrecht,1994;Gregory and Michaelis,2001;Netz and Kuzar,2007;许余龙,2004;潘珣祎,2010;刘林军、高远,2010;王义娜、李银美,2016)及主题结构构建的受制因素(Langacker,1993,2001a;Kumashiro and Langacker,2003;文旭,2005;王义娜、李银美,2019)等问题。从形式到结构再到认知话语研究,主题结构的话语属性转向明显,主要分析方式包括结构—功能对应观察(Prince,1984,1997;刘林军、高远,2010)、信息结构观察(Givón,1983,2001,2005;Lambrecht,1994;Gregory and Michaelis,2001)、话语导向分析(Netz and Kuzar,2007;潘珣

祎,2010)和认知情境分析(王义娜、李银美,2016,2019;李银美,2017)等。这些研究基本达成一些共识,如主题的有定性和可及性倾向,基于自然语料的主题结构语境考察倾向,以及主题结构存有话语功能倾向等。

然而,以往研究并未就主题结构的话语功能及结构之间的可替换性问题达成一致。首先,在话语属性上,由于英语 SM 的主题与主语仅有语调单位是否同一的差异,此类结构在研究中易受到忽略(Prince,1984,1997;Givón,1983,2001,2005;Lambrecht,1994;Gregory and Michaelis,2001),而 LD 与 OF 的话语功能结论也多有矛盾:一种观点认为 LD 与 OF 为包含关系,前者可简化信息处理、激活偏序集合和避免孤岛限制等,后者则仅能激活偏序集合(Prince,1984,1997);另一种观点则认为 LD 与 OF 是交叠关系,LD 有"提升主题"倾向,OF 则多用来回指主题(Gregory and Michaelis,2001)。Netz 和 Kuzar(2007)虽将 SM 列入考察范围,但其研究并未关注主题在话语中的识别度问题。汉语研究易将 SM 与 OF 合并为 TOP,在语料中观察 TOP 与 LD 的话语功能异同,且所形成的结论也并不一致,如刘林军和高远(2010)认为,汉语 TOP"不仅使用频率要高于 LD,还可用于 LD 使用的各语言环境中",即偏置结构的使用更为受限。文旭(2005)则持有与之相反的观点:"汉语 LD 可以使用的情况,OF 却不能用,而 OF 可以使用的地方,LD 一般总可以用。"潘珣祎(2010)则介于两者之间,认为 TOP 与 LD 在主题信息等级、主题延续及话语功能上各有侧重,两种结构存有倾向性差异。

其次,在不同结构的可替代性上,研究也多有分歧。英语有两种对立观点:Prince(1984,1997)指出 OF 使用的语言环境更为受限,都可用 LD 替代,故例(5a)中 OF 可替换为例(5a')的 LD。Gregory 和 Michaelis(2001)则提出异议,认为 LD 缺乏 OF 的"延续主题"功能,两者之间并不存在完全替代关系。如例(6a)主题"that"具有回指功能,这与 LD 更易用于主题链链首位置的低回指性特征矛盾,故例(6a')的可接受度弱。汉语研究大多不区分 SM 与 OF,不仅无法看到两类结构的异同,而且无法考察它们与 LD 之间的区别。结构之间的替代关系可反观不同语言语法结构的多样性,对验证汉英隶属"主题突出"或"主语突出"语言类型具有重要意义,值得关注。

(5) a. She had an idea for a project. She's going to use three
groups of mice. [One], she'll feed [them] mouse

chow, just the regular stuff they make for mice. [Another], she'll feed [them] veggies. And [the third], she'll feed [∅] junk food.

a'. ... And [the third], she'll feed [them] junk food.

（改自 Prince，1997）

(6) a. B：Uh huh. That's some pretty good idea. Why don't you do something with those? You should run for a local school board position.

A：[That] I'm not so sure about [∅]. I've got a lot of things to keep me busy.

a'. *... [That] I'm not so sure about [it]. I've got a lot of things to keep me busy. （改自 Gregory and Michaelis，2001）

综上，以往研究对前置类型及前置结构的区分存有不足，无法看到真实话语中这四类主题结构在主题指称义、主题话语属性等方面的使用差异，且研究也未能就同一语言内部偏置与前置的功能异同或替代关系达成一致。此外，真正基于可比语料库对比汉英语言异同的研究较为罕见。王义娜和李银美(2016、2017)在语料库中基于认知情境植入观考察了三类主题结构(SM、LD、OF)的话语功能，发现汉语主题结构多用来延续主题或引入主题，而英语主题结构则以引入话语和小句主题为主，这些为更多主题结构类型的考察提供了可能的范式。鉴于此，本研究将搭建主题范畴的特征束，对以下两个问题加以分析：一是考察不同结构在自然口语中的使用倾向，对比不同主题结构在汉英语言中的典型特征；二是论证不同主题结构(偏置与前置)的替换性问题。

3.1.2 研究方法

3.1.2.1 典型特征束研究法

本研究对主题结构原型范畴的特征束考察建立在类型学蕴含标记理论基础上，考察不同句式在范畴内部各项形成的等级体系或连续统。具体来说，我们将主题结构视作一个原型范畴，该范畴具有一定的结构、语义和话语属性，构成典型性考察的特征束(李银美、王义娜,2017)。以往主题研究,比较通行的做法是列出主题特征的一系列清单(如 Li and Thompson,1976;Gundel,1985;Shi,2000;曹逢甫,1995,2005),涉及主题的句法位置、主题标记词、指称义、语篇连接力等特征。本研究所关注的四类主题结构,已在句法位置和标记词使用上有所限定,故我们选用主题的指称义、语篇连接力作为主题特征束的考察内容,结合使用频率标准,论证汉英主题结构的使用异同。

先来看主题指称义特征。以主题所指的有定程度划分主题指称义,参照陈平(1987)和 Chen (2004),使用主题编码形式判定主题的有定性,大致分为代词、专指、指示描写、短有定描写、长有定描写和无定描写等类型(王义娜、李银美,2016;李银美、王义娜,2017)。具体来看,"代词"包括"零形代词""人称代词"和"指示代词"等,"专指"主要指"专有名词"。它们的所指通常是有定成分,如下例主题分别为指示代词"这""this",专有名词"永旺""Cathy",都为有定指称语:

(7) a. 语境:对话双方在谈论北京公务员工资。

A:因为它反正这补那补的,[这]不知道[∅]。我只听他们说他们在房山区的,工作两年他们能拿到五千块钱。

B:工作两年拿到五千块钱了,那挺好的。

b. 语境:对话主题是晚上上映节目的序号。

A:Four? Five? Six?

B:[This] I don't know [∅]. We'll have to check [∅]. Oh, [This] is the second one in the new season.

(8) a. 语境:对话谈双方在谈论"永旺"人多的原因。

A:就是我觉得[永旺]就是因为[它]停车免费,大家在[那儿]看电影的多。

B:对,[它]看电影便宜啊。

b. 语境:对话双方在谈论朋友 Cathy。

A:Does [she] have any friends?

B:No.

A：Why?

B：[Cathy], [she]'s not a good friend herself.

A：Jawahar's a really nice guy. He is a nice guy.

"指示描写"为"指示代词＋名词"编码,"短有定描写"指使用短定语来限定或描写名词的结构,包括部分"光杆名词""领属＋名词""属性＋名词"、部分"数词＋(量词)＋名词"等,"长有定描写"指使用较长的修饰语来描写或限定名词的结构,如"关系小句＋名词"等。这三组编码形式可指有定或类指成分,如下除例(9a)的"指代描写"表"类指"外,其余各例都为有定成分。

(9) a. 语境：言谈双方在谈论米线。

A：我跟你说,[那个米线]吧,原来我在新世界那儿吃过[∅],[这米线]太差劲了。我都不知道为什么那么多人。比这儿好吃的不知道多了多少倍,你知道吗?

B：我在永旺吃过[∅]一次,我觉得[∅]还挺好的。

b. 语境：原告 A 在跟代理律师讲述自己遭遇的两次地铁性骚扰案件。

A：The very first time I reported, it was just like this dirty old man, just that that.

B：Yeah.

A：And [this time], [it] was during the summer and there were lots of kids. And I just felt like, you know, upset.

(10) a. 语境：当前谈话主题是教师工作,A 家孩子是之前谈话的主题。

A：老师这种那个职业是最好的了。

B：对呀,有寒暑假的时候和孩子待在一块。

A：[我们家孩子],[他]还非得要个伴。要不然的话……[他]要是在家好好待着,我就让[他]好好待着。

b. 语境：A 在讲述自己对婚姻的看法。

A：There were two things I got out of my marriage...[the marriage itself], I mean as hellish as [it] was, it's like [it] pulled me under, like a giant octopus, or a giant, giant shark. And [it] pulled me all the way under. And then, and there I was, [it] was like the silent scream...

B:It's not the way with food.

(11)a. 语境:当前言谈主题是 A 工作工龄问题。

A:它估计肯定会算的。他不会说你十年,比方说[你在法院系统干十年那个级别],[∅]跟你在外面干十年肯定不一样的。

B:嗯嗯。

A:我估计啊,我估计这样啊。现在还不知道。

b. 语境:A 在讲述另一位受理人的地铁性骚扰经历。

A:Um, [the woman that just walked out], um, [she] was riding on BART, and he came and sat near [her]. [She] moved, he moved to get closer to [her]...

B:Mhm.

无定描写为无定成分,包括"不定冠词+名词"、部分"数词+(量词)+名词"及部分"光杆名词"等,如下例(12)"有的男生"和"every shoe"都为无定成分,尽管所指并不明确,仍可用作主题。

(12)a. 语境:谈话主题是校园斗殴事件。

A:[有的男生啊],[∅]打群架,那可吓人了。

B:嗯。我看过,那次是一群男生被三个女生给欺负了。

b. 语境:A 在讲述制铁蹄过程。

A:[Every shoe], [∅] is like, you get order, you know, I would like a case of double-aught shoes. The ferrier gets em...

B:Right.

学界普遍认为,主题为有定成分,或至少是类指成分,是主题定义的主要要素之一(Li and Thompson,1976;曹逢甫,1995,2005)。六组主题编码形式从左到右,主题所指的可及性和有定性依次降低(Ariel,1990;许余龙,2004),主题的典型性等级也依次降低:代词＜专指＜指示描写＜短有定描写＜长有定描写＜无定描写。

再来看话语连接力特征。主题结构的语篇属性体现为其对先前话语所指的回指(anaphora)和对后续语篇所指的预指(cataphora)(Givón,2005)。本研究对主题语篇属性的考察即从回指性和预指性展开。其中,回指性指当前主题对前文主题的延续性,包括回指式主题、回顾式主题和引入式主题等。回指式主题是延续已存于言听双方工作记忆中的指称实体的一种形式,如上例(7)至(12)中,例(7)"这"和"this"是对前文主题的一种延续;回顾式主题是存在于听者情节记忆中的主题在当前话语中被重新引入的一种形式,如例(10a)主题"我们家孩子"在话语中曾是言听双方共同关注的语篇主题,LD将其重新引入话语中;引入式主题指话语中新引入的主题,如例(11a)主题"你在法院系统干十年那个级别"在前文中并未出现,是新引入的主题。主题结构可引导听者在工作记忆、情节记忆以及心理表征中锁定主题所指,主题话语属性的典型性依次降低:回指式＜回顾式＜引入式。主题的预指性则指主题在后文的持续性。根据Givón(2005),主题所指如若能在后文中持续2个以上的小句,就属高持续性主题,如例(9a)主题"那个米线";仅持续1个小句或2个小句的主题为低持续性主题;未能得到持续的是无持续性主题,如例(12b)主题"every shoe"。三者形成"高持续性＜低持续性＜无持续性"的等级序列,主题话语属性依次降低。

综上,我们将主题视作一个原型范畴,由多个特征组成,每一个特征呈等级变化序列,主题结构的主题越靠近左侧特征,主题属性越高,越靠近右侧特征,主题属性越低,形成主题范畴的典型特征束(沈家煊,1999;屈承熹,2006),具体包括:

    ①指称义特征:代词＜专指＜指示描写＜短有定描写＜长有定描写＜无定描写

    ②回指性特征:回指式＜回顾式＜引入式

    ③预指性特征:高持续性＜低持续性＜无持续性

3.1.2.2 语料库对比研究法

本研究采用可比语料库对比研究法,以随意性口语对话为研究语料,选用 SBCSAE(part 1 and part 2)中的 27 段对话录音作为英语语料,对话方包括朋友、夫妻、同事、师生等,每段对话 15～30 分钟,共计约 606 分钟(约 10 小时)。汉语语料比照英语语料建设完成,同样包括 27 段录音,时长及谈话主题基本与英语语料库的对应,时长共计 605 分钟(约 10.1 小时)(李银美,2017)。

语料库建立后,我们手动检索、提取四类主题结构。需要指出的是,自然会话里的主题结构有可能出自同一个言者,也可能由不同话语参与者共同完成,其述题可随话语浮现。如例(13a)包含 4 个以"他那个房子"为主题的 SM,例(13b)里包括一例出自言者 A 的 SM 和由话语双方共同构建完成的 HT,汉语里类似的主题结构很多,与其零指主题特点相关(以往研究常被漏掉)。

(13)a. 语境:谈话主题是住房。

[他那个房子],[∅]离学校骑车 20 分钟呢,[∅]在那个 Headington,黑丁顿,[∅]在那个地方,[∅]离牛津大学还挺远的。

b. 语境:谈话主题是裤型问题。

A:[直筒跟喇叭]₁,我发现[∅]₁没区别。

B:呃呃,[∅]₁我觉得[区别]₂还是挺大的。

检索完成后,按照上述特征束判断标准标注主题结构的具体特征,经二次核查保证结果的准确性,随后,对标注数据进行提取和处理,用 SPSS 统计汉英语言及其不同主题结构的使用异同,最后提取结构的原型特征,分析结构之间的替代问题。

3.2 汉英主题结构的语料考察

语料中主题结构的使用频次(表中括号内容为使用频率)如表 3-1 所示,

即表 2-4 的内容。数据显示,汉语主题结构的使用频次(1789)约为英语的 6 倍。具体结构上,汉语四类结构都较为常见,其中 LD 使用频率最低(仅 10.2%),而 SM 和 OF 比例相当(约 31.5%),HT 次之(26.8%);而英语里各主题结构分布悬殊,最多的是 SM(57.3%),其次为 LD(34%),OF 和 HT 都较罕见(仅分别为 16 例和 11 例)。这基本符合汉语为"主题突出"语言而英语为"主语突出"语言的论断。

表 3-1 汉英主题结构使用频次(频率)[1]

语言	结构				总计
	SM	OF	LD	HT	
汉语	567 (31.7%)	560 (31.3%)	182(10.2%)	480 (26.8%)	1789
英语	177 (57.3%)	16 (5.2%)	105 (34.0%)	11 (3.5%)	309

3.2.1 主题指称义特征

对主题编码形式进行标注,所得结果如图 3-1 所示:

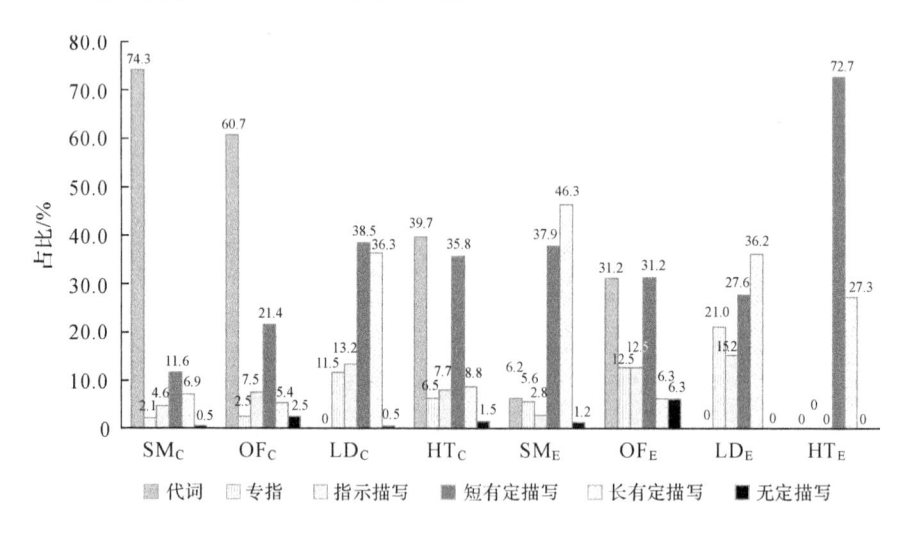

图 3-1 汉英主题编码[2]

---

[1] 第 10 章数据与本表不同,一方面,本章研究汉英语料时长分别为第 10 章研究的 1.87 倍和 1.84 倍,另一方面,本章研究将跨句主题结构纳入研究范围,见例(14)。
[2] 图中下标 $_C$、$_E$ 分别代表汉语和英语。

先来看汉语。汉语四类结构的主题编码分布在指称义等级序列的不同位置上,从简单到复杂依次为 $SM_C>OF_C>HT_C>LD_C$,结构间主题编码呈分立特征。前置 SM 和 OF 分别有超过 70% 和 60% 的主题使用代词编码,零代词主题比重较高,表明汉语主题具有语篇属性,例如:

(14)a. 语境:谈话主题是住房。

[他那个房子],[∅]离学校骑车20分钟呢,[∅]在那个 Headington,黑丁顿,[∅]在那个地方,[∅]离牛津大学还挺远的。(13a)

b. 语境:谈话主题为出国访学住房问题。

A:[房子]现在搞定[∅]没?

B:没有嘛。现在我就担心人家说可以租[∅],然后你租上了[∅],你去了你又不满意[∅]……

上例主题始终围绕"他那个房子"和"房子"展开,句首主题控制后续多个 SM 和 OF 主题的省略,形成汉语中典型的主题链现象(曹逢甫,1995,2005)。HT 主题编码分类最为均衡,"代词"与"短(长)有定描写"编码各占 40% 左右,其主题编码形式的多样性表明 HT 在汉语中具有较高的典型性;LD 主题形式最为受限,排斥代词编码,集中使用"短(长)有定描写"(超 70%)。参照频率结果可发现,结构的主题编码与其使用频率反向相关:主题结构的使用频率越高,其主题编码形式越简单,反之编码越复杂。

再来看英语。英语四类结构的主题集中使用"有定描写"形式,各结构表现出一定的中和性,但使用频率最高的 SM 和 LD 仍存在差异:LD 无代词编码主题。对比 OF 和 HT,HT 仅可使用"有定描写"类主题编码,其主题的指称义最为受限,但由于两者较为罕见,因此难以得出倾向性结论。

最后比较汉英对应结构的异同之处。数据显示,汉英 SM 和 HT 主题编码差异显著(χ^2 分别为 295.88 和 148.11,$p<0.01$):SM_C 和 SM_E 分别表现出简单主题编码和复杂主题编码的使用倾向,前者多为语篇主题,后者则受"重量原则"(heaviness principle)制约将主题置于与述题不同的语调单位中;HT_C 主题编码分布广泛,而 HT_E 仅能使用"有定描写"类主题编码,这也许是悬置结构又称"汉语式主题结构"的部分原因。与之相反,OF 和 LD 主

题编码未见明显差异（χ^2 分别为 9.92 和 6.99，$p>0.05$），尤其是 LD，汉英使用倾向最为接近。

3.2.2 主题回指性特征

主题对上文的回指性特征如图 3-2 所示：

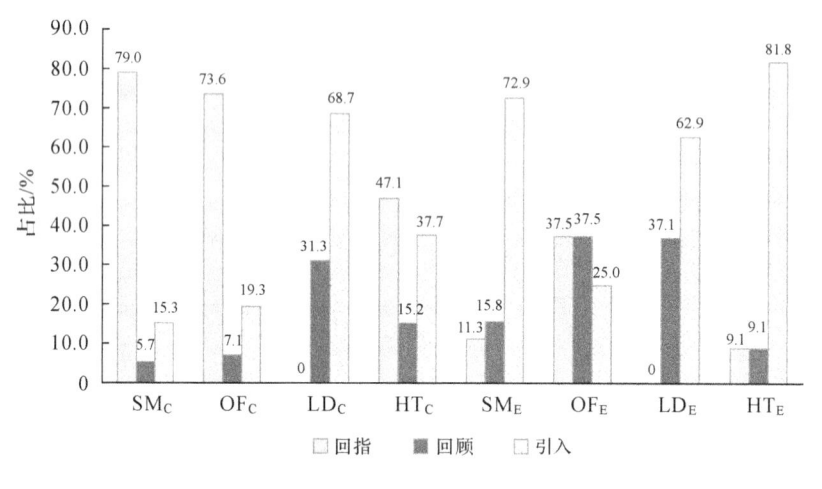

图 3-2 汉英主题回指性

先来看汉语。汉语四类主题结构在主题回指性上同样表现分立，前置以回指主题为倾向（79.0% 和 73.6%），偏置仅能用于回顾和引入主题，而悬置则介于两者之间，回指和回顾/引入比例大致相当（47.1%：52.9%）。对比可见，前置结构的主题更具话语属性。参照主题结构的使用频率和主题编码结果，可发现：使用频率越高的主题结构，其主题编码形式越简单，回指式主题比重越高；反之，则编码形式越复杂，引入式主题比重越高。这与主题的可及性相关：新引入的主题对听者而言可及性往往较低，言者自然倾向于选择编码复杂的结构形式来帮助听者识解主题所指。

再来看英语。英语四类结构除 OF 外，其余都以回顾式和引入式主题为绝对使用倾向，结构间中和性较高。具体来说，使用频率较高的 SM 和 LD 新引入主题的比重相当（72.9%：62.9%），前者独具回指式主题（11.3%），后者则更多使用回顾式主题（37.1%：15.8%）。而较为罕见的 OF 和 HT 表现也并不相同：前置 OF 位于回指性等级序列的左端，16 例中有 6 例是前文的延续主题；HT 则以新引入主题为绝对倾向，11 例中有 9 例为新主题。

英语主题结构的使用频率与主题的回指性及编码特征并不具有明显的相关性,无论主题结构的使用频率如何变化,结构的主题编码都较为复杂,主题的回指性都不高。

最后比较汉英对应结构的异同之处。数据统计显示,LD 是汉英唯一不存在显著差异的结构($\chi^2 = 1.01, p > 0.05$),它们都以回顾式和引入式主题为使用倾向。而 SM_C 回指式主题比重约是 SM_E 回指式的 7 倍,SM_C 引入式主题则约是 SM_E 引入式的 1/5,两者差异显著。OF_C 比 OF_E 更有回指主题倾向,HT_C 主题回指性分布远比 HT_E 均衡。

3.2.3 主题预指性特征

主题在后文中的预指性特征如图 3-3 所示:

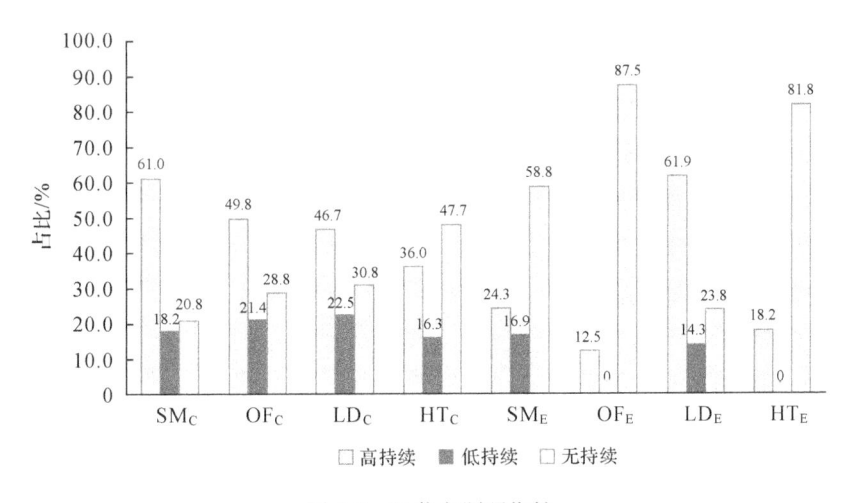

图 3-3　汉英主题预指性

先看汉语。汉语主题结构的主题在后文话语中具有较高的凸显性,前置和偏置结构都有 70% 左右的主题在下文持续,可见汉语主题在话语中的重要性。主题未能持续的前置和偏置结构,多用来例证、解释原因或用在话题结束处,分别举例为(15a)至(15c)。HT 也有近一半(47.7%)主题未能在后续话语中持续,回归语料发现,很多悬置主题为述题提供所关涉的范围或者框架,表示述题的"时地语域""领格语域""上位语域""背景语域"等(徐烈炯、刘丹青,2007),后续语篇主题通常不是这些表示范围的语域成分,分别见例(16)中的各例。结合主题的指称义特征和回指性特征,可发现,汉语主题结构除 HT 外,无论主题有定性和回指性特征如何,都易于充当语篇中的重要主题。

(15) a. 语境:谈论主题为铁道部停止建高铁的原因。

A:铁道部成立公司了之后,它把该抽的钱都抽回来了,不投资了。因为我是公司对吧?我又不是铁道部。你爱发展不发展。

B:它就是投资在有效益的这段。像[上海至北京这段],肯定它觉得[它]能赚钱。

A:对,对。

b. 语境:A 在跟 B 讲述自己早起上班的情形。

A:……差不多六点四十五到咱学校嘛,吃个饭,不正好接着上早自习嘛,当时那个,咱们早自习不还挺多嘛,[英语]你还必须得去[∅]嘛。

B:不会赶上早高峰吗?堵车吗?

c. 语境:谈话主题为女孩是否太过开放的问题。

A:……现在的女孩子太开放了,你不觉得吗?我觉得我都落伍了已经。

B:我觉得,反正[我遇见的]啊,[∅]好像还不是那么开放。

A:你那个耳朵这块儿是有一个褶儿吗?

(16) a. [人北京]₁[很多房子]₂ 不都那样。

b. [你]₁[这头发]₂ 该剪剪了。

c. [镜架]₁[最贵的]₂ 也就是银的。

d. [自动挡的]₁,应该是[右腿]₂ 抽筋吧。

再来看英语。英语主题结构的主题在后文的持续性表现不同。SM 以无持续性主题为倾向,约占 58.8%,如例(17)的两例 SM,多用于例证、释因、补充细节等,充当小句的"旁枝主题"(王义娜、李银美,2006),难以左右后文的主题走向。这类主题编码形式较复杂,主题所指的可及性也较低。与之相反,LD 主题多半是后续话语的重要主题(61.9%),结合其主题的复杂编码形式及低回指性特征可以看出,这类结构多用来重新引入已不再凸显的话语主题或引入新的语篇主题。OF 和 HT 也不能左右后续话语的主题走向,其主题也仅用来充当小句主题。Netz 和 Kuzar（2007）曾考察 SBCSAE 中的三部分,发现 26 例 OF 中有 24 例使用对比主题,我们的汉语语料也有类似结论,OF 更多用于对比语境,这决定了其主题很难走向语篇主题。英语 HT 也与汉语类似,语域主题很难成为后续话语的谈论主题。

(17) a. 语境:谈话主题是艾滋病感染问题。

A:And then like, [rural areas], or like, you know, [central Iowa and stuff], [∅] had like ten percent of less of the males had been infected.

B:Well I would assume San Francisco is higher than most cities around the country.

b. 语境:谈话主题为药店扩张重建的问题。

A:They're redoing the pharmacy there at Walmart. Enlarging it, and it's close to the garden shop, and so [the fellows in the garden shop and the pet shop], [∅] have to move things out from that area into the garden.

B:Well,they needed to expand the pharmacy.

最后看汉英对比。统计数据显示,汉英前置 SM 和 OF 的主题预指性差异显著(χ^2 分别为 100.01 和 25.54,$p<0.01$),汉语更多为话语主题,而英语更多为小句主题。偏置结构的差异并不显著($\chi^2=6.40,0.01<p<0.05$),其主题都以持续主题为绝对倾向。HT 则不存在差异($\chi^2=5.33,p>0.05$),其主题在话语中的预指性不高。主题预指性考察结果与其他两个主题等级序列结论矛盾:汉语主题结构的预指性表现趋同,而编码形式和回指性表现分立;英语恰恰相反,LD 的预指性表现与其他三类结构分立,而四类结构在编码形式和回指性上表现中和。我们认为,看似矛盾的结果,却对汉英语言类型差异及结构差异具有一定的解释力。下节,我们将尝试对所得结果进行讨论。

3.3 讨论:汉英主题结构的原型特征

3.3.1 主题结构的原型特征

根据上节数据,汉语主题结构更符合主题编码简单、回指性强、预指性高的特征,而英语更多表现出主题编码复杂、引入性强、持续性弱的特征。从使用频率看,汉语主题结构使用更为广泛,其结构分布也更为丰富,而英语不仅主题结构使用频率远低于汉语,其 OF 和 HT 用例也极为有限。这些数据可帮助看到主题结构在汉语中的典型性(低标记性)和在英语中的特殊性(高标记性)(王义娜、李银美,2016),在一定程度上佐证了汉语"主题突出"和英语"主语突出"的语言类型差异(Li and Thompson,1976)。

就各类结构的原型特征来看,汉语前置 SM 和 OF 的典型特征是"使用简单编码主题延续前期话语框架中的凸显主题",具有"承上启下"的话语功能。LD 则以"使用复杂编码主题回顾或引入话语主题"为原型特征,其"启下力"高于"承上力"。而 HT 则介于两者之间,既可"延续话语框架中的凸显主题",又可"引入新的话语主题或语域主题",其主题的编码形式、回指性及预指性表现多样。结构间原型范畴的分立,在一定程度上证明了主题结构在汉语语言中的凸显性及多样性,较好地解释了预指性与编码特征及回指性之间的反向关联。

英语前置 SM 和 OF 的原型特征差异显著,前者以"使用述题小句解释复杂主题"为原型特征,后者则更多用于对比情境中。英语偏置 LD 是四类结构中最为接近汉语的一类,同样具有"使用复杂编码主题回顾或引入话语主题"的典型特征。悬置 HT 则更多表现出语域主题的特征。此外,从句法特征上看,英语 OF 和 HT 是对 SVO(subject-verb-object,主动宾)语序的偏离,以宾语前置和主题在述题中无语法空位为句式特征,而这两类句法偏离结构在英语中极为罕见,可见英语遵守 SVO 语序的严格性,这与汉语语序的灵活性形成对比,表明汉语主题结构的语用而非语法走向。

3.3.2 主题结构的替换性

接着讨论汉英语言内部各主题结构的替换问题。首先来看汉语主题结构间的使用差异。以往汉语主题结构研究有三种结论。第一种是 LD 可以使用的环境一般不可以用 OF，OF 可以使用的环境 LD 都可以使用(文旭，2005)。这种观点失之偏颇，我们的语料数据显示，LD 主题表现较为单一，既无代词编码，又无回指式主题。因此，上例(7a)、(14b)中的 OF 不可用 LD 替代(例 18)。

(18) a. *[这]不知道[它]。[改自例(7a)]

b. *[房子]现在我就担心人家说可以租[它]，然后[房子]你租上了[它]，你去了[房子]你又不满意[它]或者是骗子。[改自例(14b)]

第二种是前置结构可用于偏置结构使用的一切环境中(刘林军、高远，2010)。这种观点也并不完全正确：前置结构的使用限制条件确实低于偏置结构，但这并不意味着所有偏置结构都可用前置结构替代，例如：

(19)语境：A 在讲述自己当初买房的过程。

a. A：现在是交通特方便。然后嘛，[我们领导]，[他]在天通苑那块住，[他]就老给我做工作，说……

a'. ?[我们领导]，[∅]在天通苑那块住，[∅]就老给我做工作……①

上例使用 LD 引入新主题"我们领导"，并在后文陈述其对 A 购房的影响，是语篇重要主题(LD 近 70%主题为新引入主题，70%的主题在后文持续)，如若替换为述题中无复指词的 SM，主题在下文的"引导力"(directive force)将会有所降低，会误导后续话语主题的走向。

第三种是前置、偏置各有侧重(潘珣祎，2010)，这与本研究结果最为接近，但本研究更好地帮助看到了汉语主题结构的分立与中和：主题结构在主题编码及回指性上更为分立，在预指性上更为中和。这些恰恰是汉语主题

---

① ? 表示该句的可接受度有限。

话语属性的证明。

最后来看英语主题结构间的使用差异问题。特征束考察证明 Gregory 和 Michaelis(2001)的结论比 Prince(1984,1997)的结论更为令人信服：当 OF 用以回指前文主题时,不可使用 LD 替换(例6)。但遗憾的是,Gregory 和 Michaelis(2001)并未对 SM 进行话语考察,而英语 OF 的使用极为匮乏,LD 主题又大多与述题主语同指,SM 的考察就变得极为重要。我们的研究结果显示,LD 有更高的"启下力",当主题为新引入主题且具有语篇重要性时,使用 LD 要优于 SM,对比例(11b)的 LD 和例(18)的 SM[原例句抄写为例(20abc)],可发现：新引入主题如若在后文得以持续,将之换为 SM 的适切性不高[比较例(20a)和(20a')];反之,未能持续的新主题,使用 SM 更为合适[例(20b)和(20b')],例(20c)和(20c')符合 LD 的高"启下力"及 SM 的"旁枝主题"特征。

(20)a. Um, [the woman that just walked out], um, [she] was riding on BART...

a'. *Um, [the woman that just walked out], um, [∅] was riding...

b. And then like, [rural areas], or like, you know, [central Iowa and stuff], [∅] had like ten percent of less of the males had been infected...

b'. *And then like, [rural areas], or like, you know, [central Iowa and stuff], [they] had...

c. And so [the fellows in the garden shop and the pet shop], [∅] have to move things out from that area into the garden...

c'. *And so [the fellows in the garden shop and the pet shop], [they] have to...

3.4 小结

本研究将主题结构视作一个原型范畴,从主题指称义特征、在上文的回指性特征和在下文的预指性特征等维度构建主题范畴的特征束,考证汉英主题结构的使用异同及结构间的替换问题。研究发现如下:

汉英主题结构在原型特征束上表现相反:汉语结构的主题指称义特征和回指性特征表现分立,预指性特征表现相似,主题具有语篇属性;而英语结构的主题指称义特征和回指性特征表现中和,预指性特征表现分立,主题更具有语法属性。汉语主题结构使用频率更高,结构和话语特征表现更为多样,相较英语,更符合"主题突出"的语言类型。

汉英主题结构的原型特征不同:汉语前置 SM 和 OF 易将言谈主题延续下去,偏置 LD 倾向于回顾或引入话语主题,悬置 HT 则介于两者之间;英语前置 SM 多用述题解释复杂主题,偏置 LD 多引入话语主题,前置 OF 和悬置 HT 偏离 SVO 语序,使用极为有限。

不同结构的原型表现不同,主题结构间不存在完全的替代关系。如汉英偏置结构不能替代用来延续主题的前置结构,而当引入话语主题时,前置不如偏置适切。

本研究仅就主题结构的主题特征展开考察。我们还发现,用以描述事件现实性的述题小句,其汉英结构间也存在反向差异,关于这个问题,我们已另撰文讨论(王义娜、李银美,2019)。

4. 汉日受事前置结构的语篇信息等级表现①

汉语常被视作 SVO 语言,然而在实际语言使用中,不乏将宾语放置在主语或谓词之前的小句结构,学界对这类前置成分的语法地位归属尚存争论。本章从语义层面出发,使用施事(agent,简称 A)和受事(patient,简称 P)界定小句结构,将此类结构称为"受事前置结构"。按照受事在这类结构中的句法位置及主题标记的有无可分为四种结构类型,包括 P,(A)V、PAV、PV 和 APV,分别如例(1)至例(4)所示,与例(5)的无标记结构 AVP 形成对比②。

  (1)这样的药,我也想吃。   P,(A)V
  (2)你家里地址我还不知道呢。 PAV
  (3)一团乱草从他肚子里涌上来。 PV
  (4)你们连自己的语言都不会说。 APV
  (5)他们每天追视频。   AVP

日语为 SOV 语言,其语序位置同样灵活多变,可将受事前置于句首,并使用不同格助词加以标记,构成三类受事前置结构 $P_{ACC} A_{NOM} V$、$P_{ACC} A_{TOP} V$ 和 $P_{TOP} A_{NOM} V$[分别如例(6)至例(8)]所示,与受事居中的 $A_{TOP} P_{ACC} V$ 和 $A_{NOM} P_{ACC} V$ 形成对比[分别如例(9)至例(10)]所示。其中,主格(nominative)标记词"ga"用"NOM"标记,宾格(accusative)标记词"o"用"ACC"标记,主题(topic)标记"wa"用"TOP"标记,过去时标记"ta"用 PAST 标记。例(6)和例(7)常被称为易位结构(scrambling),例(8)为主题化结构(topical-

---

① 原文题为《汉语受事前置结构的语篇信息等级表现:兼与日语比较》,发表在《中日对照言语学研究》2024 年第 2 期,作者为李银美、刘佳欣。
② P 和 A 为受事和施事,V 为谓词。本章受事既包括承受者这类原型受事,又包括对象、材料、目标、处所、与事、感事、系事等非原型受事(陈平,1994;袁毓林,2002;汤敬安,2018;陈蓓,2020)。

ization)。

(6) kagi-o　　　Taro-ga　　mitsuke-ta.　　P_ACC A_NOM V
　　钥匙-ACC　　Taro-NOM　　找到了-PAST
　　钥匙 Taro 找到了。

(7) Jiro-o　　　Taro-wa　　oikake-ta.　　P_ACC A_TOP V
　　Jiro-ACC　　Taro-TOP　　追了-PAST
　　Taro,追了 Jiro。

(8) sono-ringo-wa　　John-ga　　tabe-ta.　　P_TOP A_NOM V
　　那个苹果-TOP　　John-NOM　　吃了-PAST
　　那个苹果,John 吃了。

(9) Taro-wa　　kinō kudamono-o　　kat-ta.　　A_TOP P_ACC V
　　Taro-TOP　　昨天 水果-ACC　　买了-PAST
　　Taro,昨天买了水果。

(10) Taro-ga　　　kagi-o　　　mitsuke-ta.　　A_NOM P_ACC V
　　 Taro-NOM　　钥匙-ACC　　找到了-PAST
　　 Taro 找到了钥匙。

(Imamura,2017)

Imamura(2017)研究发现,口语受事前置结构在书面语语篇中所表现的信息等级状态与无标记结构具有显著差异,前置受事的语篇回指凸显度更高,易成为语篇主题,其中,主题化结构的受事主题性又显著高于易位结构。由此,日语前置结构的使用与受事信息等级状态的改变及主题标记的添加都有相关性。

那么,汉语四类前置结构的语篇信息等级状态如何? 与无标记结构是否相同? 汉日受事前置结构是否具有类型学差异? 这些异同背后的原因又是什么? 为尝试回答以上问题,本研究使用功能语言学的指称连贯分析法(Givón,1983,2005,2017),基于自建的汉语书面语语料库,以无标记结构为参照,分析汉语四类受事前置结构受事成分和施事成分在语篇中的信息等级状态,并将结果与日语研究结论相比较,以探讨汉语前置结构的语篇使用异同及汉日语言类型差异,为受事前置结构的跨语言类型研究提供真实的语言数据支撑。

4.1 研究回顾及研究方法

4.1.1 研究回顾

汉语受事前置结构的研究最早始于《马氏文通》(汤敬安,2018:1),然而,学界对受事居动词前的结构的称谓多样,如受事主语句、受事主题句、宾语提前的主题结构、受事次主题句、受事前置句、无标记被动句等(童剑平、周国强,2010;董秀芳,2006;朱佳蕾,2017),以往研究多围绕结构类型划分、受事成分归属、结构的语篇特征等展开。

对受事前置结构类型划分的研究,可归纳为三分法、四分法及八分法等不同划分方法,三分法聚焦于 PV、PAV 和 APV 等三类结构(彭锦维,2005;许红花,2015),主要探求现代汉语受事前置结构的使用规律。汤敬安(2018)则将受事前置结构划分为受事主语句(PV)和受事主题句(PAV),将其与把字句和被字句并行考察,分析结构之间的范畴化特征。童剑平和周国强(2010)将受事前置结构扩展为八个次类,重点关注结构的英译问题。这些研究往往只关注某些结构类型,易忽略 P,(A)V 和 APV 结构,我们从以往研究中发现,这两类结构有着不同于其他几类结构的特征,单独区分方可观察到其语言独特性(李银美,2022)。

对受事成分归属的研究则集中在受事成分的主题与主语地位问题的讨论上,持有主题观的有 Li 和 Thompson(1976)、袁毓林(1996)、徐烈炯和刘丹青(2007)等。也有研究将受事前置结构,尤其是缺少施事成分的 PV 结构称为受事主语句(朱佳蕾,2017),将语义上的受事视为语法上的主语。我们也曾基于书面语语料展开调查,发现结构类型不同,受事成分的主题与主语属性会存在差异(李银美,2022)。

结构的语篇特征重点关注受事成分在语篇中的主题属性问题。童剑平、程力(2009)基于自然口语语料统计受事成分的语篇关联方式,发现其典型的语篇关联方式是双侧关联,即受事成分在语篇中的突出作用是同时联系前后文。李银美(2022)基于书面语语料统计了四类受事前置结构的受事成分在语篇中的回指性和预指性特征,发现 APV 受事成分的回指性和预指性都较弱,最偏离主题属性,PAV 受事成分最符合主题的语篇属性,P,(A)V 次之,而 PV 受事成分的语法属性最为多样,兼具主语和主题双重属性。但是这些研究并未对比受事成分和施事成分的信息等级状态,也未将前置结构与无标记结构进行比较,自然无法系统观察结构间的篇章使用差异。

国外学者对日语受事前置结构的语篇语用功能的研究可归纳为以下三方面:语序变化对日语有标记结构的影响,日语受事前置结构存在的信息等级语境,主题标记词"WA"对日语语序的影响(Saito and Hoji,1983;Koizumi and Tamaoka,2010;Miyagawa,2003,2010;Imamura,2014,2015,2016,2017)。研究发现包括以下几点:首先,前置的受事通常由中可及性信息充当,语序变化使句首信息由新变旧,产生易位结构和主题化结构;其次,易位结构和主题化结构的语篇表现有同有异,相同点为句首受事都由旧信息充当,不同点在于易位结构前置受事的回指显著度和预指持续性都低于主题化结构,其受事的主题性低于主题化结构;最后是主题标记词"WA"对语篇功能的影响,当其他格助词被"WA"替换后,指称语的主题属性显著提高。

已有研究成果虽丰厚,但仍存有不足:鲜有对汉语中施事和受事的信息等级状态进行观察的研究,很难就各受事前置结构使用的语篇语境条件做出回答,无法看到结构间的异同关系;汉日受事前置结构的对比研究也明显不足,不同语言的类型学差异及差异背后的原因尚未得到解答。这些都是本研究力图解答的问题。

4.1.2 研究方法

本研究采用语料库对比研究法。首先,比照现代日语书面语均衡语料库(Balanced Corpus of Contemporary Written Japanese,BCCWJ)构建汉语当代书面语语料库。汉语书面语语料库共约百万字,比照 BCCWJ,选取的素材包括小说、剧本、新闻报道、政府工作报告、国务院白皮书、法律文本、教科书、诗歌等。接下来,手动穷尽性提取四类受事前置结构,共获取 P,(A)V142 句、PAV 237 句、PV 760 句、APV114 句。之后,使用 Excel 随机抽取各受事前置结构 100 句,然后,在语料库中提取 100 句无标记结构 AVP,构成可比语料。所用日语数据皆取自 Imamura(2017)的研究,其语料都来自 BCCWJ。

语料提取完成后，使用指称连贯分析法标注语料数据（Givón，1983，2005，2017）。该研究方法将回指与预指客观地量化，从信息等级状态研究指称语的语篇连贯问题，是分析指称照应语以及指称持续性的一种定量研究方法。此方法主要涉及指称距离（referential distance，RD）和主题持续性（topic persistence，TP）两个数据。RD 指当下分析的指称语与其最近回指语的距离，其值限定在 1~20 之间，计算方法是在被分析小句前的 20 个小句范围内，计算当下分析的指称语与其最近同指语之间的小句间隔数量，与回指紧密相关。TP 指当下分析的指称语在后续小句中所持续的小句数量，其值限定在 0~10 之间，计算方法是在被分析小句后的 10 个小句范围内，计算当下分析的指称语得到同指的小句数量，与预指相关。

指称连贯分析法可以较为客观且精确地衡量指称语的回指凸显度及预指持续性，可以比较清晰地看到该指称语的信息等级状态。如在例（11）中，所分析的小句"我的事情你就别管了"为 PAV 结构，受事成分"我的事情"在前文 20 个小句中仅与"你的事情"同指，位于当前小句前的第三个小句中，因此，受事成分的 RD 值为 3。而在后续 10 个小句中，该受事成分并未持续，因此，其 TP 值为 0。从中可以看出，这一 PAV 结构主要用于回指凸显主题，但其在后续语篇中的主题持续性却欠缺。

（11）曼璐道："二妹现在也有这样大了；照说，[她一个女孩子家，跟我住在一起实在是不大好]，[人家要说的]。[我倒希望][她有个合适的人]，[早一点结了婚也好]。"[她母亲叹了口气道]："[谁说不是呢]！"[她母亲这时候很想告诉她关于那照片上的漂亮的青年]，[但是连她母亲也觉得][曼桢和她是两个世界里的人]，[暂时还是不要她预闻的好]。[过天再仔细问问曼桢自己吧]。[曼桢的婚姻问题到底还是比较容易解决的]。[她母亲说道]："[她到底还小呢]，[再等两年也不要紧]，[倒是你]，[你的事情我想起来就着急]。"[曼璐把脸一沉]，[道]："<u>我的事情你就别管了</u>！"[她母亲道]："[我哪儿管得了你呢]，[我不过是这么说]！[你年纪也有这样大了]，[干这一行是没办法]，[还能做一辈子吗]？[自己也得有个打算呀]！"[曼

璐道]:"[我还不是过一天是一天]。[我要是往前看着],我也就不要活了!"(张爱玲,《半生缘》)

标注完成的数据最后用 SPSS 进行统计,分析汉日四类结构与无标记结构的语篇表现异同,最后尝试解析语言内部以及语言之间不同结构语篇表现异同的原因。

4.2 研究数据及初步分析

4.2.1 汉语结构间对比

在语料库中对 400 例受事前置结构和 100 例无标记结构的受事成分和施事成分的 RD 平均值进行标注,并使用 SPSS 进行数据统计,结果如图 4-1 所示。

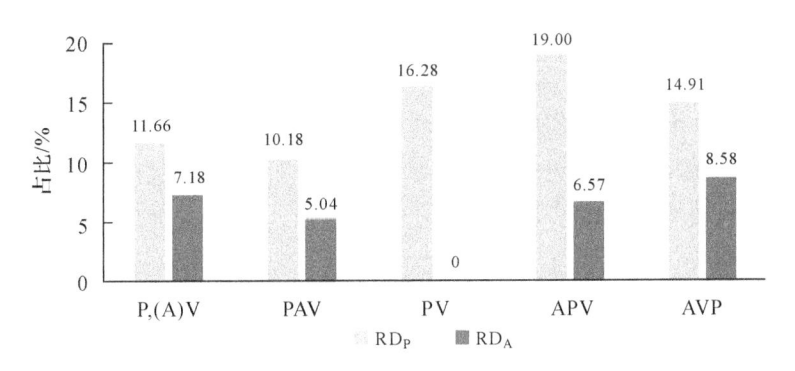

图 4-1 汉语五类结构的 RD 平均值①

从整体上看,前置结构(PV 除外)和无标记结构的施事与受事在指称距离上都存在显著差异,受事的 RD 值明显高于施事。分结构观察四类受事前置结构与无标记结构的偏离程度,发现结构类型不同,与无标记结构的偏离程度也存有差异,受事偏离由高到低为 APV>PAV/P,(A)V>PV,施事偏离由高到低为 PAV>P,(A)V/APV。

---

① P,(A)V 中施事 N=61;PV 无施事,N=0;其余结构施事和受事 N=100。

从受事角度看,四类前置结构的受事成分表现分立,相较无标记结构,受事的语篇凸显度表现出提高、降低和无变化等差异:APV 受事的回指距离最长,其语篇凸显度偏低,与无标记结构差异显著($t=4.564, df=146.427, p<0.01$);P,(A)V 与 PAV 的受事回指距离相当($t=1.167, df=198, p=0.245$),两者 RD 值明显低于无标记结构,其语篇凸显度提高(分别为 $t=2.731, df=196.17, p<0.01; t=3.898, df=196.663, p<0.01$);PV 最接近无标记结构,统计显示两者无显著差异($t=1.265, df=198, p=0.207$)。

从施事角度看,三类前置结构的施事成分表现相当,相较无标记结构,施事的语篇凸显度都有一定提高,统计结果显示,P,(A)V 和 APV 与无标记结构 AVP 不存在显著差异(分别为 $t=1.056, df=159, p=0.292; t=1.781, df=196.652, p=0.076$);PAV 施事的语篇凸显度有一定程度的提高,与无标记结构产生一定偏离($t=3.386, df=185.323, p<0.01$)。

综合分析各结构施事和受事的信息等级状态,我们发现,结构不同,与无标记结构的偏离不同:APV、P,(A)V 和 PAV 受事的语篇语境表现上与无标记结构差异显著,回指性低的受事易置于施事和谓词之间构成 APV 结构;受事在语篇中的可及性高则易前置于句首位置构成 P,(A)V 和 PAV 结构,两者的差别体现在施事层面,前者施事的回指性与无标记结构趋同,后者施事的回指性更高;而受事成分即使语篇凸显度不高也依然可置于谓词前构成 PV 结构,用以引入低可及性成分。可见,汉语受事前置结构在语篇中使用的多样性。

同样地,我们对 400 例受事前置结构和 100 例无标记结构的受事成分与施事成分的 TP 平均值进行标注,并使用 SPSS 统计,结果如图 4-2 所示。

从整体上看,前置结构(PV 除外)和无标记结构的施事和受事在主题持续性上都存在显著差异,受事的 TP 值明显低于施事。分结构观察四类受事前置结构与无标记结构的偏离程度,发现结构类型不同,与无标记结构的偏离程度也存有差异,受事偏离由高到低为 APV>PAV/P,(A)V/PV,施事偏离由高到低为 PAV>P,(A)V/APV。

从受事角度看,APV 的受事几乎不能在后续语篇中成为持续主题,与无标记结构差异显著($t=4.901, df=106.297, p<0.01$),其余三类结构受事的 TP 值大体与无标记结构持平,结构间不存在显著差异。TP 用来考察主题的持续次数,固然是主题属性的判定标准,但受事在后文中得到持续的比

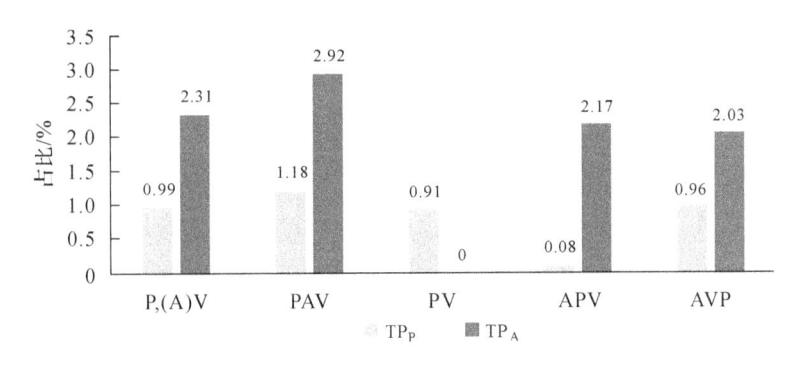

图 4-2　汉语五类结构的 TP 平均值

重也可说明该受事在语篇中的重要性,于是我们回归语料观察五类结构中受事得到持续的比重,如图 4-3 所示,发现结构之间存在着明显不同:PAV 和 P,(A)V 分别有 62 例和 46 例受事得到持续,可在后文中找到同指词,远高于无标记结构的比重;次之是 PV(42 例),与无标记结构相当;APV 依然最偏离无标记结构,仅有 7 例受事得到持续。由此,我们将从 TP 平均值进行观察的四类结构受事对无标记结构的偏离等级调整为 APV＞PAV/P,(A)V＞PV。

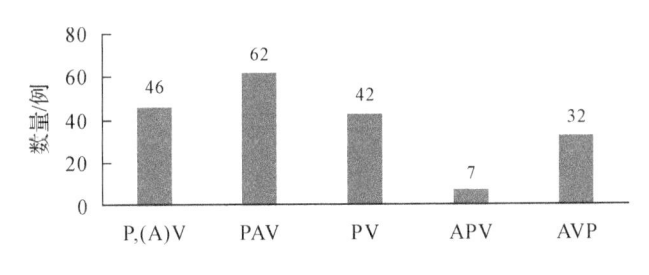

图 4-3　五类结构的受事持续数量

从施事角度看,PAV 施事的 TP 平均值最高,其施事在后续语篇中的持续性较高,与无标记结构具有一定的偏离($t=2.825$, $df=189.467$, $p<0.01$),P,(A)V 和 APV 的施事在后续语篇中的持续性与无标记结构相当,并无显著差异(分别为 $t=0.810$, $df=159$, $p=0.419$; $t=0.494$, $df=198$, $p=0.622$)。

综合分析各结构施事和受事的信息等级状态,我们发现,在预指持续性上,受事与无标记结构的偏离程度高于施事与无标记结构的偏离程度;APV、

PAV 和 P,(A)V 在受事的语篇语境表现上与无标记结构差异显著,预指性低的受事易置于谓词和施事之间构成 APV 结构,受事在语篇中的持续性高则易前置于句首位置上构成 PAV 结构和 P,(A)V 结构,而 PV 是唯一一类在受事的预指性上与无标记结构走向趋同的结构类型;P,(A)V 和 APV 的差别则体现在施事层面,前者施事的预指性与无标记结构趋同,后者施事的预指性更为凸显。

综上,以无标记结构为参照,对各类结构与其偏离度进行比对,所得结果如表 4-1 所示。受事成分回指凸显度和预指持续性显示,各结构以不同方式偏离或接近无标记结构:PV 是最为接近无标记结构的一类结构;其余三类结构在不同层面表现出对无标记结构的偏离,其中 PAV 结构受事和施事的回指凸显度、预指持续性都要高于无标记语序,P,(A)V 结构仅在受事的回指凸显度和预指持续性上高于无标记语序,而 APV 结构受事的回指凸显度和预指持续性远低于无标记结构。P,(A)V 和 PAV 较为接近,其受事在语篇语境中的可及度较高,具有主题结构的属性,但它们与其他两类结构区别较大。可见,汉语有标记结构之间较为分立,结构构成的标记性等级由高到低为:APV>PAV/P,(A)V>PV。

表 4-1 汉语四类受事前置结构与无标记结构的信息等级状态

结构类型	P(受事) 回指凸显度	P(受事) 预指持续性	A(施事) 回指凸显度	A(施事) 预指持续性
P,(A)V	+	+		
PAV	+	++	+	+
PV			/	/
APV	－－	－－		

注:对比四类受事前置结构与无标记结构的使用偏好,我们把使用倾向分为四等:接近无标记结构的不标记,高于无标记结构使用倾向为+,远高于无标记结构使用倾向为++,远低于无标记结构使用倾向为－－。/表示 PV 没有"施事"这一列的相关内容。

4.2.2 汉日结构间对比

本节重在对比汉语与日语不同结构在语篇语境中的信息等级状态,如图 4-4 所示。

4. 汉日受事前置结构的语篇信息等级表现

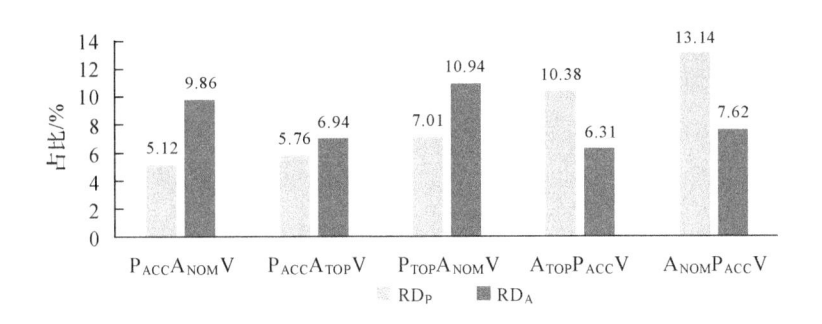

图 4-4　日语五类结构的 RD 平均值①

上图为日语五类结构的 RD 平均值。基于日语数据观察可见,当日语受事前置于句首位置时,无论是易位结构还是主题化结构,受事的回指距离都要短于施事,无标记结构恰恰相反,施事的回指距离短于受事。可见,受事可及度提高是造成日语语序变化的一个基本条件。对三类受事前置结构的受事与施事进行对比,除易位结构 $P_{ACC}A_{TOP}V$ 外,其余结构的施事和受事之间都有比较显著的差异,这与易位结构 $P_{ACC}A_{TOP}V$ 中施事的主题属性(使用主题标记"WA"标记)相关。

将汉语受事前置结构与日语受事前置结构相比较可以发现,汉语和日语有相似之处:汉语两类受事前置结构[P,(A)V 和 PAV]受事的回指距离相比无标记结构有缩短的趋势,虽未达到日语受事那样的语篇信息可及性,但仍与日语有一定的相似性。即便如此,汉日结构仍表现出更多的差异性:汉语受事前置结构的受事回指凸显度更为多样,APV 受事的回指距离长于无标记结构,PV 受事与无标记结构相当,这与日语各前置结构的受事可及性都较高恰好相反;汉语四类受事前置结构的受事回指距离都长于施事,而日语受事回指距离大幅度短于施事。可见,日语的语序变化比汉语更易受到语篇环境的制约:当受事回指凸显度提高时(尤其是受事可及性高于施事时),日语更有可能使用前置结构而非无标记结构;但汉语的表现更为多样,当受事回指凸显度提高、降低或保持不变时,都有使用前置结构的可能[分别为 PAV/P,(A)V、APV、PV]。

接下来看日语五类结构的 TP 平均值。如图 4-5 所示,当日语受事前置

---

① 日语各结构数据均来自 Imamura(2017)。

在句首位置时,受事持续性略微提高,尤其是主题化结构,其受事持续性高于施事。可见,受事持续性提高也是造成日语语序变化的原因,尤其是当受事使用主题标记"WA"构成 $P_{TOP}A_{NOM}V$ 时,其主题属性变得尤其明显。

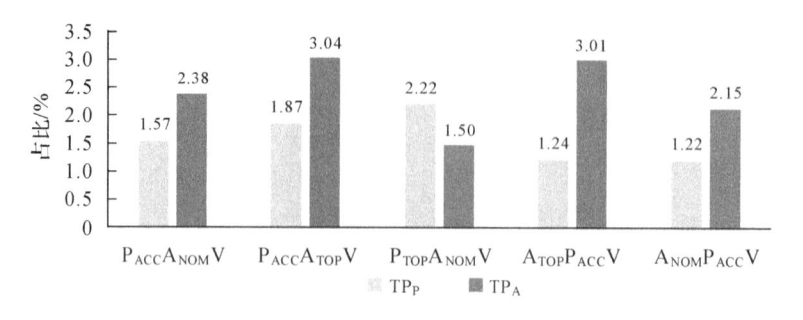

图 4-5 日语五类结构的 TP 平均值

将汉语受事前置结构与日语受事前置结构相比较可以发现,汉语和日语有一定的相似之处:使用受事前置结构时[尤其是 PAV 和 P,(A)V],受事的预指持续性比无标记结构的更高。但是,汉日结构的差异性远远大于其相似性,具体表现为:PV 和 APV 跟日语的易位结构和主题化结构差别较大,前者受事的持续性未见显著提高,后者受事的持续性甚至低于无标记结构,可见汉语受事的预指性更为多样;汉语四类受事前置结构的受事预指持续性都要低于施事,而日语主题结构的受事持续性已经超过施事。这在一定程度上表明,日语的语序变化比汉语更易受到语篇环境的制约,当受事更具有成为语篇主题的潜力时,日语更有可能使用前置结构而非无标记结构;但汉语的表现更为多样,当受事持续性提高、降低或保持不变时,都有使用前置结构的可能性[分别为 PAV/P,(A)V、APV、PV]。

基于以上数据的分析与对比,我们发现汉语语言内部不同结构施受成分的回指凸显度和预指持续性不同,与日语结构的信息等级状态异大于同。对比具体结构后发现,汉语 PAV 和 P,(A)V 结构的受事凸显度和持续性都更为接近日语的主题化结构,三者受事的主题属性相对较高。而汉语 PV 和 APV 结构与日语三类受事前置结构相距甚远,结构之间可比性较低。

4.3 结构类型及语言表现异同原因

4.3.1 语篇功能差异对汉语结构类型差异的解释力

不同于日语受事前置结构的趋同性,汉语各结构的语篇信息等级状态呈现出不同的特点,很难从受事凸显度和预指性的提高来解释结构存在的动因。我们认为,汉语受事前置结构的多样性,与它们在语篇中所发挥的不同功能相关,可以从句式特征观察其在语篇中发挥的语用功能。

对 400 例随机提取的受事前置结构进行句式特征观察,发现四类结构的表征形式具有差异性,其在语篇中发挥的作用各异。

首先来看与无标记结构表现偏离的 P,(A)V 与 PAV 结构,其受事回指距离短于无标记结构,在语篇中的可及性明显提高,是四类前置结构中受事最具有主题属性的结构。但两者语篇功能并不完全相同,我们回归语料观察发现,P,(A)V 受事的语言编码形式更为复杂,主题停顿标记的使用可以有效降低识解受事的认知加工难度,多用来引入语篇中的新主题。如例(12)受事"案前供奉的神像"由"定语从句+名词"编码,在语篇中的可及性较低,提顿词的使用可以提高复杂表征形式的识别度,以便将这一复杂信息引入语篇中。而 PAV 受事的语言编码形式较简单,多用"指示代词(+名词短语)"编码,在语篇中的回指距离短,所需认知加工努力程度低,无须主题标记的参与,多用来延续语篇主题。如例(13)受事"这段历史"指的就是前句中"我认识伊文斯"的历史,其语篇可及性高,无须提顿词的参与就可以延续语篇主题。

(12)香案前应该悬挂一幅鸟仙的图像。但鸟仙是什么模样?母亲只能征求三姐的意见。母亲跪在三姐面前,虔诚地请示:"仙家,案前供奉的神像,该去哪里请?"三姐闭目正襟而坐,面颊潮红,好像正在做着美好的春梦。母亲不敢造次,用更虔诚的态度又请示一遍。我三姐打了一个长长的哈欠,依然闭着眼睛,用一种唧唧啾啾的介于鸟语与

人言之间的极难辨别的声音说:"明天就有了。"(莫言,《丰乳肥臀》)

(13)叶文洁回答:"这要从我认识伊文斯说起……不过,<u>这段历史在场的同志们都知道</u>,我们就不要在这上面浪费时间了。以后我可以单独为你讲,但是否有这个机会,就要看你自己了……小汪,我们还是谈谈你的纳米材料吧。"(刘慈欣,《三体》)

APV结构是最为偏离无标记结构的一类结构,其受事的回指距离长,多为语篇低可及性名词,且在后续语篇中很难得到持续,可见前置的受事背离主题属性。我们回归语料发现,这类结构的受事多使用"什么……都/也＋不/没有"(31例)、"一＋量＋(名词)……也/都＋不/没有"(24例)、"连……都/也＋不/没有"(21例)等表达对事件的完全否定或者表达连最低标准都难以实现的感情色彩,具有"竟然""惊讶""出乎意料"等语用含义(李银美,2022)。如例(14)至例(16)所示:

(14)你小舅什么也不想吃。
(15)但今天他一点兴致都没有。
(16)我们连一张好好的床都没有。

PV结构是最为接近无标记结构的一类结构,其受事的回指距离长,多为语篇低可及性名词,且在后续语篇中很难得到持续,前置的受事背离主题属性。回归语料发现,这类结构多在语篇中表达事件的起始状态(如"出现""传来""开始""响起来"等31例)、终结状态("完成""处理完成""取消""拆除"等16例)或可能状态(7例)(李银美,2022),分别如例(17)至(19)所示。这类结构在语篇中并不处于事件主线上,只是表达受事所处状态的起始或终结(董秀芳,2006)。

(17)撤退开始了。
(18)这时第一张观测图像处理完成。
(19)好在游戏时间可以加快。

可见,汉语各类结构在语篇中发挥着不同的功能,从而产生了不同类型的受事前置结构,详细区分各结构类型能更好地看到结构的不同之处,从而更加深入透彻地观察语言。

4.3.2 主语和主题的融合与分立对汉日结构类型差异的解释力

Li 和 Thompson(1976)提出汉语为"主题突出型"语言,而日语为"主语主题双突出型"语言。按照这一说法,汉语中的主题和主语具有融合倾向,而日语则既有典型的主题又有典型的主语,两者为分立关系。这一语言类型差异是汉语受事前置结构既有走向无标记结构又有符合主题结构的特征的原因,也可以比较好地解释日语受事前置结构与无标记结构的分立。

在主题与主语的区别上,学界普遍认为主题具有语篇属性(Li and Thompson,1976;曹逢甫,1995;沈家煊,1999),据此汉语受事前置结构可大致分为三种不同类型:第一种走向主题结构,第二种走向无标记结构,另有一种为具有特别语用功能的前置结构。走向主题结构的包括 P,(A)V 和 PAV 两种类型,这类结构中受事的主题属性较强,其句首成分的回指凸显度高,同时有较高比重的受事在后续语篇中得到持续。但这两种结构又在编码形式上存在一定的差异[对比例(12)和例(13)],P,(A)V 受事编码形式更为复杂,其提顿词以及其他主题标记也是该结构具有主题属性的另一个影响因素。PAV 编码形式比 P,(A)V 简单,其语序偏离无标记结构的原因,恰恰就是受事足够凸显才适宜放置句首的原因。

走向无标记结构的为 PV 结构。这类结构并不受信息凸显度的制约,并且根据上文,它与正常语序的信息结构最为接近。这类结构受事的编码形式最为多样,且受限少,动词表起始状态或终结状态,不在语篇叙述主线上,环境描写偏多(李银美,2022)。根据陈平(1994)、汤敬安(2018)等对受事成分的划分,PV 结构的受事多为非典型受事,其语法功能多样,既可以在句中充当主语也可以作为主题,也有学者将此结构称为受事主语句[如例(17)至(19)]。

最后一类是具有特殊语用功能的 APV 结构。其受事的语言编码程度更为复杂,主要包括"一+量+(名词)+否定"、周遍性名词、"连……(都)",语义上多有否定和强调含义,动词倾向非现实性,具有"竟然""惊讶""出乎意料"等语用含义(李银美,2022)。其与无标记结构的接近性最弱,标记性和受限性也更高,句式结构固化难以复位。在例(14)至(16)中,如果改为常规表达,在语义上并不能复原,读起来也较为晦涩。

与汉语不同,日语主题和主语是分立的关系。在受事前置结构中,主题化结构的受事凸显度和预指性高,具有最强的主题属性。两类异位结构的受事可及性同样得到大幅提高,只不过其在后续语篇的持续性仍然低于施事,其主题性也较强。

可见,汉语各类受事前置结构之间的分化性较大,有些结构的受事与主语具有一定的融合性,有些结构的受事与主语又具有一定的区别性。而日语主题化结构和易位结构的受事都具有比较典型的主题属性,不同结构只在受事的持续性中体现出差异。

4.4 小结

本章将汉语四类受事前置结构与无标记结构的信息等级状态进行对比,并与日语相关结构进行比较。研究发现,汉语受事前置结构类型不同,与无标记结构的偏离也不同:PV 结构的受事在回指凸显度和预指持续性上接近无标记结构;APV 结构则最偏离无标记结构,其受事回指凸显度和预指持续性远低于无标记结构;P,(A)V 和 PAV 结构的受事回指凸显度高于无标记结构,预指持续性也高于无标记结构。结构之间的差异可以从不同结构所承担的语篇功能差异中得到解释,不同结构在语篇中承担着不同的语用功能,所用语言形式也存在差异。

汉日差异性远大于相似性。汉语四类受事前置结构表现分化,受事表现出主题特征和主语特征的融合性,而日语受事前置结构语序的改变与受事信息等级状态的改变相关,其受事的回指凸显度和预指持续性都得到显著提高,各结构与无标记结构的表现不同,前置结构的受事更多表现出主题特征,这与日语主题和主语的分立相关。

5. 英汉"难易评价结构"的主题性与非人称性[①]

评价类谓词(evaluative predicate)担当主句述谓,后接补语小句,其小句论元或其他成分可出现在主句述谓之前,构成多种句法格式。生成语法将这类现象称为"提升"(raising),将这类谓词称为提升谓词(raising predicate),如 easy、difficult、tough、hard、impossible 等。近年来这一句法行为的复杂性颇受关注,以"easy/difficult"和"容易/难"后接补语小句为例,英语里常见的是补语小句的宾语提升和 it 主语两类结构,如例(1a)和例(1b);汉语里则表现得更为灵活,补语小句的宾语和主语都可前置,如例(2a)至例(2c),评价谓词也可置于句首,如例(2d)。

(1) a. Mary is easy (for John) to please.
　　 b. It is easy (for John) to please Mary. (Givón, 2001)
(2) a. 这个故事(我)很难重复。
　　 b. 我这个故事很难重复。
　　 c. 我很难重复这个故事。
　　 d. 很难重复这个故事。(Shi, 1990)

对于这类现象,英语的相关研究主要有以下三种观点。转换生成研究(Postal, 1974; Davies and Dubinsky, 2004)认为,例(1a)和例(1b)是两个存在变换关系的句对,是同一深层结构"[To please Mary] is easy."转换生成的两个逻辑语义相同的表层结构。功能和认知研究不满意这一分析,认为提升不是句法移位的结果,其句法行为不是派生性的,而是由语义语用等因素触发的。从功能或信息结构看,提升是主题性触发的结果,例(1a)的宾语提升具有"主题化的语用效应"(Givón, 2001; Serdobolskaya, 2009);例(1b)

[①] 原文题为《英汉"难易评价结构"的主题性与非人称性:认知对比视角》,发表在《外语教学与研究》2016 年第 5 期,作者为王义娜、李亚培。

的中性代词it具有信息引入功能,其使用与小句的结构和信息重量有关(Kaltenböck,2005)。从认知角度出发,句式的提升/非提升行为与不同成分的认知凸显性相关。例(1a)中Mary作为补语事件的直接参与者,具有内在的认知凸显度和高主题性,可提取出来担当主句主语并激活其命题关系(Langacker,1995);例(1b)中的非人称代词it是一个有指称义的图式性主语,标示出补语事件的存在场域(field)。

不同于英语对提升行为的关注,汉语侧重于研究评价类谓词的语法地位和被提升成分的复杂性。对于评价词作为主要述谓项这一点,英语研究基本没有分歧,但汉语的认识则不太一致,传统语法研究主要有三种观点:第一种观点认为"容易/难"是副词,与后面的动词构成状中关系(赵元任,1979);第二种观点认为其是助动词,和后面的动词合成谓语(朱德熙,1982;吕叔湘,1999;奥田宽,2000);第三种观点是将其视为评议性动词(陈光磊,1981),后可带动词性补语,与之构成谓补关系。目前随着研究的不断深入,这类评价性谓词的述谓性逐渐得到重视,句式的提升表现继而受到关注。功能研究认为这是一类后跟包孕小句的"主题提升动词",是句式的主要述谓项,小句中的"主语、宾语或方位词和时间词"等都可提到句首做主题,也可同时提升次主题(曹逢甫,1996,2005)。生成理论研究也认为提升谓词是整个句子的核心(胡波,2015),Shi(1990)还指出了汉语提升成分的非强制性[如例(2a)里"我"可省略]和句首没有提升成分等句式表现;张滟(2010)则从认知角度提出提升动词具有言者指向性,其句法行为与话语功能相关。

这些研究明确指出了评价类谓词的主句述谓功能、作为提升动词的提升/非提升行为及其所对应的主题提升功能和信息引入功能,但仍有不少问题尚待解决。首先,现有研究多关注提升结构,对于非提升结构的使用关注不多,对实际使用中会出现哪些句式及其分布特点也少有讨论;其次,研究倾向于将提升行为与主题化功能对应起来,但对于被提升成分在语篇中是否都具有主题性、英汉语言的提升表现为何不同少有分析;最后,从句面形式看汉语并无标示"场域"的非人称代词,英语也无评价谓词位于句首的无主句,英汉非提升行为的语义与篇章功能是否一致,句式的提升/非提升表现与以往提出的主题性/非人称性取向是否具有对应性,这些问题都有待在实际语料中进行考察。为此,本章把研究对象锁定为难易评价谓词"easy/

difficult"和"容易/难"后接补语小句的复杂结构(下文统称"难易评价结构"),采用功能对等的对比分析思路(Chesterman,1998;Achard,2015),在真实语料中对上述问题进行篇章认知对比考察。

5.1 研究方法

本研究基于可比语料库,参照 Gries 和 Divjak(2009)的行为特征分析,对难易评价结构在自然语句中的使用特征进行自下而上的标注与考察。英汉语料分别取自"英国国家语料库"(BNC)和北京大学现代汉语语料库(CCL)。句式检索时以"easy/difficult"和"容易/难"为关键词,人工提取"难易评价结构",并随机抽取各 300 例,逐条下载关键词约 100 词/字(词指英文单词,字指汉语字)的最长语段,构成英汉可比语料①。之后以篇章小句为基本分析单位②,以语段为最大分析单位对所有语例进行句法、语义和篇章信息标注,考察句式的聚合特征。

依据当今的认知研究,评价类构式的主语选择具有语义"透明性"(transparency),"能在小句适当位置出现的任何成分可同样出现在主句的'提升'位置",其位置选择反映出说话人对补语命题的不同识解方式(Langacker,1995)。本章将难易评价结构的概念语义描写为由"命题评价区+难易述谓+命题事件区"三个概念单位组成的图式结构,对评价区和事件区在不同层面的表现加以观察。具体标注与分析步骤为:1)句法层面上,标注进入评价区的补语命题成分在事件区中的句法属性(主语、宾语等),确定英汉语提升/非提升的句式类型与分布异同;2)语义层面上,标注命题事件的语义类型和提升成分的语义角色,确定各句式的语义特征及相关性;3)篇章与

---

① 为保证英汉对应,语料检索时排除了整个补语小句前置、难易评价词位于句末的语料,如例(1)和例(2)可分别表述为"To please Mary is easy."、"重复这个故事很难"。这种现象在汉语里较为常见,而英语则不然。语料提取发现:600 例中汉语出现 88 次,而英语只出现 2 次,其不对应性与话语独特性将另文探讨。

② 篇章小句的划分以主谓结构为主要标准,以逗号和功能为次要标准(徐赳赳,2003)。这样做的好处是,不会忽略提升成分在篇章中承前省略的情况。

认知层面上,标注评价区和事件区中名词性成分(简称NP)的有定/无定特征,通过比较其信息地位,提出英汉不同句式的主题性或非人称性取向,进而在认知控制视域下分析主题性与非人称效应的不同实现方式。

5.2 句式分布及其语义特征

5.2.1 句式分布

难易评价结构的提升/非提升区分主要依据评价区中是否有补语事件的命题成分。没有命题成分出现时为非提升结构,如英语的it-主语句(简称it-句)和汉语的无主句。反之则视为提升结构:提升的成分如果与补语小句的宾语论元形成语义共指(标注为[ ]$_i$),为宾语提升句;与其主语论元形成语义共指(标注为[ ]$_j$),为主语提升句。如果两者都出现在评价区,则为双提升句。提升成分承前省略时标注为[∅],补语动词用下划线标出。通过语料标注可以发现,英汉句式的表现类型分别如下:

(3) a. [The RY10]$_i$ is easy to use. (宾语提升句,简称宾提句)

b. It still shouldn't be that difficult to find out if the place has been tampered with... (it-句)

(4) a. [这个理想]$_i$ 特别难实现,因为它是空的。(宾提句)

b. [他们]$_j$ 知道对方的位置,[∅]$_j$ 也能够很容易看到对方,但是没人愿意捅破那层纸。(主语提升句,简称主提句)

c. [这一段过程]$_i$,[我们]$_j$ 很难一下子讲完。(双提升句,简称双提句)

d. 不难看出,我国教育目的的表述虽几经变换,但基本精神是一致的。(无主句)

英汉句式分布如表5-1和5-2所示。比较可见:英汉语都有提升与非提升表现,但汉语的提升类型复杂,除宾提句外,主提句和双提句在英语中无对应表现。从分布频数看,英语中非提升的 it-句(63.8%)远多于宾提句;汉语则相反,无主句仅占 14.1%,其他均为提升句,由多到少依次为:主提句>宾提句>双提句。

表 5-1 英语难易评价结构的句式分布

句式	谓词 easy	谓词 difficult	总计
宾提句	107(35.7%)	110(36.7%)	217(36.2%)
it-句	193(64.3%)	190(63.3%)	383(63.8%)
总计	300(100%)	300(100%)	600(100%)

表 5-2 汉语难易评价结构的句式分布

句式	谓词 易	谓词 难	总计
宾提句	68(22.7%)	86(28.7%)	154(25.7%)
主提句	199(66.3%)	134(44.7%)	333(55.5%)
双提句	15(5.0%)	13(4.3%)	28(4.7%)
无主句	18(6.0%)	67(22.3%)	85(14.1%)
总计	300(100%)	300(100%)	600(100%)

5.2.2 语义特征

参照以往研究(Dowty,1991;袁毓林,2002),对不同句式中的补语事件及进入评价区的语义角色进行考察发现,出现的补语动词大致有五类,涵盖自主义/非自主义(volitional/non-volitional)事件(马庆株,1992),如表 5-3 所示:最占优势的是动作和心理动词所表示的自主义事件,其中提升结构以动作动词为主,非提升结构中心理动词最多;其他三类大多可归入非自主义事件,主要出现在 it-句和主提句中。可见,英汉在自主义事件的优势分布上较为一致,但非自主义事件的使用差异显著:英语出现在 it 句,汉语则出现在主提句,且使用频率远高于英语。例如:

(5) a. It's only too easy for gaps to <u>appear</u>.

b. At the design stage, it's easy to <u>be overambitious</u>.

c. [铸件内部]$_i$ 疏松,[∅]$_i$ 容易<u>出现</u>气孔和缺陷,影响铸件的质量。

d. 大凡经调查的尚处于落后形态的民族,……,[其所保留的一切]$_i$ 已经很难<u>是</u>"原封不动"的。

表 5-3 补语动词的语义类型与分布

句式		动作类	心理类	致使类	发生或变化类	关系或属性类	总计
英语	宾提句	157 (72.3%)	59 (27.2%)	1 (0.5%)	0	0	217 (100%)
	it-句	129 (33.7%)	198 (51.7%)	26 (6.8%)	8 (2.1%)	22 (5.7%)	383 (100%)
汉语	宾提句	89 (57.7%)	62 (40.3%)	0	3 (2.0%)	0	154 (100%)
	主提句	94 (28.2%)	53 (16.0%)	41 (12.3%)	110 (33.0%)	35 (10.5%)	333 (100%)
	双提句	15 (53.6%)	11 (39.3%)	0	2 (7.1%)	0	28 (100%)
	无主句	27 (31.8%)	57 (67.1%)	0	0	1 (1.1%)	85 (100%)

进而统计不同提升成分的语义角色分布,如表 5-4 所示。从与补语动词的语义关系看,出现的语义角色共有九类:英语只有受事性角色,而汉语还有施事、感事等典型施事性成分和工具、处所、涉事等非典型论元。不难看出,英汉宾提句的语义表现基本一致;双提句的 NP$_1$ 也主要为受事性成分(与宾提句类似),如例(4c)①。区别最明显的是主提句,英语里倾向于隐含或做旁语的施事性成分(如 for John)在汉语的评价区得到凸显,但大多生命度偏低,如例(5c)至例(5d)的处所和主事(theme)。

---

① 语料显示:NP$_1$ 为施事类的只有 4 例,且可及性低,如[多血质的人]$_i$活泼好动,……,但[∅]$_i$[注意力]容易转移。可部分说明,实际使用中以往提出的如例(2b)类的双提句使用受限。

表 5-4　提升成分的语义角色类型与分布

句式			角色类型								总计
		施事	感事	致事	主事	受事	对象	工具	处所	涉事	
英语	宾提句	0	0	0	0	131	86	0	0	0	217
汉语	宾提句	0	0	0	3	76	75	0	0	0	154
	主提句	53	45	41	145	0	0	5	17	27	333
	双提句 NP₁	1	1	0	1	8	16	0	1	0	28
	双提句 NP₂	7	10	0	6	1	1	2	1	0	28

由上可以看出，英汉难易评价结构具有一定的语义共性和语言独特性。从提升结构的语义表现看，英语主要涉及自主义事件；汉语所允准的事件类型广泛，自主义与非自主义事件都可作为主观评价的对象，其语义透明度高于英语。从论元角色的语义分布看，it-句和无主句表现接近，都没有论元角色进入评价区；宾提句也表现接近，都以受事性成分的提升为主；施事性成分的提升是汉语区别于英语的重要特点，见于主提句和双提句。

以往研究指出，NP 的提升行为由主题性触发，无提升表现时为非人称表达。这一形式与功能的对应描写看似符合英语表现，但对于英汉句式的表征差异难以提供合理解释。我们的基本认识是，不同句式的主题性与非人称性表达不是由其形态句法决定的，其功能取向是篇章语用和认知因素共同作用的结果。

5.3 难易评价结构的主题性与非人称性表达

主题性与非人称性是一对功能语义范畴的表达，前者凸显的是所指实体的篇章可及性，后者则表征所述事件的普遍可及性，其引入实体往往不具备内在凸显性。依据认知语法的控制领地研究(Langacker, 2009, 2013)，一个实体的编码方式反映了说话人作为认知主体对该实体的有效性或认识性控制(effective/epistemic control)。在难易评价结构中，难易述谓所标示的是说话人对补语事件的认识性评价，一个事件的命题成分能否提入评价区，并成为说话人主观评价的对象,要看说话人能否从认识上影响或操控其命题内容,所述对象的主题性高低只是其中一个影响因素。本节先对主题性/非人称性加以界定,然后就评价区和事件区中 NP 的指称方式进行比较,再对不同命题事件的识解方式进行分析。

5.3.1 主题性与非人称性表达的篇章指称方式选择

主题性是所指对象"依赖语篇获得的一种属性"。确定一个篇章小句里进入评价区的 NP 是否具有主题性,要看一段连续话语中"所指对象有无重复出现",包括所指的可及性和主题持续力两个方面。前者指的是在先前话语的心理表征中提取某一所指实体的可及性,后者则是所指对象在后续语篇中的重要程度(Givón,2001;许余龙,2004)。

非人称性则是相对于所述事件的控制或引发实体而言的,通常描述的是"任何认知主体都可获取的静态情形"或带有"普遍性"的事件,不在说话人的认知控制之下,其引发实体可识解为所述事件的存在场域,无法具象到某个个体(Langacker,2009;Achard,2015)。说话人可运用中性代词、无定代词、类指或空主语等"非特指性"(non-specific reference)手段,淡化个人评价行为,引导受话人确立所述事件的"现实地位"(status of reality)。

从指称方式看,句式的主题性与非人称性表达在句首 NP 的有定性(即所指可及性)上具有反向表现(Malchukov and Siewierska,2011)。依据这一认识,我们将所指实体的编码方式按照可及性由高到低分为六类:零形回指>代词回指>有定 NP>无定代词>无定 NP>小句①,对提升与非提升成分的信息地位加以观察。前三类为定指成分,可及性高,可引导受话人在心理表征中锁定其所指,是标示语篇主题的重要形态手段;后三类不具备主题的可及性条件,除非在后续语篇中呈现出主题持续性或相关性,可引导受话人建立其所指的有效心理表征,否则非特指性编码会产生主题性丧失的

---

① 有定与无定成分的判定主要根据其形态特征与篇章语境。有定 NP 包括带有定冠词、指示词、物主代词、限定修饰语的名词和专有名词,无定 NP 主要为类指名词和带有不定冠词、数词等没有确切所指的成分。

非人称效应。表 5-5 和 5-6①分别统计了英汉不同句式里提升/非提升成分的编码表现。

表 5-5　英语提升与非提升宾语的指称方式比较

编码方式	位置	
	提升宾语(宾提句)	非提升宾语(it-句)
零形回指	20 (9.2%)	0
代词回指	70(32.3%)	23(6.5%)
有定 NP	114(52.5%)	123(34.5%)
无定代词	0	3(0.8%)
无定 NP	10(4.6%)	117(32.9%)
小句	3(1.4%)	90(25.3%)
总计	217(100%)	356(100%)

英语的编码表现如表 5-5 所示。提升宾语具有高主题性,其中定指成分占 94%,如例(6a)的代词回指,承担主题延续功能;无定成分则多与主题持续或篇章衔接相关,如例(6b)中宾语小句虽不具有主题性,但其中的 it 回指语段主题 the sample of courses chosen by Molloy and Carroll,加强了前后语篇的衔接与连贯。再看提升宾语:无定成分(59%)指向未知信息,用于表述事态性命题,如例(3b)的小句宾语;有定 NP 倾向于表征总括式的复杂信息,如例(6c)出现在段尾,命题信息以 in these and other respects 引出,受话人可由上文推知;但也有些定指成分与以往提出的信息等级或重量不符,比如例(6d)的代词 them 具有高可及性,其表现显然未受到所指对象 bream 的主题性影响。可见,没有提升不等于所指对象不可及,其受限因素将在 5.3.2 得到进一步解读。

(6) a. Sometimes [London girls]ᵢ get bored and [they]ᵢ're difficult to work with.

b. [The sample of courses chosen by Molloy and Car-

---

① 表 5-5 和表 5-6 未包含补语小句不带宾语的情况,在 it-句、主提句和无土句中频次分别为 27 例、86 例和 3 例。

roll] was designed to include a relatively high proportion of NSE students and [it] provides very useful material about the relative performance of SE and NSE students on these courses. [Whether it provides the basis for more general statements about the relative performance of SE and NSE students]$_i$ is difficult to <u>tell</u> without more extensive research.

c. In these and other respects it was difficult to <u>separate</u> the success or failure of Soviet foreign policy from the achievements of perestroika as a whole.

d. When [bream]$_i$ are rolling in this manner, it is quite easy to <u>miss</u> [them]$_i$ if your eyes are not glued to the water all the time.

汉语的编码方式如表5-6所示。首先宾提句的高主题表现与英语类似，提升宾语以定指成分为主，如例(7a)的零代词间隔数句回指主题"梅"，篇章主题性突出。同样，双提句中提升的 NP$_1$ 主题性突出，但 NP$_2$ 一般可及性偏低，如例(7b)中"人们"所指不具体，并不具有"次主题"的凸显度。表现更复杂的是主语的提升表现，包括主题和非主题提升，如例(7c)的"小官吏"，间隔2个小句编码为零代词，并在后文延续，是典型的链主题，发挥主题延续功能；但例(7d)的"人们"位于条件复句，该提升与主题化无关，其所指呈现非特指性或低区分度，同无主句所发挥的语义功能相似，都是识别度低的非人称表达。

表5-6 汉语提升与非提升宾语的指称方式比较

编码方式	位置					
	提升主语（主提句）	提升宾语（宾提句）	双提成分（双提句）		非提升宾语（主提句）	非提升宾语（无主句）
			NP$_1$	NP$_2$		
零形回指	123(37.0%)	63(40.9%)	22(78.6%)	3(10.7%)	0	0
代词回指	13(3.9%)	7(4.5%)	0	1(3.6%)	8(3.2%)	0
有定NP	112(33.6%)	74(48.1%)	5(17.9%)	7(25.0%)	95(38.5%)	24(29.3%)
无定代词	16(4.8%)	0	0	2(7.1%)	0	0

续表

编码方式	位置				
	提升主语（主提句）	提升宾语（宾提句）	双提成分（双提句）		非提升宾语（主提句）	非提升宾语（无主句）
			NP₁	NP₂		
无定NP	48 (14.4%)	7 (4.5%)	1 (3.5%)	15 (53.6%)	119 (48.2%)	11 (13.4%)
小句	21 (6.3%)	3 (2.0%)	0	0	25 (10.1%)	47 (57.3%)
总计	333 (100%)	154 (100%)	28 (100%)	28 (100%)	247 (100%)	82 (100%)

(7) a. [梅]ᵢ 是蔷薇科的一个乔木树种。……[它]ᵢ 的叶片呈阔卵形，[∅]ᵢ 带一长尾尖，[∅]ᵢ 叶柄上有两颗突起的腺体，所以[∅]ᵢ 容易<u>辨认</u>。

b. [河水的平静或泛滥]ᵢ，[人们]ⱼ 很容易<u>认为</u>[∅]ᵢ 是有意志的。

c. [有个小官吏]ᵢ 非常爱好打鸟，[∅]ᵢ 省吃俭用，[∅]ᵢ 还利用休息时间找额外工作，[∅]ᵢ 好不容易<u>积蓄</u>了一笔钱，[∅]ᵢ 买了一支猎枪。不幸得很，[他]ᵢ 在第一次打猎时就把猎枪丢了。

d. 信息越是充分越是丰富，[人们]ᵢ 就越难及时<u>搜索</u>到自己所需要的信息，……

再来比较非提升成分的信息地位，也不完全是可及性低的无定NP（如表5-6最后两栏）。通过观察语段发现：无主句和it句所发挥的功能类似，非提升成分描写的基本是存在性或综括式评价，如例(8a)的小句信息，是"在现代社会生活中"存在的一个基本现实，句首状语为受话人提供了命题关联的时空信息，由此引出一个普遍性事件；例(8b)是对前面话语的综括式评价，这类无主句常位于段首或段尾，伴随"因此""由此""从以上分析"等标示语，以引导受话人做出推断。主提句中非提升宾语的无定表现同无主句类似，如例(7d)评价的是普遍性事态，不具备主题凸显条件，但有定NP具有篇章可及性，如例(8c)中"这位神秘的导演"在语段中持续，其提升受限与其篇章地位无关。

(8) a. 在现代社会生活中,很难<u>设想</u>一个没有受过系统的学校教育的人能够参加工作和做好工作。

b. 从以上分析不难<u>看出</u>,目前网络课程制作工具的发展还跟不上网络课程开发的实际需求,……

c. [赵雅芝]ᵢ 好不容易才<u>见到</u>这位神秘的导演,谁知导演像不认识她似的,[∅]ᵢ 让手下的工作人员把她赶走了。

综上,提升与非提升结构具有不同的篇章功能倾向性,但提升与否并非实现主题性或非人称表达的必要充分条件。从信息结构看,英汉宾提句是典型的主题提升结构,提升的宾语在语篇中发挥主题效应;it-句和无主句中没有提升成分,it 或句首状语可作为所述事件的引发场域,句式表现出信息引入或综括式的客观评价功能。而主语提升则为汉语独特的异质性范畴:既有主题化效应,也有与主题无关的"非特指性"表达。

从对比角度看,英汉语所拥有的提升能力不同。汉语具有高主题敏感性,主语、宾语甚至补语小句中降级的成分都可从事件区提取出来,实现宾语跨句提升(Shi,1990;张敏,2009),如例(7b)的 NP₁ 就是跨越"是"字小句提取出来的,与述题以逗号隔开,呈现出典型的主题结构特征。而英语除明确的宾语主题化效应外,更倾向于使用非人称 it-句表征所述事件的普遍性及其引发实体的场域特征;从功能对等出发,汉语没有标示场域的非人称代词,其非人称效应主要表现在没有显性指称成分的无主句和主语提升成分的非特指表达上。难易评价结构的主题性与非人称性构成一个连续统,主提句介于两者之间。

5.3.2 主题性与非人称性表达的认知实现方式

句式的主题性与非人称性都可通过提升成分在评价区的特指与非特指性上得到体现,由识解方式看,其根本原因在于说话人作为认知主体对补语事件的认识或评价态度。说话人对命题事件的"难易"判断越具有操控力,提入评价区的命题成分就越凸显,识解方式也越主观;反之,如果说话人对所述事件的控制力弱,则命题成分难以进入评价区或所提升的成分不具有可及性,事件赖以存在的场域作为触发语凸显出来,与该事件构成认识上的控制关系,识解走向客观。其识解模型由主观到客观如图5-1所示①,观察这一模型可知,说话人的评价方式选择受到事件语义及特定语境的影响。从补语事件的基本语义看,最可控的是动作事件,其次是心理事件,最后是关系、属性等静态事件,说话人的认识操控力由高到低为动作类＞心理类＞致使类＞发生/变化类＞关系/属性类,基本符合表5-3的句式编码倾向,即自主义的动作类事件更容易纳入说话人的评价区内进行主观表达[如宾提句和双提句,说话人操控的评价区得到凸显,如图5-1(a)的粗体实线圈],而心理类事件则相对不易,尤其"表示客观事物造成的某种感受时"呈现非自主义(马庆株,1992:25),多出现在it-句和无主句中[事件的存在场域得到凸显,如图5-1c的粗体虚线框,与所述事件形成认识上的控制关系];非自主义的静态事件是现实中存在的客观事件,其难易判断一般有外在的评价来源,与说话人无关,因而更倾向于脱离认知主体进行客观表达,常见于it-句和主提句,虽然非自主义事件的命题成分在主提句里进入评价区,但其所指宽泛,与事件发生或存在的场域难以剥离[如图5-1(b)的粗体虚线圈]。

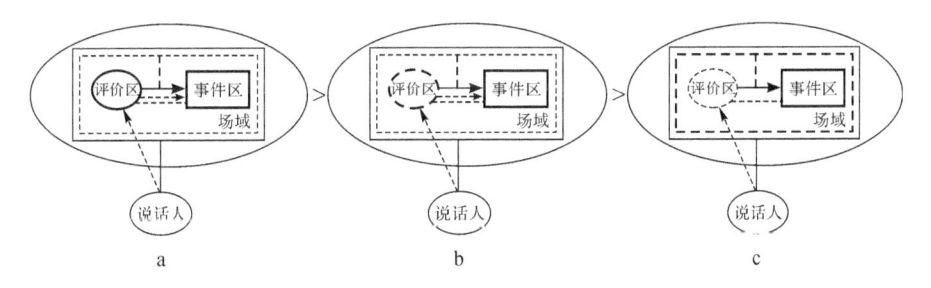

图 5-1 难易评价结构的主客观识解

从说话人对特定事件的评价态度看:命题呈现积极义时说话人倾向于拉近距离,置之于评价区,采用主观识解;而命题呈现消极或中性义时说话人倾向于推远与所述事件的距离,将控制区域由说话人的评价区转到事件的参照领地,以降低自我参与度,避免对所述事件承担评价责任(即使具有

---

① 在图5-1中,大的椭圆和实线方框分别代表评价事件的最大辖域和直接辖域,虚线方框代表事件存在的抽象场域,评价区和事件区之间的虚线代表其语义关联,实线箭头代表难易述谓,虚线箭头代表说话人的心理评价路径,说话人至难易评价结构之间的实线代表与后者构成的评价关系,粗体代表凸显。

主题可及性也不例外)。这一评价态度的选择可进一步解释不同句式的主题性/非人称性倾向,试比较下面两组命题内容基本相同的句子,例(9)可相应改为例(10),但前者具有客观表达效果。

(9) a. When [bream]$_i$ are rolling in this manner, it is quite easy to miss [them]$_i$ if your eyes are not glued...[it-句,同例(6d)]

b. 如果光看表面现象,往往容易做出错误的判断。(无主句)

c. [夏季]$_i$ 容易发生细菌性食物中毒。(主提句)

(10) a. When [bream]$_i$ are rolling in this manner, [they]$_i$ are quite easy to miss...(宾提句)

b. 如果光看表面现象,[人们]$_i$ 往往容易做出错误的判断。(主提句)

c. [夏季]$_i$[细菌性食物中毒]$_j$ 容易发生。(双提句)

例(9a)中 them 具有回指可及性,但说话人没有将其置于评价区,而是选择了非人称表达,通过 it 为 miss 事件搭建意识控制场域,强调了该事件的客观性;如将例(10a)改为相应的宾提句,把宾语提至评价区当成评价对象,其所指的凸显度提高,主观评价义增加。例(9b)的无主句也可添加"人们"等不定施事[如例(10b)],鉴于其所指对象并未指向任何具体个体,此类主提句与无主句发挥的作用类似。例(9c)的主提句评价的是个不具可控性的"发生"类事件,相对于例(10c)的双提句,该句只限定了"发生"的场景是"夏季",为客观表述;但如果把 NP$_2$ 也提至评价区,事件后果便得到凸显。实际语料中正是主提句后接双提句,主观评价义渐增,如例(11a);此外宾提句也有3例非自主义事件(见表5-3),如例(11b)"发生"的"这问题"以"反正"为话语导向,强调了说话人的主观评价。

(11) a. [夏季]$_i$ 容易发生细菌性食物中毒。因为[夏季]$_i$ 气温高,[∅]$_i$,[细菌]$_j$ 容易繁殖。

b. 反正[这问题]$_i$ 一般情况下不容易发生。

进一步观察其语义倾向,例(9a)至例(9c)的命题都偏于消极义,表达"出现不企望、不如意情况的可能性大"(奥田宽,2000),因此说话人倾向于拉远与所指对象的概念距离,采用去焦点化形式进行表达,可见句式选择与说话人对补语命题的认识相关。在主提句中,出现的非自主义事件一般为中性或消极事件,如例(12a)至例(12b)的"导致/发生",其提升成分倾向于选择低人称度、低可及度的指称策略,其使用不是因为篇章主题性或认知凸显性,而是作为引入实体以表征所述事件的客观存在或条件,难易述谓前可添加"往往"等表客观的评价语;而自主义事件的提升成分则多因主观评价而凸显,如例(8c)中说话人的移情对象是"赵雅芝","好不容易"和"谁知"等主观评价语都是从"赵雅芝"的视角发出的,表达了说话人对所指对象的主观移情。所以,若将定指性宾语提至评价区,改为如例(13a)的双提句,虽然符合主题指称方式,但与说话人的视角切入点不符;如改为例(13b)的无主句虽然能凸显命题评价的客观性,但表达不出说话人的情感导向。

(12) a. [开采坚硬岩石]ᵢ 容易导致宝石晶体破裂。

b. [牙龈部分]ᵢ 容易发生牙周炎,使牙龈出血,牙周溢脓,牙齿松动。

(13) ? a. [这位神秘的导演]ⱼ[赵雅芝]ᵢ 好不容易才见到,谁知导演……

? b. 好不容易赵雅芝才见到这位神秘的导演,谁知导演……

从话语推进的角度看,所指对象的主题性高时,该实体已经成为言语情境的一部分,存在于话语双方的共享空间中,因此说话人可在评价区内使用可及性高的指称形式,对命题事件加以激活:主题性越高,与说话人的概念距离越近,其编码方式越可及,评价越趋于主观,如图 5-1a;而如果补语命题描述的是客观或消极事件,说话人则倾向于采用非人称表达,将事件的环境成分凸显出来,引导受话人通过参照领地搭建命题事件的获取通道,使评价趋于客观[如图 5-1(b)和 5-1(c)]。

落实到句式上,提升类结构的主观度并不相同。(1)在双提句中,说话人将命题事件的两个主要参与者同时置于评价区内,分别作为主要和次要参照点对事件进行评价,与其他提升句相比,其命题事件距离说话人最近,识解最主观。(2)宾提句的主观性高于主提句,一个原因是宾语在概念序列上低于主语,其提升需要具备更高的篇章主题性,而主提句不需要。(3)主提句呈现主观与客观两种取向:一是移情于所指对象,故而提至评价区拉近双方的概念距离;二是对于带消极义(或非自主)的命题事件,说话人倾向于拉远距离,进入评价区的命题成分生命度等级低(或降低),以强调评价来源的客观性。

再看非提升表达的客观度,it-句和无主句中整个命题事件后置,与评价区达到最大限度的分离,评价最为客观。通过外置使情态表达客观化(Kaltenböck,2005),正是非人称表达的重要语用功能。不同的是,无主句虽然也没有命题成分进入评价区,但从局部话语看,句前常常出现与命题事件相关的情境成分,如例(8a)的"在现代社会生活中"可作为触发语提供命题的存在空间,引导受话人对补语事件做出难易评价。而it-句出现类似触发语的情况较为少见。通过观察语段发现,汉语句首的时空环境成分具有话语衔接的作用,体现了汉语的时空范围语序原则,但并未受控于主题效应,不宜看作主题提升。

综上,在难易评价结构里,难易评价是说话人作为认知主体发出的对补语命题事件的认知评价,命题成分能否进入评价区不仅反映出所述对象的主题度高低,而且与说话人对命题事件的态度密切相关。从所发挥的功能看,非提升表达可降低自我参与度,表现出非人称性,但提升句的使用并不完全出自主题效应,说话人可使用不定代词等指称手段降低自我参与度。从识解方式看,句式的主题性/非人称性是说话人对补语命题进行主客观评价的结果,其具体实现方式从主观到客观呈现为连续统,如图5-2所示。

```
                    难易评价结构
                    ╱        ╲
              主题性表达    非人称表达
              ╱    ╲        ╱    ╲
```

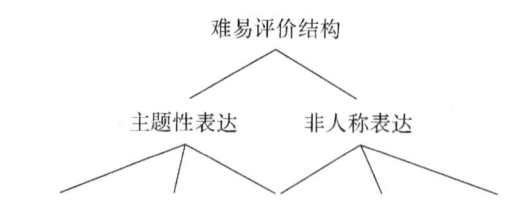

(主观)双提句 > 宾提句 > 主提句 > 无主句 > it-句(客观)

图5-2　难易评价结构的主题性与非人称性倾向

5.4 小结

  本研究将后接补语小句的难易评价结构描述为由命题评价区、难易述谓和命题事件区三个概念单位组成的图式结构,尝试应用自下而上的行为特征分析,以篇章小句为分析单位,基于英汉可比语料对该结构在句法、语义和篇章层面的分布特征进行了标注、统计和对比考察。分析发现:(1)英汉语的句式分布差异明显:英语以非提升的 it-句为主(63.8%);汉语则多为提升结构,其中主提句最多,无主句仅占 14.1%。(2)提升/非提升所允准的事件类型差异明显:汉语里自主义与非自主义事件都可作为主观评价的对象,其语义透明度高于英语,主要表现在主提句和双提句上,英语里倾向于将隐含的施事性成分在汉语里得到凸显。(3)句式的主题性/非人称性表达是个连续统:宾提句是典型的主题提升结构,非人称表达以 it-句和无主句为典型,主提句的表现介于两者之间。可见句式的主题性/非人称性表达不能完全以提升与否加以区分,其深层原因是说话人作为认知主体对于命题事件的认识具有差异,评价方式的异同可在认知语法的控制领地模型下得到统一解释。

  以往研究倾向于把提升与否的结构特征与句式的篇章语义功能对应起来,有夸大主题功能之嫌。对此,本章从对比角度提出了一点不同认识。不同语言所提供的选择方式不同,汉语句式的主题性相对突出,英语则非人称性较凸显;汉语中没有显性指称成分的无主句和提升成分编码为"非特指"的主提句同英语的 it 句具有功能对等性。这一分析在提升成分的指称方式和命题事件的识解方式上得到基本验证,在一定程度上揭示了评价类结构的特点以及英汉语言的类型特征。

6. 学习者英语与英汉时间状语从句的句法分布差异[①]

时间状语从句的句法位置分布研究主要集中在两个方面：一是主从句语序问题，主要侧重于语言之间或同一语言中各类从句的句法位置描写；二是句法位置的形成动因，探寻语言事实的理据性。英汉皆为主—谓—宾语言，但从句的句法位置分布并不对称：英语从句的句法位置相对灵活，但表现出一定的后置倾向（Ford, 1993；Diessel, 2001, 2005, 2008）；而汉语则以从句前置为优势（Chao, 1968；Yeh, 2000；Wang, 2006）。英汉从句的句法位置差异受时序拟象性、句间衔接性、连接词语义、概念加工方式及语言类型等多种因素影响（Chao, 1968；Diessel, 2001, 2005, 2008；Givón, 2001；Hawkins, 2004；戴浩一, 2011）。

针对中国英语学习者对时间状语从句的习得表现，研究多将其与目标语进行比较分析。陈春华（2004）比较了学习者在习得英语与目标语时两者在 when 从句句法位置上的差异；方子纯（2009）将研究扩大到对 when、after、before、once、until 等五类从句的对比考察。他们发现学习者在学习英语时存在前置偏多现象，这与母语的负向迁移相关。陈春华指出，学习者易忽略篇章连贯对英语从句句法位置的制约作用；方子纯认为，学习者没有遵从时序拟象性影响语序的规律。这些研究初步分析了学习者在习得英语与目标语时两者在从句句法分布上的差异，推动了对从句习得问题的观察及相关因素的思考。但从其分析视角看，仅以目标语为参照，难以真正触及学习者在习得英语与英汉两种语言时的内在差异，结论难免偏于笼统或简单

[①] 原文题为《学习者英语与英汉时间状语从句的句法分布差异——一项多语料库对比考察》，发表在《解放军外国语学院学报》2015 年第 4 期，作者为李银美、王义娜。

化;英汉作为两种不同类型的语言,其连接词的使用及其概念语义或篇章语用的差异明显,仅从单一视角观察会忽略从句习得时的一些基本影响因素。

鉴于此,本章拟从 FLOB(英国本族语语料库)和 CLOB(英式英语语料库)、CCL 和中国学习者英语语料库(CLEC)获取数据①,将学习者时间状语从句与目标语和母语进行三方比较。以各连接词的概念语义特征为基本出发点,结合从句的篇章语用功能对从句句法位置的制约力,对学习者英语的从句使用倾向、使用频率及其错置率进行对比考察,以指出其中的内在差异,进而解析学习者英语的从句句法表现及其影响因素。

6.1 研究方法与初步数据分析

本研究采用基于语料库的方法,从英语、汉语和学习者英语语料库中分别提取数据。我们依据 Diessel(2008)等把英语时间状语从句的典型连接词限定为 after、before、once、until,使其构成两组时间概念语义相反的连接词 after/before、once/until。相比英语,汉语相关连接词变体众多,以 after 为例,其语义对应词可有"之后、以后、后"等。根据学者对时间状语从句的界定(Chao,1968;吕叔湘,1982)和以往相关研究(Wang,2006;Yeh,2000)所使用的连接词等,本研究将汉语对应连接词设为"……后""……前""一……就……""直到……"。这些对应连接词仅在时间概念义上基本匹配,并不意味着其概念义完全等同。

对从句连接词加以限定后,我们运行 Wordsmith 5.0 软件检索语料库(汉语语料为网络检索),手工剔除不符例证,各随机提取 200 例加以比较。需要说明的是,CLEC 中 once 和 until 从句较少,各有 158 句和 136 句,为使结果具有可比性,我们选取了相同数量的英语和汉语例句。初步检索结果如表 6-1 所示。

---

① 为保证数据的有效性,我们选用了两个英语语料库,以均衡时间跨度,获取足够的语料数量。汉语语料库选用北京大学现代汉语语料库(网络版),网址为:http://ccl.pku.edu.cn:8080/ccl_corpus/index.jsp?dir=xiandai。

表 6-1　学习者英语、英语、汉语时间状语从句的句法位置分布

语言	连接词	前置数量	前置比例	后置数量	后置比例
学习者英语	after	109	54.5%	91	45.5%
	before	68	34.0%	132	66.0%
	once	147	93.0%	11	7.0%
	until	7	5.1%	129	94.9%
	小计	331	47.7%	363	52.3%
英语	after	63	31.5%	137	68.5%
	before	35	17.5%	165	82.5%
	once	119	75.3%	39	24.7%
	until	5	3.7%	131	96.3%
	小计	222	32.0%	472	68.0%
汉语	"……后"	197	98.5%	3	1.5%
	"……前"	199	99.5%	1	0.5%
	"一……就……"	158	100.0%	0	0.0%
	"直到……"	56	41.2%	80	58.8%
	小计	610	87.9%	84	12.1%

从三方的总体数据看,英语从句后置数量是前置的一倍之多(68%：32%),汉语则明显具有从句前置倾向(87.9%),符合以往的研究结论;而学习者英语的从句后置比重(52.3%)超过前置(47.7%),其句法位置分布整体更接近英语。由此,"母语负迁移说"的解释力较为有限。

从使用的连接词类型看,类型不同,学习者英语和目标语的从句句法分布都会随之变化,而汉语则不然。以前置数量为观察点,汉语除"直到……"从句位置比较灵活之外,其他类型都基本前置;而英语从句前置数量由高到低为 once＞after＞before＞until;学习者英语从句前置数量与英语一致：once＞after＞before＞until,once 和 after 类型倾向于前置,before 和 until 则后置居多。由此可见,学习者英语对不同连接词的使用倾向与目标语接近。

由从句类型的差异显著性看,学习者英语虽然整体取向接近目标语,但

两者连接词的具体表现却有差异。卡方值计算显示,其差异显著性由大到小依次为 after>once>before(χ^2 分别为 21.58、18.63、14.24,$p<0.01$),唯有 until 从句不具有显著差异($\chi^2=0.35$,$p>0.05$)。与相应的汉语表达对比,所有从句类型之间都有显著差异,显著性由大到小依次为 before>after>until>once(χ^2 分别为 193.3、107.69、49.6、11.4,$p<0.01$),可见连接词类型不同,其差异显著性不同,其中,after 和 once 引导的从句差异最大。

Diessel(2008)指出,英语的从句位置与其连接词的概念语义类型具有相关性。那么这些具体语义差异是如何影响学习者英语从句习得的表现的? 相对应的汉语从句表现有无相关性? 下面就以连接词的显性和隐性概念语义为观察点,对各类时间状语从句的具体语义类型分布进行三方对比观察,通过使用频率和错置率分析,考察学习者英语中连接词语义与从句位置分布之间的相关性以及学习者对不同概念语义的掌握程度。

6.2 连接词概念语义与句法位置分布

英语连接词不仅可以表达显性的时间"先/后"概念义,还可以隐含特定的隐性概念义,如 after 的"致使"义、before 的"目的"义、once 的"条件"义和 until 的"时间/目的/因果"结合义(Quirk et al.,1985)。其从句的句法位置不仅受制于显性义,也会因不同的隐性义表达而不同,从而产生"先概念"后置和"后概念"前置现象。

汉语连接词在显性和隐性概念义的表达上有所不同,如与 until 对应的"直到……"兼具时间"先后"义,而与 after 对应的"……后"致使性不明显,与 once 相对应的"一……就……"则兼具"并列""条件""因果"等多重语义关系(邢福义,2001)。

本节首先对显性概念义的影响加以考察,之后就其隐性义的影响进行分析。鉴于英语中表达"目的"义和"因果"义的小句倾向于后置,以至于 before 和 until 的隐性义与显性义表达一样,不会影响到其从句后置的句法位置,因此本节仅考察 after 和 once 的隐性概念义。

6.2.1 显性的时间"先/后"概念义对比

根据语义表达,英语连接词可分为 after/before 和 once/until 两组。每组内两个连接词所表达的时间概念语义相反:after 与 once 表达"先概念"(prior),意指从句事件发生在主句事件之前;before 与 until 表达"后概念"(posterior),意指从句事件在主句事件之后发生。

对表 6-1 的英语从句进行数据统计,after/before 和 once/until 两组从句的句法位置与连接词的时间语义直接相关(after/before 组 $\chi^2=10.6$,once/until 组 $\chi^2=153.81, df=1, p<0.01$),即 after 和 once 从句前置与其"先概念"义相关,before 和 until 从句后置与其"后概念"义相关。例如①:

(1) After Drewitt had departed, he ordered a pot of black coffee.

(2) I have a quick glance before I go.

(3) Once the plane was safely airborne, she lay her head back and closed her eyes.

(4) He rode on and on until he realized it was very cold and that soon it would be growing dark.

例(1)和例(3)中从句事件先于主句事件发生,分别由表达"先概念"语义的 after 和 once 表示;而例(2)和例(4)中,从句事件在主句事件之后发生,由表达"后概念"语义的 before 和 once 表示。英语从句的 once＞after＞before＞until 前置排列序可从时间"先/后"义上得到解释。

而汉语里的"……前"和"……后""一……就……"和"直到……"并不构成两组对立的时间概念义表达,"直到……"一词兼具"先/后"概念义,如例(5)表"先概念",例(6)表"后概念"。就连接词语义对句法位置的影响看,除"直到……"外(表"先概念"时前置,表"后概念"时后置),其他词的概念语义并未影响从句句法位置的分布表现。如例(7),"……前"这类从句即使表达"后概念"事件,一般也不会依据事件的发生顺序而后置。可见汉语连接词

---

① 文中的所有例句都出自本章使用的四个语料库。

的概念语义与从句位置的相关性较弱。

(5) 直到确认全部村民安全撤离后,他和村干部才最后离开村庄。

(6) 我再关你二十三个半小时,直到你出钱为止!

(7) 来美国之前,我在国内开过一次车,但是我不能算是会开车的。

再对表 6-1 的学习者英语进行数据统计,发现连接词的时间概念语义对其从句的句法分布已有明显影响(after/before 组 $\chi^2=17.04$,once/until 组 $\chi^2=226.35, p<0.01$);即 after 和 once 从句倾向于表达"先概念"语义,前置倾向明显;而表达"后概念"语义的 before 和 until 从句后置倾向明显,与英语非常类似。尤其是 until 从句的使用,皆表"后概念"语义,如例(8)所示,未受汉语"直到……"的"先/后"概念义影响;before 也多以从句后置为倾向(66%),如例(9)所示,可见与汉语的差异。连接词的时间概念义是造成学习者英语从句前置数量有高低差异的一个主要原因。

(8) He will pick up his gun and fight until the country's interest is safe.

(9) Problems must be studied before they can be solved.

进一步观察,还有不少现象无法通过显性语义得到解释,如根据卡方计算,表达"先概念"语义的 after 和 once 从句是学习者英语与目标语之间差距最显著的两种从句,这显然超出了显性语义的影响。下面对学习者英语中隐性概念义的表达及句法分布影响加以观察。

6.2.2 隐性的"致使/条件"概念义对比

除表达时间"先/后"概念义外,连接词 after 和 once 各具独立的隐性概念义;after 从句可表主句的"致使"原因,once 从句可表主句的发生"条件"(Diessel,2008)。如例(10)中主句 three schools remained closed 是从句 the power failures affected overnight heating supplies 所致,"致使"义与"原因"义相通,在英语中通常后置。例(11)中从句"considered these points"是主句

"get started on your design"的先决条件,表"条件"义时 once 从句前置,以避免将主句事件误认为是事实。

(10) But three schools remained closed <u>after</u> the power failures affected overnight heating supplies giving pupils at Netherhall Secondary School and primary schools in Dearham and Crosby an extra day's holiday.

(11) <u>Once</u> you have considered these points, you can get started on your design.

据此,我们分别统计了 after 和 once 显性(时间)和隐性概念语义的分布情况以及相关从句的前置后置比重,以考察连接词的隐性概念义与主从语序的相关性,如表 6-2 所示。

表 6-2　after 和 once 的句法位置与概念语义分布

连接词	语言	句法位置	时间概念义	比重	隐性概念义	比重
after	学习者英语	前置	94	47.0%	15	7.5%
		后置	73	36.5%	18	9.0%
	英语	前置	56	28.0%	7	3.5%
		后置	65	32.5%	72	36.0%
once	学习者英语	前置	29	18.4%	118	74.7%
		后置	4	2.5%	7	4.4%
	英语	前置	59	37.3%	60	38.0%
		后置	31	19.6%	8	5.1%

先看 after 类从句。统计显示,英语中 after 从句的句法位置分布与其隐性概念义相关($\chi^2=31.02, p<0.01$),而学习者英语并未显示出相关性($\chi^2=1.3, p>0.05$)。具体来看,英语中 after 表"致使"义的共有 79 例,占总量的 39.5%,其中有 72 例位于主句之后,占隐性概念义表达总量的 91.1%。而学习者英语中 after 表"致使"义仅有 33 例,占总量的 16.5%,其中仅有 18 例后置于主句(占 54.5%)。如例(12)中 after 从句的 abolished the system 其实是主句 their armed force has been strengthened 的致使因素,但学习者英语并未将其后置。可见,在学习者英语从句表达里,"致使"义还未成为 after 的一个主要语义,这也在一定程度上造成了 after 隐性义的过少或错误使用。

(12) But <u>after</u> they abolished the system, their armed force has been strengthened.

再看 once 类从句,统计显示,英语 once 从句的句法位置与其隐性语义直接相关($\chi^2=10.72, p<0.01$),但学习者英语中 once 的隐性概念义与其主从语序并没有明显关联($\chi^2=1.71, p>0.05$)。具体来看,英语中 once 表"条件"义的比重为 43.1%,而学习者英语中 once 表达隐性概念义的比重高达 79.1%。学习者英语对 once 的"条件"义有过度使用倾向。

从汉语的从句表现分析,after 对应的"……后"类型隐含"致使"义的表达很少,偶有隐含也不会对从句的句法位置产生多大影响。如例(13)可理解为"刚安顿下来"所以"心情很好",但事件的时间先后顺序仍是主从语句排列的主要制约因素(戴浩一,2011)。与 once 对应的"一……就……"则相反,对其概念义考察发现,158 例中就有 60 例明显含有"条件"义表达,如例(14)。从这个角度看,学习者英语中 after"致使"义的过少使用和 once"条件"义的过度概括都受到了母语连接词的语义表达倾向干扰,造成学习者英语与目标语的偏离。

(13) 刚安顿下来<u>后</u>心情很好,竟有了去动物园看看动物的闲情逸致。

(14) 但是,它们十分娇弱,<u>一</u>碰到尘埃和烟雾<u>就</u>立刻"夭折"。

观察表 6-1 和 6-2 的数据,英语里还有一些更为复杂的表现,如"后概念"表达的前置和"先概念"表达的后置现象。有研究表明,这一语义压制与从句的篇章语用功能相关(Givón,2001;Diessel,2005)。下面就对照英汉从句的篇章语用功能差异,采用索引行回归原文的方法,对学习者英语从句的相关表现进行考察,探讨其偏离目标语表达的篇章语义因素。

6.3 从句的篇章语用功能与句法位置分布

6.3.1 英汉从句的篇章语用功能差异

英汉时间状语从句所发挥的篇章语用功能不同。一般情况下,英语从句并不发挥篇章语用功能,仅与主句存在局部语义关联(Ford,1993;Givón,2001),如图6-1(a)所示。例(15)中,从句充当主句的从属成分,发挥对主句事件的限制或补充等作用。然而,当从句与前一句的语义关联超过主句而与前句发生语义关联时,从句就会前置发挥"连贯桥"(coherence bridge)作用,一方面回指前叙内容,一方面又衔接后续篇章,组织篇章的信息流动(Givón,2001;Diessel,2005)[如图6-1(b)所示]。例(16)中,从句中的 it 回指前句的 an escape plan,而主句又与后句的 it 密切相关,此时从句适于前置,起篇章衔接作用。

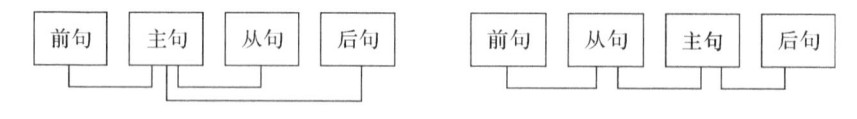

(a) 英语从句后置的局部衔接作用　　(b) 英语从句前置的广域衔接作用

图6-1　英语从句后置与前置的篇章功能对比(改自 Givón,2001)

(15) My wife, Miranda, prepared a version of dish for me soon after we first met.

(16) In her mind she worked out an escape plan, but before she could put it into action, she discovered she was pregnant. It was a surprise.

汉语则不然。作为"主题突出型"语言,汉语中几乎所有的时间状语从句都采用前置语序。汉语前置从句具备较强的主题性,如图6-2所示。从功能上看,前置从句往往是背景信息,具备较强的"启下力",为后面的主句提供陈述框架,后置主句往往围绕从句内容加以叙述。例(17)中,从句为后续三个小句做好铺陈,具备更广的延续范围。而偶尔后置的从句则有可能仅起到"事后追补语"或"自我修正"的作用(Chao,1968;Yeh,2000),如例(18)中的后置小句。也就是说,汉语从句具有更加广域的篇章功能,而英语从句的局部语义融合度较高,其前置往往需要特定的衔接条件。

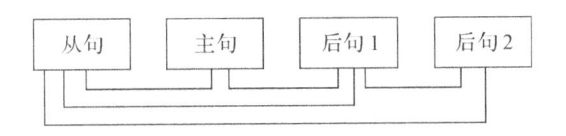

图 6-2 汉语从句前置的主题衔接作用

(17) 来北京前,我已做好了充分的准备,省吃俭用,存下了足足半年的工资。

(18) 大多数研究者认为"杂说"是后人写的,时间在北宋前。

6.3.2 "后概念"从句的前置分布

英语"后概念"从句的前置分布往往反映为篇章连贯之需。表 6-1 显示,表达"后概念"时,英语中有 35 例 before 从句、5 例 until 从句前置。将索引行回归篇章后发现,这些从句前置与其发挥的篇章作用相关。如例(19)until 从句中的 it 指代前句内容,语义上与前句和主句都高度衔接,"后概念"与"连贯桥"竞争的结果是,连接词的概念语义让位于从句的篇章衔接作用(图 6-1b)。

(19) The Apostolic Constitution has yet to be published. Until it is, there's not much point in detailed speculation. My guess is that the biggest problem will be future married priests;...

接着观察学习者英语中表"后概念"的 68 例 before 和 7 例 until 从句前置(表 6-1)。回归原文发现,前置的 before 从句中有 31 例并未发挥"连贯桥"作用,即该从句不具备篇章衔接功能。如例(20)中从句 before you go to school 只是对主句事件的时间限定,与上句并无直接关联,不具有句间衔接作用,应遵循"后概念"后置的分布规律。再看 until 从句前置:7 例从句都是倒装结构,未发挥"连贯桥"作用,有的甚至表达有误,如例(21)。可见,学习者英语的这些从句前置与英语从句可发挥的句间衔接作用无明显关联,表达"后概念"语义的从句前置可能更多受到了母语从句的篇章功能影响。

(20) Children in the city and in the countryside are born unequal. In the city, <u>before</u> you go to school, you can receive pre-school education and utmost care from the nursey [fm1,-] ①or kindergarten. While in the countryside, you'll be refused to be accepted by school until you are at the age of 7.

(21) <u>Until</u> my mother promised me to buy a more beautiful one for me the next year did I stop crying.

6.3.3 "先概念"从句的后置分布

英语中表达"先概念"的从句后置,主要是受制于主句的局域融合作用,避免给上下文的语义衔接造成干扰。由表6-2数据可见,英语中有65例after从句、31例once从句表达"先概念"语义时后置。回归到上下文考证,发现这些从句都附属于主句,起篇章衔接作用。如例(22)中,第二句的主句you wake your child承接上句you wake up your child,并同时续接后句,而从句after they go to bed仅对主句加以时间限定,如若前置则会对句间衔接造成干扰。

(22) It means you wake up your child at night to go to the toilet. On the first night, you wake your child every hour <u>after</u> they go to bed until 1 a.m. For the next five nights, you wake your child three hours after they fall asleep.

再看学习者英语,表6-2数据中有73例after从句和4例once从句后置。将从句同样回归到篇章中,我们发现这些从句与主句的局部融合度较高,其后置使用与目标语基本类似,避免了前置可能造成的篇章衔接断裂。

---

① [fm1,-]表示此处有语法使用问题。此处nursey应为nursery。

然而对其前置从句进一步观察后，我们发现，after 从句中有 29 例、once 从句中有 18 例改为后置表达可能更为合理。如例(23)中的主句与前句和后句都是并列关系，从句 once it is given a program 仅对主句起限定作用，可改为后置，以增加上下文的衔接度。

(23) Besides, computers can offer fun and entertainment for children and adults. Once it is given a program, a computer can operate automatically at a high speed. Not only can the computer collect information, it can also store it and can take it out whenever we need it.

综上，学习者英语在表达时间先后概念义时其前置量高于目标语，这一表现应与英汉从句所发挥的篇章功能差异相关：作为"主题突出型"语言，汉语从句具备较强的主题性和启下力，通常前置充当背景信息。而英语从句的启下力一般较弱，其前置除用于表达时间上的"先概念"义外，主要出自特定的篇章衔接需要；尤其是表达"后概念"时，其前置主要是发挥"连贯桥"作用。

6.4 小结

通过学习者英语、目标语和母语三方数据比较，我们发现，学习者英语从句的句法位置分布接近目标语，但有些具体类型的句法位置仍与目标语存在显著差异，可从英汉连接词语的概念语义差异、连接词语与从句位置的相关性，以及从句的篇章语用功能差异中找到原因。

语料分析表明，英语的从句分布与其连接词的概念语义相关。学习者较易掌握连接词的显性概念义对从句句法位置分布的影响，其相关语义表达位置与目标语接近；但对于母语缺失或凸显的"致使""条件"等隐性义的使用，其语义表达位置则与目标语有偏差。此外，"后概念"从句前置所发挥的篇章"连贯桥"作用和"先概念"从句后置的主从局部融合作用，也容易被忽略，这可能与汉语时间状语从句的主题作用相关。由于上述因素对从的句法位置制约不太明显,因而学习者对其并不敏感,我们需要在外语教学中有意识地加以输入和引导,以帮助学习者加快英语从句位置分布的内化过程。语言的线性顺序离不开概念语义的表达,句间的篇章语义衔接同样应在教学中予以重视。

| 第三部分 |

主题结构的述题研究

7. 从述题的情境植入看汉英主题结构的主观性[①]

主题结构是指由"主题+述题小句"组成的一类句子结构,其中主题位于述题小句之前,作为其言谈对象或时空框架,两者构成语义关涉关系或"框—棂"语义关系(曹逢甫,2005;张伯江,2018)。有别于主谓结构的是,论元关系的有无对于主题结构并不重要,有研究称之为主题标记结构(topic-marking constructions)或超句结构(extraconstructions)(陈平,1994;Lambrecht,1994;Givón,2001)。根据主题在述题小句的语义关涉位置或方式,可分为主语主题、宾语主题、偏置主题和悬置主题等四类主题结构(Netz and Kuzar,2007;Pekarek et al.,2015;Prince,1998)[②],分别指主题与述题中的主语同指、主题与述题中的宾语同指、主题在述题中有共指成分且存有主题复指词、主题与述题并置但双方并无共指关系的结构,比如,下面两组句子依次为 SM、OF、LD、HT[③],前三个结构在述题里有主题同指关系,HT 的关涉性表现在:例(1d)主题"这个饭"跟述题里"成本"构成语义领属关系,例(2d)主题 the first week 为述题句提供了时间范围(语义框架)。这些都是汉语中的常见句式,在英语、法语、希伯来语等主语突出型语言里也有相应的结构类型(Netz and Kuzar,2009;Pekarek et al.,2015;Prince,1998),各类主题结构在不同类型或同一类型语言里的认识地位及使用偏好尚待挖掘。

(1)a. [四千多的房价],[∅]应该是 2005 年左右吧。

[①] 原文题为《汉英主题结构的主观性:述题的情境植入视角》,发表在《外语教学与研究》2019 年第 2 期,作者为王义娜、李银美。
[②] 有研究称 SM 和 OF 为施事和受事主题句(施春宏,2004),称 SM、OF 和 LD 为论元共指结构(徐烈炯、刘丹青,2007),以区别于 HT,后者常被称为主谓谓语句或双主语结构。
[③] 本章所有例证均出自构建的对话体语料库,主题以及述题中的共指或关联成分都以 [ ]标出,零指形式标记为[∅],相关成分标记为前后序号。同一话段(话轮)里出现不同主题结构,同指主题以相同序号下标,有上下文时主题结构用下划线标出。

b. [住宿费],真是没白出[∅]。……咱们早自习不还挺多吗? [英语],你还必须得去[∅]嘛。

c. [那客厅],我儿子能在[里面]骑自行车打转。

d. [这个饭]₁,[成本]₂ 够高的。

(2) a. [Another thing I thought was interesting], [∅] was the emphasis on transportation.

b. [Some iron] you can't, uh people can't absorb [∅].

c. You know, [this guy], I can't really believe [that guy]'s her husband.

d. [The first week]₁, I played with them [all week long]₂, which was really stupid.

自 Li 和 Thompson(1976)提出汉语主题突出而英语主语突出以来,这一类型学假设广受关注,不论是结构、形式、功能还是认知学派或类型学研究,主题结构研究一直是热门话题。研究主要集中在主题角度,关注句首 NP 的语法地位和篇章属性,如主题与主语之辩(陈平,1994;沈家煊,2012;石毓智,2000a)、主题的基础与移位生成之辩(Xu and Langendoen,1985;Huang,1982)、主题的语法与篇章属性(曹逢甫,2005;屈承熹,2006;许余龙,2004)、主题的有无标记性(Lambrecht,1994;Shi,2000;陈国华、王建国,2010)等,较为集中的成果是徐烈炯、刘丹青(2003,2007)等,二人对主题的性质、功能、句法、语义、语用等特性的认识都有深入的推进。也有研究关注不同主题结构的信息结构异同及跨语言表现(Gregory and Michaelis,2001;Netz and Kuzar,2009;刘林军、高远,2010;施春宏,2004;文旭,2005),或在句子和语段的大背景下关注其整体表现(曹逢甫,2005;沈家煊,2017;张伯江,2018)。这些研究提出了很多有价值的观点,但总体都偏于主题视角,关注其主题部分以及句子内部的静态关联,对其述题小句的类型特点关注得很少;同时很多研究不自觉地偏于静态观察,将主题结构视为句子层面的一个静态范畴,言语情境(以及认知主体)所发挥的作用并未得到系统挖掘,零代词主题构成的主题结构现象往往受到忽略,导致主题结构的语料描写不全面或偏离语言事实,以上情况有必要在真实话语情况中进行进一步考察。

近年来述题小句的作用开始得到一些研究者的关注,刘丹青(2018)明确提出述谓类型是制约主题及主题标记使用的重要参项,并指出属性谓语与主题是无标记匹配,而事件谓语则不然。除此之外,还有一些散见的研究。张敏(2009)认为,汉语的主题化允许述题小句的"非现实态",述题句里若包含情态动词、否定形式、修饰语、焦点敏感副词之类的复杂成分形式,则汉语的主题化相比英语的"更容易提取"。曹逢甫(2005)指出汉语的认识类、评价类和言据类谓词是高层述谓,具有标记主题的作用;张滟(2010)和卢军羽(2016)进而提出汉语主题提升句具有高施行性事态限定特征;王义娜和李银美(2016)则基于OF/SM/LD的数据比较,提出汉语述题的认知复杂性高于英语,且与主题的认知复杂性呈反向表现。可见述题小句的事件类型也是影响主题结构选择的重要因素,其具体表现及影响因素有待进行系统考察。

根据认知语法的情境植入观,时态、情态、认识性副词以及言据性(evidentiality)表达等都可发挥情境植入作用,表达言者对述谓事态的识解方式(Langacker,2017),Nuyts(2001,2002,2017)称之为"事态限定语"(qualification of state of affairs)。那么,主题结构的述题小句都有哪些事态限定类型? 不同主题结构的事态限定表现有何异同或使用偏好? 主题突出型语言与主语突出型语言在述题小句的情境植入上是否具有类型差异? 言者作为认知主体以及时空位置等基本情境要素在主题结构的构建中发挥什么作用? 这些都是本章要回答的问题。

为解决这些问题,本章尝试改变观察视角,从述题限定角度对汉英主题结构进行对比,首先结合Langacker(2002b,2008,2017)的小句情境植入和Nuyts(2002,2017)的事态限定思路,建立述题的情境植入层级;之后依据该层级对述题小句在自然对话中的动态表征进行细粒度的标注统计,进而对各类主题结构的表现进行对比,以期发现新的语言证据,加强对主题结构的类型差异认识。

7.1 理论基础及研究方法

7.1.1 情境植入

情境植入即使用情境述义(grounding predication),是指语言符号与言语事件、话语双方以及事件发生的时间、地点等情境因素发生关联而成为实际话语的过程。这一过程以言听双方及其在特定语境中的互动为核心,言者通过有定、量化和限定(qualification)等情境植入方式,在空间、时间和现实性上勾勒出事物或事件的位置,引导听者通过(共享)情境锁定其位置,就所指实体的话语(或认识)地位达成一致,最终实现对事物或事件的认识控制(Langacker, 2002b; Nuyts, 2002; 完权, 2009)。

就小句而言,情境植入的作用是限定所述事件的现实情境,即基于言者的现实性概念对事件的发生或实现与否加以判定,以确立其存在地位,是言者对事件的现实或现实可能性达成认识控制的过程(Langacker, 2008)。Langacker 区分现实和非现实情境:前者包括认知主体所感知到的当前现实和已知现实,即现实世界正在或已经发生的事情;后者则是经由现实投射、预计会发生的预期现实和认知主体推测或假设可能发生的潜在现实,即未然世界中可能发生或假设可能发生的事情。现实情境可进行时间位置区分[如例(2a)、(2d)的时态标记],而对于经由心智建构起来的非现实情境,所述事件在现实世界的时间轴上没有特定的位置,认知主体的认识判断是第一位的,植入的时间情境主要发挥参照作用[比如例(1a)情态助词"应该"和语气助词"吧"表达了言者对"四千多的房价"可能发生"年代"的推测,是个潜在现实事件](Langacker, 2008; 牛保义, 2017)。

情境植入问题即言者对事态情境的评估问题(Langacker, 2008),主要涉及时间、信息来源和交互主观性协调(intersubjective alignment)等三个维度(Langacker, 2017)。除时态和情态等语法标记外,言据性也可表明事件的存在地位,发挥情境植入的认识控制功能。时态和情态系统强调事件的时间性和现实性,言据系统(evidential system)则凸显事件的信息来源及可信度,两者互为交叠补充,构成小句情境植入的两个维度,位于"认识判断的两个层级":前者为句内限定,来自言者对事态的直接判断;后者为句外限定,言者站在事件之外,对事件的命题现实加以评估,句内情境仅作为"一组有效命题"位于其认识范围之内。在亲历、推断和传闻等三类言据性现实里,评价(信息)来源最为可信的是"亲历"言据,出自言者视角,主观性最强,Langacker(2017)视之为对命题的"感觉情态"(perceptual modality);其次是"推断"言据,主要涉及言者的知识世界和推理。比如下面这三句话:第一句限定了时间位置,是时间情境手段;第二、三句则通过言据副词 perhaps、心理谓词小句 I think 限定信息来源,表达了言者对命题小句 he stole it 的认识和推断,是小句情境植入的命题情态手段。

(3) a. He stole it.
    b. Perhaps he stole it.
    c. I think he stole it. (Langacker,2017)

Nuyts(2002,2009a,2017)也主张从概念语义角度区分小句的"事态限定方式",涵盖形态手段、词汇形式和短语表达[如例(3a)至(3c)],并依据言者介入程度提出了一套包括时、体、情态和言据表达的事态限定层级:体貌＜量化(含能愿情态)＜时间＜道义情态＜认识情态＜推理言据(inferential evidentiality),其中:阶段体和量化体是事件的情状限定,能愿情态和时间是时空位置限定,而道义情态、认识情态和推理言据属于言者表态范畴(attitudinal),是"施行性"(performative)事态限定(Nuyts,2017)。限定成分越靠近言据范畴,其层级越高,视角越宽,语义范围越广,越具有言者指向性。当多个限定成分共现时,位于高层的限定语得到凸显,比如,例(3b)也标记出述谓 stole"偷"为过去时间,但得到凸显的是言者对该事件的推断,perhaps 是高层限定语。这一事态限定观念与 Langacker 的情境植入观基本相同,是我们观察述题事态限定的基础。

7.1.2 述题小句的情境植入层级

情境植入是言语交流的必要成分,表达了言者对现实的不同认识。从跨语言的角度看,每个语言(及其句法构造)都有自己的情境植入体系,时态、情态和言据性系统在不同语言里的融合程度也有所不同。基于认知语法的最新研究(Langacker,2017)和 Nuyts(2017)的事态限定层级理论,把情境植入看作一个功能概念,而非语法概念,将述题小句的情境植入视为言者对述题事件现实性的认识控制,结合汉英语言特点从语义功能上确定述题小句的事件限定类型,把发挥情境功能的形态表达、词汇表达以及嵌入性结构[如"(我)知道/觉得/发现"等感知或认识谓词]等情境植入手段都包括进来。

现实性关心的是事件与说话时刻之间的关系,直接的语法反映就是时制系统(卢军羽,2016)。对于现实世界里发生的事件,时间情境是重要的观察维度,Langacker 区分过去现实和当前现实,英语标记为过去时和现在时。汉语缺少显性的时态标记,像没有具体时间位置的形容词和名词谓语句、带有情态动词和情态副词等非现实标记的述题句等,刘丹青(2018)都将其归为"属性谓语",是需要依靠"主题落地"的无标记述题类型。从情境植入的功能看,这一属性谓语既包含了部分现实类型也包含了一些非现实类型。为方便汉英对比观察,我们把现实事件细分为动作现实、属性现实和评价现实,分别表示具有实际终止点的行为事件、描述事物属性或关系的静态事件、对事态性质的评价事件。前两类可归入现实世界[分别如例(2d)的 played 和例(2a)引入的事实述谓],是客观的时间情境表达;而评价现实是言者对事物非属性特征的评价,并不强调述题在时间轴上所占据的位置,如例(1d),通过程度副词"够"和句末语气词"的"表达言者对主题临时属性或状态的评价性认识,发挥认识情境功能。

对事件现实性的认识控制具有多种可能,除客观现实外,还有预期现实、潜在现实和推断现实等。能愿情态("能/能够/想/要/愿意"等)作为限定策略,主要受控于个人意愿,标示出能力的客观位置[如例(1c)的"能"和例(2b)的 can't];道义情态主要受控于社会法则,植入的情境为言听双方共享[如例(1b)的"必须"指的是学校规定必须上"早自习"],虽然言者预期在述谓表达中占有重要地位,但言者的视角介入较低,作为句内述谓,认识情境是第二位的;认知情态标记潜在现实,如汉语的"可能/应该/一定"和英语的"may/should/must"等,发挥认识情境功能[如例(1a)的"应该"是言者的认识]。

推断现实和言据现实是述题的高层限定类型,言者使用认识类或推断类言据成分对事件进行估量和判断,表达对命题的态度和认识。认识或推断类言据成分包括对事件发生的可能性做出揣测或判断的认识类情态副词,如汉语的"肯定/显然/准保/大概/恐怕/好像/似乎/也许"等和英语的"probably/possibly/perhaps/maybe"等;对事件行为或事态加以估量的推断类情态副词,如汉语的"确实/其实/实在/幸亏/多亏"等和英语的"obviously/clearly/really/luckily/fortunately"等;表达命题情态(信息来源)的感知或认识谓词"(我)觉着/发现/相信/知道"等和英语的"(I) think/find/believe/know"等,其使用无关乎事件的真实性,而是言者根据自身的知识或信息优势进行的推理[如例(2c) I can't really believe]。从功能出发将认知谓词嵌入结构和情态副词纳入述谓情境植入范畴,对于缺乏句法形态的汉语来说非常重要,汉语缺少情态助词但认识和言据副词丰富,适宜用来表达言者对命题的看法或评价。更重要的是,这些"评注性副词"可充当"高层谓语"对述题事件进行主观评价(张谊生,2000),位置移动可改变评价的范围。比如那句广为讨论的HT"那场火,幸亏消防员来得早",述题小句的浮现主要基于情态副词"幸亏"的使用,"幸亏"为高层述谓,标记出言者对命题的主观判断,事件的时间现实"来得早"作为命题内容包含在言者的评价里。从功能出发,植入言据情境是这类主题结构成立的重要条件。

据此,本研究将述题类型在四个现实维度上进行了细分,从时间到认识再到言据为:动作现实＜属性现实＜能愿情态＜道义情态＜评价情态＜认识情态＜推理情态＜感觉情态。从动力源看,动作和属性都是内在于小句的真实事态限定,受小句论元控制;能愿及道义为预期现实,其限定来源同样出自述题内部或社会规约;潜在现实里无论是对事态的评价还是对命题的认识,都不再受控于述题论元,言者介入明显;而推断或言据标记则往往外在于小句,是言者对命题事件表态的高层限定成分,主观性最强。述题的情境植入可位于不同层级,如图7-1所示(S代表层级)。

我们的基本假设是,述题小句是主题结构的焦点所在,是话语推进中浮现的过程性单位,作为命题事件,其情境植入方式的选择反映出言听双方就事件的现实性所达成的认识控制。不同主题结构具有各自独特的情境植入特点,情境植入作为言者对事态情境的评估,涉及言者主观性和交互主观性的相互协调问题,不同形式的述题情境选择反映了该主题结构的主客观维度(Langacker,2008;王义娜、李银美,2016)。对于交际双方可以感知的客观现实事件,时间情境是第一位的,情境植入呈现客观性;而非现实事件在客观世界中并不占有时空位置,言者的主观视角、立场和认识非常重要,尤其是位于高层的潜在类和言据类现实,其情境植入基本有赖于言者,具有高主观性。

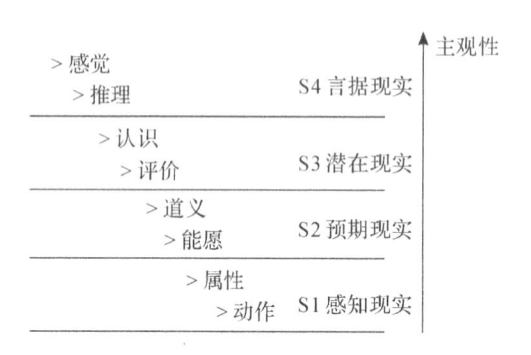

```
                                      ↑主观性
   >感觉
       >推理           S4 言据现实
   ────────────────────────
       >认识
       >评价           S3 潜在现实
   ────────────────────────
       >道义
       >能愿           S2 预期现实
   ────────────────────────
       >属性
       >动作           S1 感知现实
   ────────────────────────
```

图 7-1 述题小句的情境植入层级

事件表征与我们的认识关系密切。从情境植入层级看,时间与情态、情态与言据之间是渐变关系,高层限定可包含低层。Lyons(1977)认为,没有时态系统的语言,其时制表达的大部分任务会由情态来承担。那么对于缺少形态标记的汉语来说,其述题表现会不会呈现出高情态性、高言据性和/或低时间性特点?不同主题结构有何偏好表现?下面我们运用这一述题情境植入层级,提取主题结构里的述题情境类型,对比观察汉英对应结构的情境植入方式异同,探讨汉英主题结构的类型差异。

7.1.3 研究方法

本研究选用随意性自然对话,观察汉英主题结构在述题情境植入上的使用倾向。英语语料选自 SBCSAE 第一、二两部分的 27 段口语材料(剔除了其中较为正式的布道、讲座等材料),时长共计 606 分钟。汉语为自建的口语对话,在话题、风格、人员构成和总时长等方面与英语语料相当,同样包括 27 段录音,时长共计 605 分钟。具体分析步骤为:首先在汉英语料中手动检索并提取出所有的主题结构类型,建立可比语料(见表 7-1)。需要指出的是,自然会话里的主题结构有可能出自同一个言者,也可能由不同话语参与者接续(共同)完成,其述题具有明显随着话语浮现出来的句法结构特点。比如:例(4)中 OF 出自言者 A,HT 则是话语双方共同完成的,主题出自 A,述题出自 B。汉语里类似的主题结构很多,与其零指主题特点有关(在以往研究中常被漏掉)。

(4) A:[直筒跟喇叭]₁,我发现[∅]₁没区别。(OF)
B:呃呃,[∅]₁我觉得[区别]₂还是挺大的。(HT)

接下来根据 7.1.2 建立的述题情境层级(如图 7-1 所示)对 SM、OF、LD、HT 四类主题结构的情境植入方式进行标注;多个事态限定成分同时出现时,提取其层级高的限定类型[如例(4)中的 OF 和 HT 分别为言据现实"我发现/我觉得"+评价现实]。鉴于高层限定成分的位置与其语义辖域大小以及言者要凸显的信息焦点相关(完权,2017;张谊生,2000),我们也关注其位置的动态表现,述题前为高层限定,是言者在对整个命题进行评价,更为主观;述题内为潜在现实限定。结合位置和语义判定其情境归属,并将标注结果绘制成频率表(见表 7-2 和表 7-3);之后根据述题在情境植入方式上的异同提出不同主题结构的使用偏好及汉英表达倾向,进而讨论主题结构在不同语言中的类型差异。

7.2 汉英述题的情境植入类型对比

如表 7-1 所示,从总体分布看,汉语主题结构在日常话语中使用普遍(共 1789 例),而英语主题结构的使用受限(共 309 例),约为汉语的 1/6。从具体结构看,汉语的四类主题结构都较为常用,其中使用最少的是 LD(占 10.2%),其主题所指与述题中的角色分离,使用功能相对受限(王义娜、李银美,2016);英语四类主题结构的使用频率分布悬殊,使用最多的是 SM(占 57.3%),其次为 LD(占 34.0%),HT 和文献讨论较多的 OF 都比较罕见(共计 8.8%)。这基本符合以往对汉语主题突出和英语主语突出的认识。

表 7-1　汉英四类主题结构在口语中的分布

语言	SM	OF	LD	HT	总计
汉语	567(31.7%)	560(31.3%)	182(10.2%)	480(26.8%)	1789
英语	177(57.3%)	16(5.2%)	105(34.0%)	11(3.6%)	309

7.2.1 主题结构的述题情境植入类型分布

如表 7-2 所示(为行文方便起见,汉语句式统一下标 C,英语句式下标 E),从述题小句的情境植入手段看,汉英主题结构都可发挥时间情境、认识情境和言据情境功能,但具体分布的倾向性差异明显,各句式表现也各不相同。从表征的现实看,汉语用以表态的高层现实最多(潜在现实和推理现实共计 51%),表时间性质的感知现实占 33.2%,预期现实最少(15.8%),主观性明显,最典型的情境植入方式分布从高到低为:动作＞评价＞推理。而英语主题结构主要发挥时间情境功能(感知现实高达 74.4%),认识和言据功能较低(潜在现实和言据现实分别为 9.1% 和 4.9%),事态限定较为客观,最典型的情境植入方式分布从高到低为:属性＞动作＞道义。

表 7-2　汉英述题的情境植入类型分布

结构	感知现实		预期现实		潜在现实		言据现实	
	动作	属性	能愿	道义	评价	认识	推理	感觉
SM$_C$	101 (17.8%)	42 (7.4%)	10 (1.8%)	24 (4.2%)	201 (35.4%)	52 (9.2%)	114 (20.1%)	23 (4.1%)
OF$_C$	258 (46.1%)	0 (0%)	32 (5.7%)	152 (27.1%)	8 (1.4%)	35 (6.3%)	70 (12.5%)	5 (0.9%)
LD$_C$	50 (27.5%)	23 (12.7%)	8 (4.4%)	16 (8.8%)	29 (15.9%)	7 (3.8%)	42 (23.1%)	7 (3.8%)
HT$_C$	79 (16.5%)	41 (8.5%)	10 (2.1%)	30 (6.3%)	153 (31.9%)	22 (4.6%)	132 (27.5%)	13 (2.7%)
共计	488 (27.3%)	106 (5.9%)	60 (3.4%)	222 (12.4%)	391 (21.9%)	116 (6.4%)	358 (20.0%)	48 (2.7%)
SM$_E$	49 (27.7%)	92 (52.0%)	2 (1.1%)	19 (10.7%)	9 (5.1%)	2 (1.1%)	4 (2.3%)	0 (0%)
OF$_E$	7 (43.7%)	2 (12.5%)	1 (6.3%)	1 (6.3%)	2 (12.5%)	0 (0%)	2 (12.5%)	1 (6.3%)

续表

结构	感知现实 动作	感知现实 属性	预期现实 能愿	预期现实 道义	潜在现实 评价	潜在现实 认识	言据现实 推理	言据现实 感觉
LD$_E$	50 (47.6%)	21 (20.0%)	1 (0.9%)	11 (10.5%)	11 (10.5%)	4 (3.8%)	2 (1.9%)	5 (4.8%)
HT$_E$	6 (54.5%)	3 (27.2%)	0 (0%)	1 (9.1%)	0 (0%)	0 (0%)	0 (0%)	1 (9.1%)
共计	112 (36.2%)	118 (38.2%)	4 (1.3%)	32 (10.4%)	22 (7.1%)	6 (1.9%)	8 (2.6%)	7 (2.3%)

通过对比具体数据可见,汉语各主题结构的述题情境植入选择倾向不同。SM$_C$ 使用较多的是评价(35.4%)和推理(20.1%),即位于潜在现实和言据现实层的表态现实居多,述题多为评价(或模态)形容词、程度副词+形容词、句末带语气词"的/吧/呀",或添加认识或推断类副词等高层述谓标记进行言者表态,如例(5a)使用评价语"不是特别安全"对主题"一楼"的非本质特征给出评价,例(5b)使用推断副词"估计"和语气词"吧"表达言者的判断。OF$_C$ 则不同,述题使用较多的是动作(46.1%)和道义(27.1%),没有属性现实类型;表态现实里使用最多的方式是推理(12.5%),评价情态很少。比如例(6a)"原来……吃过"是个动作现实,例(6b)"别去看了"是个道义现实,例(6c)"最起码"是言者的推理现实。

(5) a. 他说他是一楼,[一楼]的话,[∅]不是特别安全。(SM 评价类)

b. 像[那些 Cindy 啊什么的],估计[∅]也就是五六岁吧。(SM 推理类)

(6) a. [那个米线]吧,原来我在新世界那儿吃过[∅],这米线太差劲了。(OF 动作类)

b. [现在的房价],你别去看了[∅],绝望。(OF 道义类)

c. [消费者的心理],最起码你知道了[∅],对吧?(OF 推理类)

LD$_C$ 排第一位的也是时间情境锚定事件(动作 27.5%),其次是推理类言据(23.1%)和评价现实(15.9%),分别如例(7a)的时间情境"昨天"、例

(7b)的认识情境"毕竟"和例(7c)的评价性认识,表态现实高于 OF_C。所有结构里使用动作现实最少、表态现实最多的是 HT_C,其述题情境主要为评价现实(31.9%)和推理现实(27.5%),如例(8a)的两个 HT,述题句的主论元与主题"老师"关联明显,所使用的情境手段都在述题内;例(8b)的"肯定"是推理类限定,位于述题之前,是 HT_C 句式的一个重要表现。

(7)a. [赵大伟],昨天就联系不到[他]。(LD 动作类)

b. 我感觉[你妈妈],毕竟[她]不如爸爸那么有威严的感觉。(LD 推理类)

c. [几千块钱],[那]还不少呢。(LD 评价类)

(8)a. [老师]₁,[那个讲心理学的]₂好像还挺好的(HT1),[讲教育学那个]₃挺一般的(HT2)。

b. [装修]₁,肯定[两个人]₂[意见]₃不一样。(HT 推理类)

不同于汉语,英语主题结构的述题情境植入方式主要是感知现实,潜在和言据现实很少,选择具有趋同性。其具体差别在于,SM_E 里属性现实最为典型(52.0%),动作现实占 27.7%,如例(9a)和例(9b)。而 LD_E 相反,动作现实(47.6%)远高于属性现实(20.0%),其述题多用来陈述主题行为,如例(10a);另外,表态现实时 LD_E 高于 SM_E,如例(10b)引出主题 Sue Swing,然后通过 she was definitely more sedate 表态。

(9)a. Um, [the cases that we have, already], [∅] are, um, one happened back in October of nineteen ninety. (SM 属性类)

b. I don't have my own equipment at all. [Dad], you know, [∅] has done some of it. (SM 动作类)

(10) a. Um, [the woman that just walked out], um, [she] was riding on BART. (LD 动作类)

b. Well! [Sue Swing], I mean when she was teaching [she] was definitely more sedate. (LD 评价类)

OF_E 和 HT_E 也以感知现实居多,如例(11a)和例(11b),但这两类结构实际用例太少，不足以提取其述题的使用特点。从句式功能观察，OF_E 主要用于对比语境，相对于汉语的 OF_C，主题延续力有限，如例(11a)的两个主题 double auto reverse 和 the kay one eleven（两种录音机类型）形成对比。Netz 和 Kuzar(2007)曾考察了三部分 SBCSAE 的语料，发现 26 例 OF 中有 24 例是对比主题。HT_E 也只出现了列举的用法，如例(12)，两个 HT 依序列举了两个述题事件，通过确立时间框架 the first week、the second week 引起听者对述题事件的注意。11 例 HT_E 中没有出现汉语 HT_C 常见的领属关联类型和通过推断副词进行高层限定的类型。

(11) a. A：And [double auto reverse], we have [∅] in stock. (OF)

　　B：Okay.

　　A：Um. [The kay one eleven], I don't believe I have [∅] in stock. (OF)

b. But, [these shoes] we never did put [∅] on a horse. We just put the shoes that were already made.

(12) a. [The first week], I played with them all week long, which was really stupid, because they got worked up. And [the second week], they were just like, and so I had to scream at them. (HT)

b. One of the things we could do, I don't think we have any dampers here.

对比可见，汉语主题结构总体上以非现实限定为主，表态类述题偏多，但不同结构的述题情境植入选择倾向不同。而英语主题结构的表态现实很少，述题的情境植入方式主要是感知现实，事态限定更为客观，不同结构之间呈现出较高的一致性。汉英主题的述题情境植入手段在时间性和评价性上呈现出反向倾向。

7.2.2 汉英述题情境植入类型的使用偏好对比

依据汉英述题的表现数据，我们进一步抽取了汉英各主题结构的述题使用偏好,如表 7-3 所示。对比汉英的对应结构类型,四类主题结构中 LD_C 和 LD_E 的述题偏好最为接近,均表现为感知现实占比最高,同时也都具有一定的高层现实限定倾向;而 SM_C 和 SM_E 差异显著,汉语具有潜在现实和言据现实使用偏好,而英语以属性现实为绝对使用倾向,SM_C 突出的表态现实偏好在英语里基本没有(表态现实总计 8.5%);OF_C 和 HT_C 是汉语特有的主题结构,前者以时间情境植入为主要功能,后者则表现出高认识和高言据功能;汉语四类主题结构呈现为功能互补。

表 7-3 汉英主题结构的述题类型偏好①

结构	感知现实	预期现实	潜在现实	言据现实
SM_C	＋	－	＋＋	＋
OF_C	＋＋	＋＋	－	＋
LD_C	＋＋	＋	＋	＋
HT_C	＋	－	＋＋	＋＋
SM_E	＋＋＋	＋	＋	－
LD_E	＋＋＋	＋	＋	－

基于上述数据,英语的述题限定主要有两种句式偏好,动作现实和属性现实,呈现出高时间性和高描写性特点;而汉语述题小句主要有四种句式表现:感知现实、评价现实、"言据现实＋感知现实"、"言据现实＋评价现实",反映出汉语主题结构的低时间性和高施行性特点。尤其是第四种述题类型,高层言据成分与评价现实共现,构成"主题＋高层言据成分(认知动词/副词)＋评价语"的双重(或多重)评价句式,是汉语高主观性的突出表现。比如,例(13a)至例(13d)中分别为"我觉得"与"其实""蛮重要的"共现、"估计"与"倒是想"共现、"我心里边的感觉呵"与"一定"共现、"可能"与"会很大"共现等,言者首先将主题拉入自我意识范围,然后对主题性质或相关属性进行评价,情境限定呈现高主观性。

---

① 统计句式偏好时,我们将表 7-2 的数据分为了四等:低于 10% 为－,不具有使用倾向;10%～30% 为＋,具有一定使用倾向;30%～60% 为＋＋,使用倾向明显;60% 以上为＋＋＋,具有绝对使用倾向。鉴于 OF_E 和 HT_E 使用频数太少,难以提取其使用倾向,故未在表中列出。

(13) a. 就是[这个题目本身],我觉得,[∅]其实也是蛮重要的。(SM)

b. 就[今天这个]啊,估计[它]想,它倒是想要我,电话一直打。(LD)

c. [做国际贸易的],我心里边的感觉呵,[∅]一定得有实体的。(SM)

d. [折叠门]₁,[木头的]₂,可能[代价]₃会很大。(HT)

可见,汉语主题结构的事态限定,更为依赖言者对事件的评价和估量;而英语主题结构的事态限定主要依赖命题内事件的现实地位获取,述题情境植入的核心问题是事件的发生性或存在性。根据事态限定层级的主观性,限定成分的层级越高,言者的视角、认识或情感介入越明显,即主观性越高。汉英主题结构的主观性等级表现为:$SM_E < LD_E < OF_C < LD_C < SM_C < HT_C$,从左至右,主题结构的主观性依次增强。英语为客观性表达,其中SM_E最为客观,LD_E次之;而汉语的主观性倾向明显,汉语特有的OF_C和HT_C,位列于主观性表达的两端,即在汉语内部OF_C相对客观,之后是LD_C和SM_C,HT_C最为主观。下面尝试从语言类型角度对汉英述题限定类型的主观性差异进行讨论。

7.3 讨论:汉英主题结构的主观性差异

7.3.1 时间限定/态度限定与汉英主题结构的主客观性

主题结构的主客观性首先表现在述题情境植入是否或在多大程度上依赖言者的认识视角上。如前文所述,英语主题结构的述题小句主要表现为时间限定,即言者对事件发生或其性质的客观描述,只有LD_E具有少许评价现实述题;而汉语除部分感知现实类型外,评价现实述题是HT_C、SM_C、LD_C的共有使用倾向,事态限定依赖于言者对事件状态的观察和评价。

(14) a. A:他说他是一楼。

B:[一楼]₁的话,[∅]₁不是特别安全(SM),[∅]₁会[有人]₂偷东西啥的。(HT)

b. A:[几千块钱],老师都不好意思提。(OF)

B:[几千块钱],[那]还不少呢。(LD)

c. A:……,去吃个饭。

B:哎呦,[这个饭]₁,[成本]₂够高的。开着车去。(HT)

与直陈及叙述对事物客观属性的陈述不同,评价现实是言者对事件的非直陈性描述,言者的主观评价处于中心地位,是促成事件植入的效力源。由例(14a)至例(14c)的回归话轮可见,这类评价现实常见于话轮接续,言者还往往会附加一些解释(如"会有人偷东西啥的""开着车去")。我们认为这一限定方式在一定程度上反映出汉英语在事件认识上的视角差异性:汉语缺少显性的时态标记和时间编码,多把事件看作是表现出具体"实体性质"的事情,事态描写往往注重事物的"大小、高低、厚薄、聚散、离合"等空间属性,表现出"空间性特质"(沈家煊,2016;王文斌,2013)。表征实际现实时添加评价手段,对现实事件的主观量大小进行描写,言者对事态情境的认识维度压制了事件发生的时间维度,表现出高主观性特征。

其次汉语主题结构的主观性还表现在述题情境植入是否更多依赖于言者对客观事件的评判性认识上,比如推断现实是言者对现实事件可能性的认识或事件状态的估量,其使用无关乎事件的真实性。这一高层限定是汉语所有主题结构的共有使用倾向,以 HT_c 最为突出;而英语基本无此倾向。这里至少有两个因素:一是汉语存在大量表认识和推断的情态副词,用以对事件状态或事件发生的可能性做出估价或判断。相较于用法固定的情态助词,情态副词所限定的述题事件时间范围更广,可以是现在事件例(15a)和例(15c)、过去事件例(15b),或未来可能发生的事件例(15d)。这类限定语位于感知现实的上层,不受时态限制。二是这类副词充当高层述谓对述题命题进行主观评价,句法位置灵活,如例(15a)"也算是"用于述题中,例(15b)和例(15d)"最起码"和"估计"用于主题—述题之间,例(15c)"反正"位于句首,说明这些限定语都是言者赋予事件的认知状态,不受事件发生时间的左右。尤其是位于主题—述题之间的情况,比如例(15d)的 HT,如若去掉推断副词"估计",主题结构的可接受性就会降低,这一观察与张敏(2009)对违反"孤岛限定"条件的允准性论证具有一致性。

(15) a. [它这儿],[∅]也算是两大生活区了。(SM)
b. [消费者的心理],最起码你知道了[∅],对吧?(OF)
c. 反正[它这个眼镜],[它]就是个暴利。(LD)
d. A:[端午节],要不咱出去玩一圈去?(HT)……
B:[端午节],估计我论文正多,然后[∅]正好是写不完论文的时候。(HT,SM)

英语中也有一系列类似的言据副词(Nuyts,2009a),如 honestly、generally、surely、maybe、actually、amazingly 等用于句首,也被称为立场副词,但这些表态副词受制于句法形态,不常用于主题结构,语料中总共出现了8例,用法十分有限;同理,评价手段也仅出现了22例,主要见于 LD_E 的评价功能,如下例16(a)至16(b)中的 essentially、maybe 和 really interesting。

(16) a. [Democracy and capitalism], are essentially the same. (SM)
b. And [that], maybe, young people nowadays wouldn't have done [∅]. (OF)
c. I mean, [this chapter on heaven and hell], [it]'s really interesting. (LD)

可见,使用情态副词限定述题只是汉语主题结构的典型特点,运用空间位置变化改变评价的范围,是汉语传递信息的重要方式,限定语越靠近句首,言者视角越宽,反之,则主题表现越为丰富。比如例(15)的"最起码、反正、估计"等都可置于主题之前、主题—述题之间或述题之后,其位置调节以言者的主观评判为主导。曹逢甫(2005)等曾指出汉语的言据性、认识性和道义性情态以整个补语命题为论元,是表达命题的情态,是补语命题的"施行性限定语",其主题提升力高于英语。这一主张(主要是言据性和认识性情态的灵活度)基本得到了我们的语料支持;从语料中还发现,汉语主题结构的高施行性远不止补语命题成分的主题化表现,表态类限定语的数量及其所构成的主题结构格式也远超以往观察以及英语等语言,可视为主题突出型语言的又一证据。

Lyons(1977)认为,没有时态系统的语言,很多时制概念的表达会转由情态来实现。我们认为,汉语评价形容词和情态副词的使用、言据情态/认知谓词与评价现实的共现,以及丰富的语气系统(句尾的"的/吧/呀"等),都是汉语情态(量化)手段丰富的表现,这些高层表态手段的使用与叠加使用也是对汉语时态手段欠缺的有效补充。

与汉语不同,英语句法形态相对发达,述题可借助零形标记或过去标记等有定情境植入手段区分事件发生时间的远近,甚至情态事件的远近,对事件的认识以时间域锚定事件的真实性为基础,因此,对英语来说,事件的发生或存在与否是情境植入的关键(Langacker,2002b),主题结构也表现出同样的特点;更为重要的是,英语不是主题突出型语言,英语主题结构的高时间性高客观性述题限定,与其主题的低可及表现密不可分。

7.3.2 汉英主题的凸显性与不同主题结构的主客观性

除时空表征偏好不同外,汉英主题结构之间的主观性差异还表现在汉英主题不同的话语凸显度上。如前文所述,汉语主题结构总体偏于高层现实,言者主观性明显,但感知现实也是四类主题结构的共有倾向(占33.2%),我们认为这与汉语的主题凸显关系密切。从具体使用分布看,SM_c和HT_c偏好于高层现实,而OF_c和LD_c有低层现实偏好,尤其是OF_c,动作现实占46.1%,相比之下最为客观。回归话轮发现,汉语述题的这一情境植入特点与主题结构的内部构造以及其主题可发挥的话语功能密切相关。

先来看OF_c,例(17)言语双方在聊"租房子的问题",首先言者 A 使用OF 引入主题"房子",之后使用限定语"现在"植入动作现实"搞定"来询问 B 的当前状况,在接下来的对话中,"房子"成为凸显主题,心理可及性高,言者 B 连续使用了 5 个 OF 进行回应,依次为客观现实、预期现实、预期现实、推理现实和预期现实,对找到房子的可能性进行主客观描写。从内部构造看,OF_c主题与述题小句的宾语同指,即述题凸显主题所经受或要经受的事件,动作事件自然成为主题可激活的首选目标事件;从话语功能看,OF_c虽可引入主题,但最突出的功能是主题延续,呈现出明显的话语主题倾向,成为其他现实事件得以植入的基础。

(17) a. A:[房子],现在搞定[∅]没?(OF1)……

B：[∅]，还没找到[∅]（OF2）……你说现在不挑[∅]的话（OF3），就是也能找到[∅]（OF4），远一点肯定能找到[∅]（OF5），就直接去直接住[∅]（OF6）。

再来看 LD，也适合用于提供客观信息。回归话轮可见，LD_C 并不用于延续主题，相对于其他三类结构，其主题的话语地位偏低，在听者的认知状态中不可及，其实这也是 LD_E 的主要使用环境。两者都发挥引入主题的功能，使用客观述题来解析主题所指成为首选。如例(18)在聊 B 买房的经历，当前话语框架是房子的地理位置"那个地方"，B 使用 LD_C 引入新主题"我们领导"，讲述领导劝其买房的经历，显然，使用客观现实对主题进行描写最为合适。同样，例(19a)言谈的主题是"小狗流产"，当 A 问及是谁流产时，B 使用了 LD_E 引入主题描写，实现了主题"指称"与其"角色"的分离，满足"不要在同一小句中引入指称实体并加以谈论"的语用原则（Lambrecht，1994）。

(18) A：[那个地方]₁，好像[现在交通]₂很方便嘛（HT），[∅]₁连着两条地铁(SM)。

B：[∅]₁现在是交通特方便(SM)，然后嘛，[我们领导]，然后呢，[他]在天通苑那块住(LD)，他就老给我做工作，说呀，小海呀，你现在不要，等那块都规划好了，你就买不起了。

(19) a. A：Who's aborting?

B：[Jeremiah Hassel's]，[they] got a dog that's pregnant and，① (LD)

A：I heard [them].

b. A：Don't they teach you to go, one two three, one two three, one two three like that? Or do they go like really fast like that?

B：Well! [Sue Swing], I mean when she was teaching [she] was definitely more sedate. (LD)

---

① 原语料库中如此。B 没说完，A 就接着说了。

当然,LD也有部分情况是重新引入主题,这时主题在听者的认知状态中具有一定的可及性,言者可通过事态评价植入主题的某个属性,如例(19b)本来就在聊舞蹈课,A想知道老师的舞步快慢,B重新引入了老师Sue Swing并给予评价。可见LD的主客观性也是由其句式内部及其话语功能决定的,LD_C、LD_E的客观程度接近,是汉英语言的共享结构。

再者,汉英SM的述题差别也说明了主题在汉英语言中的不同话语地位。回归语料可见,SM_E主题在当前话语里并不凸显,也不是后续话语的主题走向,其语言表征形式编码复杂,如例(20)的类指名词+定语从句修饰语,主题是可及性极低的话语新信息,因此引入属性述谓来说明主题所指,更易被言语双方所接受,下文可见其实例(20)要聊的正是述题里的交通内容(由transportation到automobile)。这在英语中非常常见,与SM_C主题为话语主题的实质大不相同[如例(18)、(21)]。

(20) [Another thing I thought was interesting], [∅] was the, this uh, the emphasis on transportation. Do you remember the automobile? This was the beginning of the uh change. (SM)

汉语主题凸显,常使用零指形式贯穿于整个话段,多见于OF_C、SM_C、HT_C等三类主题结构。比如例(21)的第二、三、四句都是以第一句的"那木地板"为主题,主题延续使用了零指形式,句式依次为HT、SM、HT、HT,第一和第四句植入了当前时间"现在",第二句为评价现实,第三句用"本来"标示出言者的推断认识。整段话中,既有跨句HT,也有跨句SM,丰富的述题情境植入类型可用来对当前主题进行描写或表达言者态度,进一步佐证了汉语主题具有高凸显度。

(21) [我们]₁[那木地板]₂现在都不行了(HT1),[∅]₂就彻底不行了(SM),[∅]₂本来就是[时间]₃长了(HT2),[∅]₂现在[很多]₄就突出来了(HT3)。

常有研究从论元关系出发,指出汉语结构松散。其实从主题结构出发,即使述题独立性最高的HT也并非结构松散,汉语之所以允许主题悬置,是因为言者可以通过限定语激活主题与其并置语(述题)之间的框—棂关系,其事态识解方式的选择与汉语主题的认识地位密切相关。从认知角度分析,主题是述题小句的概念参照点,言者通过主题的确立为听者提供了进一步分解主题或联想到述题的认知框架(Langacker,2008;张伯江,2018),而激活这层联想关系的往往就是那些发挥认识推断作用的述题限定语。从主题的话语功能看,汉语低层现实的使用偏好与主题结构可发挥的主题延续和主题引入功能相关;而高层现实的使用偏好与句式可发挥的评价功能密切相关。四类汉语主题结构呈现为功能互补。

7.4 小结

基于认知语法的情境植入研究和 Nuyts 的事态限定层级思路,结合汉英语言特点,本章构建了汉英述题小句情境植入的主客观层级,进而基于自然对话语料的穷尽性考察,对汉英四类主题结构的述题表征进行了实证对比研究,探讨主题结构的汉英表达倾向。

分析发现,汉英主题结构的使用存在显著差异。第一,汉英主题结构的分布不同。汉语 SM、OF、LD、HT 四类主题结构都是常用句式,而英语主题结构的使用受限,仅 SM 和 LD 较为常见。第二,汉英主题结构的述题使用偏好差异显著。汉语述题小句的植入方式表现出高情态性、高言据性和低时间性,具有主观性倾向;而英语则相反,基本偏好于感知现实表达,主观表达受限。根据所建构的述题事态限定层级,汉英主题结构的主观性等级由低到高为:$SM_E < LD_E < OF_C < LD_C < SM_C < HT_C$。汉英 LD 表现接近,但 SM 差异显著。第三,从具体手段看,英语的述题限定主要有两种句式,即动作现实和属性现实,呈现出高时间性和高描写性特点;而汉语述题小句主要有四种句式表现:感知现实、评价现实、言据现实+感知现实、言据现实+评价现实,反映出汉语主题结构的低时间性和高施行性特点。尤其是第四种述题类型,高层言据成分与评价现实共现,构成"主题+高层言据成分(认知动词/副词)+评价语"的双重(或多重)评价句式,是汉语高主观性的突出表现。第四,回归话轮发现,汉英句式的使用偏好与语言类型及其主题的凸显性关系密切。英语主题结构的有限述题手段与其主题的低可及性有关;汉

语的高层植入手段丰富,言据副词或认知述谓不仅充当述题小句的高层入场成分,还可运用空间位置变化改变/分割主题和述题的范围,其双重身份及其位置灵活性可视为汉语主题突出的重要证据。

综上,主题结构的述题情境植入可发挥时间情境、认识情境和言据情境功能,但不同语言的使用者对现实性的认识不同。英语句法形态相对发达,对述题事件的认识以时间域锚定为基础;汉语情态量化等高层表态手段丰富,其低时间性表现支持汉语的空间性偏好。口语中的具体构型表现远比以往的静态语料丰富,希望这一述题分析可为汉英语言的类型差异提供新的观察和解释角度。

8. 后置"的"字结构的评述性及其英语对应语表现[①]

汉语以"的"字短语前置于中心语为优势语序,其中助词"的"可充任所有格、名物化和关系化等语法标记,表达领属性、区别性或描写性功能(陆丙甫,2003;刘礼进,2009),其实其后置现象并不罕见,常见于口语、文学和法律文书等不同文体中(李讷等,1998;董秀芳,2003;完权,2013)。如下面例(1)和例(2)中"的"字短语后置(下划线标出),其中心语在前:

(1) ……,便很自然的想到先前有一家很熟识的小酒楼,<u>叫一石居的</u>,算来离旅馆并不远。(鲁迅,《在酒楼上》)

(2) 当事人对决定<u>不服的</u>,可以申请复议。(董秀芳,2003)

对于这一现象,传统语法视其为"定语后置"或修饰语的"变换形式",以句子顺畅或增加修辞效果为主要目的(吕叔湘、朱德熙,1952),工东风、章于炎(1993)也持此观点,将之归为"殊式",与前置的常式相对立;但也有不同观点:从句法语义出发,石定栩(2009)指出该结构与前置时的最大不同在于中心语是个零形式的无定代词,该短语仍是修饰中心语的定语或是同位语,需要从语境中取得所指;庄会彬(2014a,2014b)认为"的"本身就是个无定代词,其出现与否"受到经济和韵律原则制约";袁毓林(2003)则在朱德熙(1978)的判断句分析基础上明确指出该短语具有述谓功能,事态或属性表达时"的"可为名词化或"焦点结构"标记,位于谓语位置时由自指标记转为传信标记,呈现出语气表达功能。

[①] 原文题为《后置"的"字结构的评述性——兼其英语对应语观察》,发表在《解放军外国语学院学报》2017年第1期,作者为王义娜、李银美、李甜。

功能或话语研究也多有分歧。董秀芳(2003)指出,这一现象用于"假设语境",其内部构成是一个包含短语的小句结构,以"的"字为"关系化标志";陆丙甫(2003)却认为,"的"字语的基本功能是"语义层面的描写性",后置是"的"字语描写性功能的延伸。李讷等(1998)指出,"的"位于句尾时不是结构助词而是语气词,可用于现实和非现实语境,表达说话人的认识或对命题的主观态度;完权(2013)进而从注意系统的角度指出,句尾"的"作为情态助词,其交际功能是提醒听者注意"的"前成分的事态,以"加强所附着的语言单位的指别度",表达说话人的主观意向性。

可见,对于"的"字短语的后置用法,目前尚无一致认识,后置时在何种程度上是修饰或限定性的,是否具有其他功能,尚需深入探讨。据此,本章自建小型汉英平行语料库[①],对后置"的"字短语的话语分布进行穷尽式语料考察,进而运用 Langacker(1999,2008)的后置语观察图式(viewing schema),对该短语与中心语的概念组合关系进行归类分析,并对其英语对应表现加以分析。

8.1 语料提取与基本结构观察

本研究以汉英文学文本及其对应译本为语料构建平行语料库,从中提取"的"字短语的后置用法。具体提取方法为:使用 HyConcV3.9.8,以"的"字为节点词检索汉语原文和汉语译文,得到原文索引行 5787 条、译文索引行 7114 条。随后人工提取"的"字位于句尾的索引行,再剔除"的"字结构做主语等与后置明显无关的索引行,由此锁定符合界定的汉语原文 110 句和译文 60 句。

我们的基本认识是,后置"的"字短语是一个隐含名词性成分的复杂结

[①] 汉英平行语料包括散文佳作 60 篇、张爱玲的《倾城之恋》和鲁迅的《祝福》《离婚》《伤逝》等 7 篇及其英文译本。英汉平行语料包括 J. Austen 的 *Pride and Prejudice*、O. Henry 的 *The Gift of the Magi*、*Babes in the Jungle* 等 5 篇及其汉语译本。文中对出自该语料库的例证均同时给出了英语对应语,以便进一步分析验证不同"的"字结构的语义差别。

构,其内部结构可以概括为"(Y)+X+的",其中"X+的"为核心成分,Y 是可隐现的名词性成分,与前面的中心语 NP 同指或存在语义关联。然后根据 X 的词类特点以及 Y 成分的出现与否,把该结构细化为 6 种格式,对原文及译文中 170 例后置"的"字短语分布进行观察,结果如表 8-1 所示。

表 8-1 后置"的"字短语的结构特征

类型	X+的(83.6%)				Y+X+的(16.4%)		共计 (100%)
	VP 的 (44.1%)	AP 的 (26.5%)	PP 的 (11.2%)	NP 的 (1.8%)	Y+VP 的 (13.5%)	Y+AP 的 (2.9%)	
原文	44	36	15	3	7	5	110
译文	31	9	4	0	16	0	60

统计显示,"的"字短语后置主要有两类形式:"X+的"式和"Y+X+的"式,其中前者的使用率远高于后者,在汉语原文中的使用率远高于译文。具体来看,X 没有明显的词类限制,动词短语(VP)、形容词短语(AP)、介词短语(PP)和名词短语(NP)都可充当,其中"VP 的"和"AP 的"居多:"VP 的"占总数的 57.6%,尤见于译文用例;"AP 的"次之,尤见于原文用例;"NP 的"最少。例如:

(3)这两年,上海人<u>在香港的</u>,真可以说是人才济济。(PP 的)
(张爱玲,《倾城之恋》)
Over the past few years, so many Shanghainese men <u>have gone to Hong Kong</u> that the place is teeming with talented types.

(4)这位贵友是位很年轻的夫人,<u>新近才结婚的</u>。(VP 的)
This invaluable friend was a very young woman, and <u>very lately married</u>. (Austin, *Pride and Prejudice*)

(5)小小的孩子也哭了,<u>手脚乱舞的</u>,可是老妇人终于给他拉到小门外去。(Y+VP 的)(柔石,《为奴隶的母亲》)
The little boy began to scream and <u>kick</u>. The matchmaker took him outside.

可见,后置语多为小句结构,这一点与以往的观察类似。不同的是,绝大多数后置语都与中心语以逗号隔开,并不像董秀芳(2003)所描写的那样,两者"组成一个复杂的名词短语"。

8.2 后置语的视角观察图式

从认知角度出发,短语前置还是后置与说话人的视角观察方式有关。说话人作为认知主体(观察者)在识解情景时与被观察对象之间建立起一种心理联系,依据与被观察对象的联系构建视角观察方案,涉及视角位置、扫描方向、注意焦点和凸显侧面等方面。Langacker(1999,2008)运用视角观察图式区分两种后置——修饰性后置和补语性后置,指出后置修饰成分在形式上与补语成分类似,但语义关系不同。例如,the table near the door 整体上是个修饰语结构,其中 the table 的修饰成分 near the door 又是个补语结构。其语义区别在于,补语成分 the door 对中心语 near 的凸显次结构提供阐释;而修饰语成分则相反,near the door 的凸显次结构由中心语 the table 提供阐释。对比其观察视角,注意力所聚焦的凸显实体不同。如下图 8-1 所示(V 代表观察者,虚线箭头代表观察者的心理路径,粗体代表凸显实体,虚线长格代表观察范围,虚线方格内是凸显侧面。下同)。

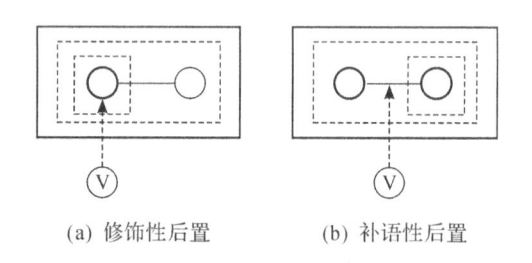

(a) 修饰性后置　　(b) 补语性后置

图 8-1　后置语的两种观察图式(Langacker,1999,2008)

如图 8-1(a)所示,修饰成分所投射的参与者(即中心语 the table)成为观察的焦点区域,而在图 8-1(b)中,观察者的焦点落在两个成分结构所构成的关系侧面上[图 8-1(b)的箭头],这一关系即中心语 near 的投射。非中心语成分 the door 成为该关系的一个参与者,其投射落在焦点区域之内。也就是说,在补语结构中,认知主体可以通过中心语 near 感知该合成结构的其他成分,其扫描起点是中心语;而修饰语结构则不同,其修饰语的概念层级低于中心语(Langacker,1999)。从概念自主与依存(autonomous/dependent)的联结角度看:修饰语是依附性的,其语义明示必须以中心语为前提;而补语相对自主,构成合成结构的凸显侧面。

这一界定虽基于英语观察,但所展示的后置语类型及其内部组构方式带有一定的跨语言共性,对于推进"的"字后置的语义关系描写和认识具有重要作用。比较而言,这两类结构所凸显的焦点不同:修饰语凸显度低,依存于中心语;而补语则相反,凸显度和自主性都高于中心语,即前者为依存性后置,发挥修饰或限定作用;后者为自主性后置,位于中心语可激活的认知领地内但概念紧密度较低,其述谓能力高于修饰语。石定栩(2008)也指出,中心语与补足语之间的关系最为根本,两者既可"形成一个相对独立的句法成分",也可以单独发挥作用。那么后置"的"字短语在真实话语中是如何使用的?与中心语之间是依存关系还是发挥更为独立的述谓作用(抑或其他)?下面我们依据这一观察模型,对其内在结构及其与中心语的概念语义关系进行视角认知考察。

8.3 "的"字短语后置的视角观察分析

8.3.1 信息结构分布的视角观察

以往研究指出,"的"字短语前置于中心语符合汉语修饰语的正常语序,而后置则为有标记语序。通过观察语料发现,后置"的"字短语与中心语隔开时,表达的基本都是受话人尚未获取的信息,符合正常的信息结构分布,即由已知信息到未知信息的"线性增量"排列(Givón,2001)。例如:

(6) 荷塘四面,长着许多树,<u>蓊蓊郁郁的</u>。(朱自清,《荷塘月色》)

..., it looks more solitary, in <u>a lush, shady ambience of trees all around the pond</u>.

(7) 她脸色陡然变成灰黄,<u>死了似的</u>。(鲁迅,《伤逝》)

Her face turned a shy pale, <u>like a corpse</u>.

（8）她的为人我真无法形容，<u>你有一天会看到的</u>。

<u>You will find</u> her manners beyond anything I can describe.（Austin，*Pride and Prejudice*）

从信息地位看，不论中心语在前文中是定指的"她"还是不定指的"树"，这些后置"的"字短语都是对中心语的进一步描述，不为受话人所共知；而相比之下，中心语已经确立或引入为主题，其所指不再是全新实体。放在上下文中，只有紧随中心语的表达可以前置以发挥限定作用［如例（3）可改为"在香港的上海人"］，其他基本不能处理为中心语的背景信息，如例（6）若改为"翁翁郁郁的树"则意义不同，例（7）（8）同样不可改为前置语序。

从事件的感知角度分析，语言结构是人们概念结构的自然反映。汉语中"对于先后发生的事件，其中后发生的一般必须使用后置描述，而不是关系小句"（屈承熹，2005），其语序受到说话人感知的心理路径制约，既包括事件发生时间的先后，也包括说话人在认知加工时间的视角扫描顺序和主观评述意向。如例（5）"手脚乱舞的"是对"孩子也哭了"的进一步状态描写，后置符合说话人对事件的感知观察；例（7）"死了似的"是对"她脸色陡然变成灰黄"的评述，评述发生在被评述的事件之后，符合汉语的概念结构表达；即使可前置的例（6）也是如此，"翁翁郁郁的"是说话人对那些"树"的感知结果，前置时表达"树"的客观属性，后置则呈现为信息焦点，是说话人赋予的主观描写。

可见，这些后置语所表达的不是中心语的偶然信息或对受话人不重要的附带说明，难以归入修饰或限定性用法（Langacker，2008；文旭、刘润清，2006）。从认知角度看，当预设所述信息在受话人的概念结构中无法确定时，这些信息往往被处理为相对重要的信息，反映说话人对于该事态的主观认识或描写。我们把该表达分析为视角现象，由前置时的属性描写变为对中心语的主观认识，说话人随着后置语与中心语的概念紧密度降低而介入其中。

8.3.2 与前置修饰语的视角观察方案比较

依据 Langacker（1999）的视角观察方案，不同成分与中心语组合的关键在于说话人对其概念凸显度的判断以及两者所形成的具体投射关系。下面我们比较一下同时包含前置和后置"的"字短语的语例,以揭示其功能异同。如例(9)中,"驴脚下的"和"兀自滑滑的"分别前置和后置于中心语"泥"。

(9) 一条很长的古道。驴脚下的泥,兀自滑滑的。田沟里的水……(冰心,《笑》)

It was a long ancient country road. The ground under my donkey's feet was slippery with mud...

从视角观察的角度,观察者聚焦于合成结构的凸显侧面,前置时"驴脚下的"的凸显侧面与合成结构"驴脚下的泥"的凸显侧面一致,观察者的焦点视野被限定在中心语"泥"上。而后置时其合成结构较为复杂。中心语"泥"基于前置修饰语"驴脚下的"得到情景限定,具有认知凸显性,之后共同担当起视角参照点角色。认知主体作为观察者,其心理路径为,由参照点"泥"构建出可激活的视野观察范围,目标命题"兀自滑滑的"位于其焦点范围之内,随着认知主体的心理达及而凸显为焦点,呈现出高述谓性[类似于例(6)中"翁翁郁郁的"],两者构成主题—评述关系。

试比较,修饰语主要通过信息限定以发挥中心语 NP 的指称作用,而这里的后置用法显然偏离了这一功能,呈现出不同程度的述谓或评述能力。本语料库中前置语和后置语同在的其他句子也基本呈现出这一功能差异。又如:

(10) 她一手提着竹篮,内中一个破碗,空的。(鲁迅,《祝福》)

In one hand she carried a wicker basket, in which was a broken bowl, empty.

(11) 我的妻的德性,我不怀疑,为王后只会有余的。(聂绀弩,《我若为王》)

With all her moral excellence, of which I make no doubt, she would be more than qualified for being a queen.

例(10)是作者作为叙事者对祥林嫂的现实事态描写:"碗"是中心语,"破"为前置修饰语,而"空的"后置,反映了说话人的视角扫描顺序和主观评述意向:由"竹篮"到"破碗"再到"空(碗)","(碗)空的"是其信息焦点所在,凸显了"她"的穷困和周围人的漠然。若改为"空碗,破的"或整个前置为"空的破碗",表达意向则大为不同:把"破"后置使其信息前景化,可凸显"她"的穷困至极;而前置则为客观情景描写,不夹杂作者的评述色彩。从所述事件的现实性看,例(9)(10)是现实事态;例(11)则是非现实事件,是说话人对于先行成分"我的妻的德行"的未来状况做出的主观推断("只会"),说话人的主观认识更为凸显(可插入"我认为、我相信"等)。例(8)也属于这种情况:说话人给出自己的观点并推断未来事件"会"发生。

根据语料表现,我们在 Langacker 的后置语描写基础上把后置"的"字短语分为 3 种类型:一是观察者 V 的焦点依然落在中心语上[图 8-2(a)],但相对于前置,后置较为强调对中心语的范围限定,其信息凸显度有所增加,如例(2)(3);二是两个成分结构所构成的关系侧面也随之凸显,后置语是对中心语的情状或变化描述,述谓性增加[图 8-2(b)];三是概念更加独立的目标命题表[图 8-2(c)],即后置语的过程侧面完全得到凸显,观察者的心理达及路径基本不受制于与中心语的线性距离,如例(11),两者之间间隔着说话人的表态"我不怀疑",后置语为主题评述。

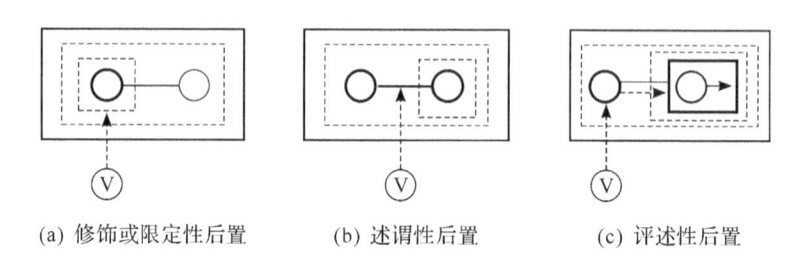

(a) 修饰或限定性后置　　(b) 述谓性后置　　(c) 评述性后置

图 8-2　"的"字短语后置结构的视角观察方案

比较可见,前置时运用的是总体扫描策略(修饰语和中心语呈现为一个完整的名词短语),而后置时其内在结构松散,除图 8-2(a)外,图 8-2(b)、8-2(c)都倾向于采用由中心语到后置语的序列扫描:后置语作为说话人意欲凸显的焦点所在,可以承载相对独立的述谓能力和主观评述。这 3 种后置语与中心语的概念组合关系由图 8-2(a)到图 8-2(c)为依存式＜半自主式＜自主式,概念组合的紧密度依次降低,作为命题的独立性依次增加,其功能由限定性走向评述性。

8.3.3 自主性后置及其"的"字的主题关涉性

"的"字短语的独立性,并非由省略中心语而来(石毓智,2000b;石定栩,2009)。从认知角度看,其后置使用走向自主性,过程侧面得到凸显,与中心语构成主题—述题关系。在话语层面上汉语的小句以只有主语或谓语的零句居多,可担当语用上的主题或述题,构成主题链(Chao,1968;沈家煊,2012)。对于"的"字后置现象,后置语与中心语所在的小句以逗号隔开,甚至间隔多个小句,是独立担当主题中心语的述题。比如:

(12) 那老头子——实在并不老,脸是很白白的,也没有留胡子,因为读了书,背有些偻偻的,斯文的模样……(柔石,《为奴隶的母亲》)
And the scholar is not really old. He has a white face and no beard. He stoops a little as well-educated men generally do and he is quiet gentlemanly...

(13) 那无知觉的贵金属,……,我走遍全市才找到的。
The dull precious metal seemed,..., I hunted all over town to find it. (Henry, *The Gift of the Magi*)

可以看出,这些后置语其实都是句首隐含中心语 NP 的零句结构,其中心语就是"的"字短语的主题。以往也有研究指出其中心语的主题作用,但未对两者的语义关联方式展开分析。语料分析认为,其主要表现方式为主题 NP 的承前省略、引入后省略和关联式主题省略,一般都可补出主题,回指中心语。如例(6)新引入语境的主题"(树)葱葱郁郁的";例(4)承前省略的主题"(她)新近才结婚的";例(12)(13)关联式主题"(他)背有些偻偻的、(它)我走遍全市才找到的"等,中心语与后置小句的 NP 成分 Y 构成领属语义关联或受事主题关系等。具体如表 8-2 所示:

表 8-2　"的"字短语后置的主题接续表现

类型表现	承前主题省略 "NP…，X 的"	引入主题省略 "…NP，X 的"	关联主题省略 "NP，Y+X 的"	依存型主题 "NP+X 的"	其他	合计
原文	50	43	12	3	2	110
译文	22	5	16	7	10	60
频率	42.4%	28.2%	16.5%	5.9%	7.0%	100%

如表 8-2 所示，语义明示为依存型结构的仅占 5.9%，另有 7.0% 无法归类，其余 87.1% 均可视为主题省略型，由多到少为：承前主题式＞引入主题式＞关联主题式。这些结构看似关系松散，实则为同一主题统领下的零句结构，在话语层面构成主题—评述关系。

"的"字短语后置充当修饰语时提供的是合成结构的阐释位，中心语依然是整个结构的凸显核心，构成依存型合成结构；而中心语省略，说明其参照点地位已确立，可以在话语层面提供阐释位，引导观察者的视角定位和心理扫描方向。如此一来，中心语引发出潜在的主题关系，后置"的"字短语则成为该关系的核心成分，对主题做出评述。其概念基础是：主题引入后即成为观察者言语场景的一部分，为随后的目标命题提供上下文语境或知识认知域。零句的使用说明该后置语已激活为潜在目标，使用"的"字标记可有效引导受话人搭建起两者之间的关涉性。

周晓林(2002)认为，有些句尾"的"字的使用属于"虚词误用"，如例(2)"当事人对决定不服的"应删去"的"字使文句通顺，与前面的 NP 构成主谓结构，这其实是强调了该后置语的述谓功能，但忽略了"的"字的引导作用，无法解释上述后置语的复杂表现；陆丙甫(2003)从比较的角度指出，后置语描写性强时"同'的'的兼容性较大"（如"很漂亮的"描写性弱、"的"可省，而"漂漂亮亮的"则不可）；完权(2013)也提出"'的'并非必有成分"，如"你不必多嘱咐，我知道(的)"，删去"的"字不影响基本意思表达，但从交互主观性出发，附加"的"字可"凸显其事态性，加强其指别度"。

我们同意"的"的使用有其自由的一面，但"的"字不仅是一个局部的关系化标记，还是一个情态标记和主题关涉标记，附在句尾可引导受话人搭建后置语与中心语的认知关联，作为两者之间的纽带发挥话语衔接作用，其使用反映了说话人的视角定位。在话语层面中心语 NP 呈现为主题先行语,其后置结构则为该主题统领下的一个目标命题。"的"字承上启下,把后置语和中心语的所指限定在同一个心理空间,满足了该结构的主题关涉性需要,删除它会解除该句回指主题的关涉性通道或减弱其评述色彩,造成衔接不畅或产生其他语义。语料中类似的表达很多,如鲁迅《社戏》中这句"这十多个少年,委实没有一个不会凫水的",该后置语为评述性命题(说话人使用了"委实、不会"两个评述标记),概念自主性较强,其主题关涉性和说话人的态度由"的"字明示出来。

8.3.4 英语对应语的相关表现

上述分析表明,后置"的"字短语除少量为修饰或限定外(5.9%,见表 8-2),其余多为谓或评述性表达,为中心语(主题)提供命题信息。对比观察其英语对应语,这一自主性后置特性大多有所保留或体现,如表 8-3 所示。

表 8-3 英语对应语的结构语义特征

类别	主谓 (14.7%)	述谓 (38.0%)	补语 (19.0%)	关系小句 (8.3%)	定语 (17.0%)	其他 (3.0%)	合计 (100%)
原文	20	44	18	5	20	3	110
译文	5	21	14	9	9	2	60

英语对应语在句中所充当的成分主要有 5 类,概念自主度由高到低依次为主谓、述谓、补语、关系小句和定语。其中前 3 类都具有述谓性,占总量的 71.7%,支持"的"字短语后置的评述性和自主性表达倾向;后两类占 25.3%,部分为修饰或限定表达。例如:

(14) It lapped up all the moisture in their bodies, so that they <u>grew light and empty</u>, like dry, golden leaves.
人身上的水分全给它喝干了,人成了金色的枯叶子,<u>轻飘飘的</u>。(张爱玲,《倾城之恋》)

(15) <u>You don't know</u> what a nice — what a beautiful, nice gift I've got for you. (O. Henry, *The Gift of the Magi*)

我给你买了一件多么好——多么美丽的好东西,你怎么也猜不到的。

(16) On the evening before my going to London, I made a confession to him, which I believe I ought to have made long ago. (Austin, *Pride and Prejudice*)
我到伦敦去的前一个晚上,便把这事情向他坦白了,其实早就应该坦白的。

例(14)"轻飘飘的"并没有被处理成定语或关系小句,而是提升为中心语 they 的独立述谓成分 grew light and empty,原语句的述谓"成了金色的枯叶子"反而受到压制,处理为补语。对照表 8-3,英语对应语中充当补语成分的占 19%,如例(5)中的 kick、例(7)中的 like a corpse,说明后置"的"字短语与补语结构在语义功能上具有一定的共通性。另外,还有 14.7%的英语对应语主谓完整,如例(15)中 You don't know,所对应的"你怎么也猜不到的"同样主谓齐全,又如例(8)中的 You will find her manners,组合方式为关联式,语义为主观评述。后置"的"字短语的评述能力和概念自主性倾向在这三类对应语表现中得到支持。

再看关系小句,如例(16)中 which I believe I ought to have made long ago,表达了说话人的态度观点或评价,汉语中对应于流水式的承前主题关系;而反过来观察,汉语的后置语主要是省略式主题结构,也反映出汉语的零句和流水句优势对关系小句的压制(沈家煊,2012)。

有些译文被明确处理为定语,但其理解方式不限于此。比如例(6)"翁翁郁郁的"在本语料库中被译为"树"的定语 a lush, shady ambience of (trees),从全句看,译为定中结构反衬了上文中"路"的"幽僻、寂寞",而另两则译文①则将其分别处理为述谓成分和倒装语序:Trees grow thick and bosky all around the pool 和 All around the pond grow many trees, lush and dense,将后置语处理为信息核心。我们认为,这种由中心语到后置语依

---

① 译文分别取自中国文学出版社(编)《中国文学·现代散文卷》(汉英对照)的《荷塘月色》英译(1998 年第 184 页)和 D. Pollard 的译文。例(6)的上文是"这是一条幽僻的路:白天也少人走,夜晚更加寂寞。荷塘……"。

次扫描的处理方式更符合原文特点。从英语对应语看,"的"字短语后置时对应为定语的只有17%,与8.3.3小节得出的自主性后置取向相吻合。

8.4 小结

本研究选取中外文学文本及其对应的汉英语译本为语料,以 Langacker(1999)的视角观察方案为理论工具,对比观察"的"字短语后置及其英语对应语表达。分析发现,尽管后置"的"字结构常被视为有标记语序,但从信息结构看,其后置符合说话人的事件感知顺序;从概念凸显看,说话人所聚焦的不再是中心语,而是它与中心语所构成的述谓关系或独立的评述性命题,与中心语主题搭建起主题—评述关系;从概念的自主/依存性看,除极少数依存性表达之外,"的"字短语后置多表现为主题承前省略的零句结构或独立的主题结构,其自身的概念独立性较强。这一点在英语对应语中也有明显体现。

至此我们认为,以往提出的定语或关系小句后置说仅关注了其修饰性或限定性,但这并非其后置的主要功能。从话语交际层面看,这一用法是个视角现象,与说话人的主观认识相关,主观评述性增加是这种语序所特有的表意功能;"的"字后置语作为主题链中的一个零句述题,与中心语的概念融合度不高,其述谓性倾向与汉语自身的零句优势和主题突出特点有关;"的"字发挥主题关涉作用,满足了话语的交际之需。受限于语料和文学文体等因素,"的"字短语后置的评述性及其概念自主性还需进一步验证。

9. 从童谣翻译看汉语句子的扩展方式[①]

语言的句子构造不同,扩展方式就会不同。根据修饰成分相对其中心语的句法位置,汉英句子的扩展方式分别为左向扩展和右向扩展,有些研究称之为"句首开放型"和"句尾开放型"(刘宓庆,1992,2006;秦洪武,2010;Wang and Qin,2014)。这一观点见诸很多著述,在对比和翻译学界颇有影响。刘宓庆(2006)指出,英语呈顺线性延伸,句尾具有开放性,句首延伸潜势有限;而汉语则主要呈逆线性延伸,句首具有开放性,句尾取收缩式(结构封闭)。就这一观点,刘宓庆取英语童谣"The House that Jack Built"的第四节加以比较。

(1) This is the cat that killed the rat that ate the malt that lay in the house that Jack built.
   a. 这是那只吃了耗子的猫。耗子吃了堆放在屋里的麦芽。那屋子是杰克盖的。
   b. 这是那只猫,猫吃了耗子,耗子吃了麦芽,麦芽放在屋里,屋子是杰克盖的。

英语中关系从句后置,从左到右线性延伸,形成环扣式套接。而汉语则为修饰语前置的"单平面结构",可调整为 3 个句子,如例(1a)句尾收缩,无法延伸;或切分为 5 个句子,如例(1b)"流散式铺排延伸"。这一区别体现了英汉不同的句法规范和结构机制,说明英汉句子扩展的递归性不同。

潘文国(2002)等也以这一童谣为例展示英汉句子构造的结构特点,指出英语童谣的从属表达"就完全无法按原结构直译成汉语"。其主要观点为:英语为树形句扩展,that 从句可以层层套接,句子格局保持不变,呈现为

[①] 原文题为《认知视域下的汉语句子扩展方式再认识——以童谣"The House that Jack Built"多译文对比为例》,发表在《外国语文》2016 年第 5 期,作者为王义娜。

"以整驭零的封闭性结构";而汉语则为竹节句扩展,如"从前有座山,山上有座庙,庙里有个……",句子结构不断变化,呈现为"以零聚整的开放性结构"。树形句和竹节句被称为英汉组织句子的最基本规律。

这两种句构观并行存在,从不同角度指出了英汉语言的结构差异,为英汉翻译时要化繁为简提供依据。句首开放观主要基于对修饰成分/中心语的位置关系的观察,由此提出汉语中心语后置的句尾封闭特点导致语段流散的观点;而竹节句扩展观则基于前后小句的句间关系观察,提出了汉语里零句接续或流水句并置的语句开放观点(潘文国,2002;沈家煊,2012)。两者都认可汉语的"零、流、散"特点,即使用主谓不全的零句、缺少显性衔接的流水句、句间关系松散,但前者为句法(或短语)层面上的左向扩展描写,以结构封闭为基本特点;后者发生在语句或语段层面上,以结构开放为基本特点。这两种观念提出的句子扩展制约层面和扩展方式不同。

童谣是儿童时期的一种语言游戏,可反映语言的本质特点。鉴于以往研究对童谣"The House that Jack Built"及其句子扩展方式的一致关注,本章收集了该童谣的多个不同译本为主要对比素材,从认知加工角度(Langacker,2001b,2008,2014;王寅,2012)对原从属关系在译本中的表现进行对比,并对不同译本的合理性加以分析,以探讨汉语的从属或依存关系表达,挖掘句子扩展与话语延展的制约关系以及其中的认知理据。

9.1 童谣"The House that Jack Built"及其译文材料

9.1.1 "The House that Jack Built"的文本特点

这是一首广为流传的英国古老民谣,是伴随儿童成长和语言习得的通俗读物。全文共 12 节,13 个 that 关系从句及 5 处分词或介词短语(如 sowing his corn、with the crumpled horn 等修饰成分)全部后置,充分展现了英语从属结构的右向扩展特点,也因此成为语言学界钟爱的研究素材。童谣主体如下:

(1) This is the house that₁ Jack built.

(2) This is the malt that$_2$ lay in the house that$_1$ Jack built.

(3) This is the rat that$_3$ ate the malt that$_2$ lay in the house that$_1$ Jack built.

(4) This is the cat that$_4$ killed the rat that$_3$ ate the malt that$_2$ lay in the house that$_1$ Jack built.

...(5—8 略。)

(9) This is the priest all shaven and shorn, that$_9$ married the man all tattered and torn, that$_8$ kissed the maiden all forlorn, that$_7$ milked the cow with the crumpled horn, that$_6$ tossed the dog that$_5$ worried the cat, that$_4$ killed the rat that$_3$ ate the malt, that$_2$ lay in the house that$_1$ Jack built.

(10) This is the cock that$_{11}$ crowed in the morn, that$_{10}$ waked the priest...

(11) This is the farmer sowing his corn, that$_{12}$ kept the cock...

(12) This is the horse, the hound and the horn, that$_{13}$ belonged to the farmer...（略）

从语义内容上看，该童谣以"杰克盖房"为起点，展现了一系列人和物形成的具象或抽象的连锁关系（如施动、因果和领属等），是现实生活中的基本关系写照。从结构形式上看，其基本句式为 This is x that y（主—谓—补）结构。每节由一句话组成，凸显一个事物 x（如 the house），随后采用信息递增的方式，把前一节的信息 y 用 that 从句表现出来，从而构成从句之间的环扣套接。该童谣结构简单，虽然不断加入新元素，但整体句式保持不变，以 x 为信息焦点，其右向扩展是典型的递归式扩展。我们标记了每节 that 从句出现的顺序，便于对应分析。

9.1.2 译文材料及其文本特点

译文材料来自作者的"英汉语言对比"课程作业，我们共收到译文50篇。之后按汉语表达的自然度和译文的内容及风格贴切度等进行初步评判，淘汰了部分不合格译文，再按照学生的可接受度高低进行排序和归类。

9. 从童谣翻译看汉语句子的扩展方式

初步观察,这些学生的译文大致可归为顺序相反的两种信息结构模式:一种由已知信息 y 开始,信息的展开以人物 Jack 为起点,由 Jack 到 the house,由 the house 到 the malt 等,最后引出焦点 x,如例(2)的"的"字结构式和例(3)的主—谓—宾施动结构;另一种更接近原文,信息的展开以每节的焦点事物 x 为起点,如例(4),其中很多译文选用了与原文一致的句式,以求对应,如例(5)。限于篇幅,下面仅摘录译文的部分内容。

(2) 杰克造的是小房子,房里住的是小麦芽儿,吃掉麦芽儿的是小老鼠,干掉老鼠的是小猫咪,吓跑猫咪的是大黄狗,顶飞黄狗的是弯角牛,给牛挤奶的是苦少女,迎娶少女的是穷小子,前来证婚的是大牧师,叫醒牧师的是喔喔叫的大公鸡,喂养公鸡的是农民种植的玉米,农民拥有的还有这些马儿、猎狗和农具。

(3) 1—2) 杰克建了一座房屋,屋里放着一株麦谷,嘿,就是这株麦谷。

3) 杰克建了一座房屋,屋里放着一株麦谷,老鼠吃了麦谷,嘿,就是这只老鼠。

4) 杰克建了一座房屋,屋里放着一株麦谷,老鼠吃了麦谷,猫咪吃了老鼠,嘿,就是这只猫咪。……(5—8略)

9) 杰克建了一座房屋,屋里放着一株麦谷,老鼠吃了麦谷,猫咪吃了老鼠,狗哩吓跑了猫咪,瘪角奶牛撞飞了狗哩,孤苦伶仃的姑娘靠挤奶维持生计,衣衫褴褛的小伙亲吻了挤奶少女,穿戴整齐的牧师主持了小伙的婚礼,嘿,就是这个牧师。(10—12略)

(4) 1—2) 小麦苗,小麦苗,麦苗小屋杰克造。

3) 小耗子,吃麦苗,麦苗小屋杰克造。

4) 小猫咪,抓耗子,小耗子,吃麦苗,麦苗小屋杰克造。

……(5—8略)

9) 老神父,忙梳洗,剃发修面去婚礼。新郎是个穷小子,偏把寂寞少女惜。少女养牛牛角曲,一角顶飞小狗哩,狗哩吓跑小猫咪,小猫咪,抓耗子,小耗子,吃麦苗,麦苗小屋杰克造。

(5) 1) 这是杰克盖的房子。

2) 这是那些麦芽,就放在杰克盖的房子里。

? 3) 这是那只老鼠,老鼠吃掉了麦芽,麦芽就放在杰克盖的房子里。

* 4) 这是那只猫咪,猫咪咬死了老鼠,老鼠吃掉了麦芽,麦芽就放在杰克盖的房子里。

* 5) 这是那条小狗,小狗吓跑了猫咪,猫咪……①

从形式上看,除那 5 个短语类修饰成分和 that₁ 从句之外,这些译文基本没有与原文明显对应的左向扩展表现。译文普遍句子短小,每一节都拆解为几个相对独立的(语篇)小句,Wang 和 Qin (2014)从翻译角度将其称为"句段",小句之间的结合比原文松散。与原文关系从句最为对应的是例(2)的"的"字结构式,但也不是句法层面的递归性扩展。那么英语的从属关系在汉语里是如何表达的?下面就结合译本表现来分析不同扩展方式的认知有效性。

9.2 句法层面:不同扩展方式的有效性

以往研究认为,汉语具有明显的句首开放特点,其左向扩展潜势惊人。而对童谣译本稍加观察发现,这种扩展潜势有限,从句前置叠加的译文只有 4 篇,其表达的自然度很低。以第 4 节为例:

(6) This is the cat that₄ killed the rat that₃ ate the malt that₂ lay in the house that₁ Jack built.

* 这就是₄[干掉了₃[偷吃₂[放在₁[杰克造的]₁房子里

---

① 例(2)至例(4)类译文接受度高,但例(5)有些小句接续时视点散乱。? 和 * 表示接受程度低和不符合语法规则,下同。

的]₂麦芽的]₃小老鼠的]₄那只猫。

这句话符合汉语的中心语后置特点,4个关系从句位于中心语"那只猫"之前。但从理解的难易程度看,这种左向扩展犹如花园幽径句一样难以理解。先看英语原文,右向扩展时每个从句都紧邻其中心语,从属成分的叠加伴随着中心语the house、the malt、the rat到the cat的依次转换,但从句前置时汉语呈现为内置关系,修饰成分与其中心语相距太远。中心语难以发挥中转作用(陆丙甫,1993)。从加工的有效性看,采用内置方式时,从句之间不是依次递进关系,易造成结构和理解难度,即使右向扩展也会受限。例如:

(7) a. This is the house ₁[that the malt lay in]₁.

b. ? This is the house ₁[that the malt ₂[that the rat ate]₂ lay in]₁.

c. * This is the house ₁[that the malt ₂[that the rat ₃[that the cat killed]₃ ate]₂ lay in]₁.

例(7)是Quirk et al. (1985)自拟的句子,所用的关系从句内置不是右向扩展的常规表现。随着修饰成分与中心语的距离加大,句子的接受度依次降低,例(7c)的幽径度就会超出一般读者的信息处理能力,自然这种格式的译文接受度也很低。相比右向扩展,左向扩展的结构可容量低(Wang and Qin,2014;秦洪武,2010),递归能力有限,一个主要原因是受限于修饰成分与中心语的依存距离。

对照一下以往研究提出的汉语扩展潜势,例如:

(8) 她说|她|没想到|他把|一切|干得|有条有理。(刘宓庆,1992)

(9) 他听|她说|她|的确|没料到|他|竟然|把一切|照顾得|好好的。(刘宓庆,2006)

(10) 昨天|我听说|你们到学院听了|李教授|关于当代语言学研究动向的|学术报告。(连淑能,2010)

从上述分析可以看出,这些例子分别以句尾的"有条有理、好好的、学术报告"为中心语进行扩展,汉语的左向扩展性极强,如例(8)至例(10)可分别扩展为 6 个、9 个和 5 个合格句(以竖杠为界)。但比较一下,例(10)中除了"李教授、关于当代语言学研究动向的"等之外,竖杠之前的其他成分大多并非上述中心语的从属成分,不能作为汉语左向扩展或句首开放的证据。Langacker(2001b)曾以"Jill is clever."为例展现语法结构的动态性,如例 11(a)至例 11(f),一步步扩展为含五个补语从句的复杂结构,与例(8)至例(10)的转述结构类似(由主句和补语小句构成),但不能因此说英语的句子结构呈现为句首开放式。相反,这依然是补语从句后置的右向扩展①。

(11) a. Jill is clever.

(中间 4 句略)

f. You must realize ₅[that I hope ₄[that Sharon knows ₃[that I suspect ₂[that Jack believes ₁[that Jill is clever]₁]₂]₃]₄]₅.

综上,以往研究提出汉语为左向扩展语,并扩大到例(8)—例(10)的情况谈句首开放或扩展,其中心语及其扩展方式的判定带有不少随意性(蒋国辉,1993),进而提出的句尾封闭性导致语段流散的观点根据不足。尽管也有研究指出左向扩展的潜势或结构容量有限(秦洪武,2010),但这一扩展说主要是对偏正类结构的句法描写,与英语扩展方向相反的观点主要是针对定语和状语等修饰成分而言的,而如果扩大到补语结构观察,汉英语的扩展方向基本一致(Kölle and Schwarz,2012),因此英汉在句法层面的扩展方式差异不宜被夸大。

从对比的角度看,英语主谓语齐全,是句子取向型语言;而汉语以零句为常态,是语段或篇章取向型语言(Chao,1968;曹逢甫,2005),英汉语的结构层面并不对应。英语的"句"(clause)主谓俱全,而汉语的零句不是,各类短语都可实现为"语篇小句",成为"语篇分析的最小单位"(王洪君、李榕,2015)。从译文看,英语里必须后置的关系从句,在汉语中倾向于逐一分解为小句,这些小句或为单句或为主谓不全的零句,前后环扣衔接,形成一个连贯语段。沈家煊(2012)在论证"零句和流水句"时指出,句法范畴脱离不开用法范畴,这是汉语

---

① 从所传递的基本内容看,主句有时仅对补语事件提供认识上的限定,如:Army says Bob thinks Chris knows Doris left. 这句话的补语后置为"概念上依存而非语法上从属"(Langacker,2014)。

区别于英语等印欧语系的一个重要特点。左向扩展时中心语靠后,难以依靠递归式嵌入来表达复杂的意思,所以常使用流水句并置来表达后置关系从句所表达的从属关系,通过控制依存距离来降低其结构的复杂性。

据此我们提出,英语里关系小句之间的扩展递归性位于句法层面,从属成分和中心语之间具有邻近性;在汉语里,句法层面难以实现的递归性扩展会上升到语段层面,转换为小句之间的依存与接续,行使类似的语义语用功能,汉语语段层面的流水句具有语义从属功能。下面就依据 Langacker(2008,2014)的动态概念化分析思路从认知加工角度对童谣译本的从属或依存关系表达进行分析。

9.3 语段层面:不同扩展方式的认知加工有效性

依据当今的功能认知研究(Cristofaro,2003;Langacker,2014),从属(subordination)不是哪个固定的语法构式的内在属性,而是说话人所掌握的一套动态的多样的概念化资源,可以独立于其形态句法属性加以界定。从这个角度出发,从属关系涉及的是两个或多个事件之间认知上的不对称性或依存关系,从属事件缺少独立的认知侧面(cognitive profile),传递非断言的(non-asserted)已知信息,而非从属事件(中心语)则提供新信息。Langacker(2014)进而指出,从属表达涉及完整性、包含性、凸显性和可及性等 4 个概念因素,通常主句事件(中心语)的句法形态完整,对从属事件有包含性,但事件的凸显性和可及性都是相对的,形态句法上没有从属标记的小句同样可以在概念上处于从属地位。小句之间的层级组织是概念性的,因此应将小句作为话语层面最基本的独立交际单位,通过前后小句之间的相互关系,观察其凸显性和可及性,识别其从属或依存程度。例如:

(12) I met a lawyer who hired a man who has a friend who knows Barack Obama. (Langacker,2014)

上例(12)小句之间连接松散,lawyer 后面的三个关系从句不是共同描述 hire 事件的一个单　成分,而是一个平面的线性结构,语义上,每个小句都依存于前一个小句,通过前一个小句而可及,以连续的链式衔接的方式得到识解,基本意思是"我遇到个律师,这个律师雇了个人,这个人有个朋友,这个朋友认识奥巴马"。从跨语言的角度,句法从属和语义从属可视为连续统。这种小句间依次凸显、依次可及的依存表现方式,接近于汉语的流水句并置,如例(13),其基本意思是"他在找一个人,[这个人]走路有点儿一拐一拐的,[这个人/他]已经找了半天了"。流水句在概念上具有语义从属功能,而汉语句法形态上的无标记性更造成下句对上句的概念依赖性,甚至对前面语段的概念依赖性。同一语段既担任前面语段的说明,也同时担任后面语段的主题,小句间的衔接环环相扣,如例(14)的对话流。

(13) 他在找一个人,走路有点儿一拐一拐的,已经找了半天了。(沈家煊,2012)

(14) 老王呢?又生病了吧!也该请个假呀!走不动了嘿!(沈家煊,2012)

根据这一话语认知研究,一个情景的认知加工过程是交互的、动态的,为听话人提供心理可及路径(path of mental access)是复杂语义构建的关键。其认知加工原则为:其他条件相等的情况下,越是符合自然路径的表达式,就越基本,越无标记,越容易加工。常见的自然路径有:领属关系、施受关系、起点—目标关系、时间先后、事件前后、前因后果以及前后接续等关系(Langacker,2001b)。也就是说,除非有其他因素干扰,否则表达式的语序与自然心理路径相匹配。当观察情景时,一般会把环境作为背景参照点,把要凸显的人物或事件作为目标体对待,把连续事态识解为依次可及的图形—背景关系(修饰成分邻近其中心语)。进行信息加工时,说话人作为观察者,可以首先聚焦于凸显目标(再扩大到所依托的背景);也可以由背景逐渐移近目标,视点介入,其表达方式反映出说话人概念加工时的一种心理通达序列(Langacker,2001b,2008)。下面从路径延展和观察视点角度对译本话语进行考察。

9.3.1 凸显性与可及性的认知路径选择

先来看原文中的起点和目标选择。这首童谣的一个明显特点,就是每一节都以近指代词 this 做主语,依次引出所指对象,加以凸显。从概念完形的角度看,这是说话人对所述情景里图形和背景角色的有意识分配。还以第四节为例:位于主干结构的中心语 the cat 作为目标图形凸显出来,其他中心语 the rat、the malt、the house 位于次干结构(that 从句),凸显度依次降低,直到说话人所在的背景空间,其整体表达(主从句排列)没有参照事件发生的先后序列。再来看译文,其关系表达基本都摒弃了原文的信息处理手段,依据认知加工的可及顺序对图形和背景进行调整。从中心语的分解看,译本基本遵循了由起点到目标的自然路径延展模式。其格式分别为[又见例(2)至例(4)]:

(15) a. 杰克建了一座房屋,屋里放着一株麦谷,老鼠吃了麦谷,猫咪吃了老鼠,嘿,就是这只猫咪。
　　 b. 杰克造的是小房子,房里住的是小麦芽儿,吃掉麦芽儿的是小老鼠,干掉老鼠的是小猫咪。
　　 c. 小花猫,抓耗子,小耗子,吃麦苗,麦苗小屋杰克造。

例(15a)把"杰克"确定为事件发生的起点参照点,引出第一个目标"房屋",之后又把"屋"作为参照点引出下一个目标"麦谷",依此类推,形成一条参照点—目标关系链条(由……>表示,杰克>房屋/屋>麦谷/麦谷>老鼠/老鼠>猫咪)。一个事件中施事相对容易提取,以此为起点,对后续目标依次进行心理加工是一条自然的施受关系路径。

例(15b)为领属结构式,采用的是以整体事件为起点、激活其事件参与者(即目标体)、再依次推进的领属关系延展模式。以"杰克"为起点是典型的施事(领有者)任主题,以描述事件的关系分句为起点(如杰克造的房子),把整体事件作为参照点,与其参与者"房子"构成整体—部分关系(即广义的领属关系),也是易于加工的自然心理路径。

例(15c)有所不同。译文由目标中心词 the cat 开始,选择了接近于原文的表达方式,但其关系处理不同于原文的目标移出式,而是把"小花猫"直接引入为施事参照点,话语层面的句子延展方式依然是符合自然路径的起点—目标模式。所不同的是,事件的时间先后或因果关系被淡化,仅表现为一种上承下接的"顶针"结构(花猫>耗子/耗子>麦苗/麦苗>小屋),这种竹节句扩展是汉语童谣的常见格式①。

---

① 潘文国先生指出,"汉语的左扩展是相对于英语而言的,很难说是个规律。比方说这个游戏如用顶真续麻式方法翻译,也未尝不是一种右扩展"(私人交流)。

句间关系也是如此,上下句构成整体－部分关系,语序排列依据自然路径延展,语义关系清晰。汉语的"部分"出现在后一分句,以整体的先期凸显为必要前提。杉村博文(2009)做过下列对比:

(16) a. 女人似乎怕老头听见她们的谈话,声音压得更低了。
　　　b. The woman seemed to worry that the old man would overhear their conversation, and lowered her voice even more.

her voice 在英语译文里只能做宾语,还要带上领属标记 her,而汉语则不然。当叙述由"女人"延伸到"声音"时,"女人"实际上就已隐退到说话人所在的背景,担当参照点角色(其施事角色不再凸显),"部分"作为其领地内的可及目标得以识别。下面是译本(4)中的句子:

(17) 老神父,忙梳洗,剃发修面去婚礼。新郎是个穷小子,偏把寂寞少女惜。

"婚礼"虽然不是主语,但作为地点宾语引入后可充当主题参照点角色,激活该情景的主要构件"新郎"成为后续主题。这一先整体后部分的主题连锁结构符合自然路径的心理通达语序。

推及全文,译文采用了由参照点到目标再到下一个目标的依次凸显、依次可及的表达方式,与说话人的心理路径相一致:认知主体 C 首先确定背景参照点 R,然后以 R 为参照与其领地 D 内的目标 T 建立心理通道,继而 T 又转为参照点不断推进,上句为下句提供背景,从而形成主题—述题连锁关系,如图 9-1 所示。

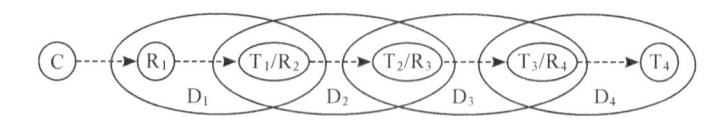

图 9-1　主题—述题连锁关系(Langacker,2008)

从这一认知加工角度观察原文和译本的概念化方式,可以看到不同表达方式所施加的连续性方式和聚焦方式不同,但修饰成分始终邻近其中心语:英语直接聚焦于目标体,从句套叠排列遵循与目标体的语义邻近关系;

而汉语首先建立的一般是主题参照点,而后随着主题转换,层层聚焦直至目标体。从受话人的加工难易度看,这两种都是易于加工的常见表达方式:相对修饰成分前置、中心语前置的英语句子扩展方式结构难度低、容易加工;同样,译文把原文一句一节的复杂结构分解为一个由若干小句组成的语段,其表达序列符合人们对自然路径的感知经验,降低了多个从属成分前置可能造成的结构难度和加工成本。

可见汉语的语段扩展(或从属表达)受到认知加工和自然路径原则的双重制约。当修饰成分复杂而影响信息加工时,搭建心理可及路径便成为说话人话语建构的关键。同时,原从属关系的分解组构还会受限于说话人(译者)作为观察者的视点介入与自然路径的匹配性。

9.3.2 认知路径与视点/参照点的关系匹配度

人类具有从不同视角领悟同一情形的认知能力,确定视点是人类的一项基本认知能力。潘文国(2002)指出,英汉语言构造上存在着视点固定与视点流动的区别,汉语的视点是动态的,可在句子里另换角度而英语不可。从认知加工的有效性看,汉语视点的这一动态路径需要与说话人建立的参照点—目标链关系相匹配,否则译文的合理度就会随着加工成本的增加而降低。

先来对照一下原文和译文的指称语引入方式。原文中 x 为定指,如果像译本(5)和例(1)那样,把 This is the 直译为"这是那只……",则译者作为观察者置身事外,视点趋于固定,那接下来的从属信息可作为对目标的追加说明"(这只)猫咪……",视点无须转换。译本(5)和例(1b)的问题就在于:先是采用了原义的目标移出式,把视点定位于目标体"那只猫咪",而接下来的各从属关系表达又采用了承接式的起点—目标链延展(猫咪—老鼠/老鼠—麦芽/麦芽—房子),尽管这几句本身的接续还算流畅,但与所指目标的关系越来越松散。说话人的视点转换与目标体的先期凸显相矛盾,导致句间延展不畅,影响了话语的整体连贯。

而接受度高的译文表达显然不是这样的,如例(2)至例(4),随着主题的确立,原中心词由近而远被依次转换为参照点和目标,建立起视点流动的落脚点。每个单句都是一个参照点/目标体的聚焦切换阶段,最终实现焦点目标的凸显,如例(2)在每节的最后对目标加以凸显,"嘿,就是这只猫咪",其语气词"嘿"和加强词"就是"承载了说话人的交际立场和语气,意思是"嘿[你看],[我刚才说的]就是这只猫咪",说话人介入其中,给人亲临其境之感。例(3)把每节都分解为领属结构式,始终以事件领有者为视点转换,例(4)把原文的起句"麦苗小屋杰克造"置于每段段尾加以重复,营造了特殊的视点连贯效果。视点与所述的主题/施事/领有者等参照点角色相匹配,增加了认知加工的有效性。

再对照一下原文和译文的指称模式。原文的指称语无一例外都是"the＋名词",译文却使用了近指、远指、类指和不定指等。如图9-2所示,the house对应的译文有定指的"这间房、那间房、杰克盖的房"和不定指的"房、小房子、一间房"。定指the的使用是指说话人和受话人都可识别所指对象,其可及性高于有指、类指和不定指(王义娜,2003)。而大多译文都降低了所指对象的凸显度,使用不定指或类指引入,通过参照点确立所指对象的可及性,引导视点介入,遵循了观察者逐渐移入的动态视点模式。

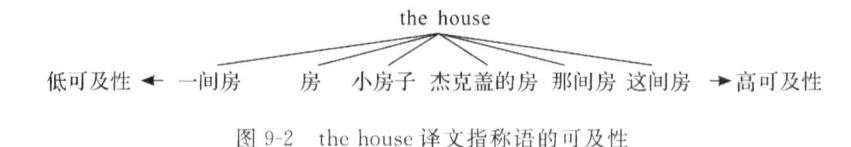

```
                       the house
             ┌──────┬────┬─────┬─────┬─────┐
低可及性 ←  一间房   房  小房子 杰克盖的房 那间房 这间房  → 高可及性
```

图9-2 the house译文指称语的可及性

对比一下观察者的心理路径:目标前置时(如英语原文)由目标体到参照体是可及路径,说话人持"观察者视角"即可,无须变化视点;但后置时(如汉语)视点需要不断移近所指对象,以增加认知处理的有效性,所指对象的指称语选择明显受到了认知视点的制约。对比两种语言的指称手段,译文中偏离原文的不定指、类指以及名词重复等手段的运用都是为了确保视点连贯、话语通畅,避免出现如译本例(1b)和例(5)那样的视点矛盾。译文指称语里所添加的感情色彩,如"小耗子、大牧帅、猫老弟"等,同样体现出译者的主观视点移入。再举一例:

(18) 杰克盖间房,房里堆满小麦糠。鼠偷了糠,猫抓了赃,即刻送鼠归西方。狗哥很不服气,上前欺负猫老弟。奶牛大叔来帮忙,一角挑起小霸王。

这例有些改译,但读者接受度很高。同原文相比,译本话语的主观性明显,我们可以感受到译者将自己融入整个情境中,靠近并移情于里面的人物,译者作为观察者与所述情景的主客体关系不再清晰,符合汉语的高主观性特点。可见作为篇章型语言,汉语从属成分前置的句法规范不是决定性的,其句法层面的扩展方式往往让位于话语层面的可及路径延展原则。汉语使用者作为观察主体不容易完全独立于被观察对象,译文也是如此,匹配认知加工时其观察视点与参照点路径的关系是话语延展所遵循的重要手段。

9.4 小结

本章从认知对比角度讨论了以往研究提出的两种汉语句构观,句首开放观的提出主要基于句法层面的修饰成分前置,而结构开放观则指向话语交际层面的零句接续扩展。我们的基本观点是:从属关系表达是一种概念上的依存关系,从认知处理的有效性上看,英语句法的右向扩展方式符合依存长度最小化原则,具有扩展潜势,而汉语所对应的左向扩展方式则拉大依存距离,其扩展递归性位于语段层面,需要借助于小句(零句)的环扣接续来完成。作为篇章型语言,其句子扩展潜势会受限于篇章层面的扩展有效性原则。

童谣往往能反映出语言的本质特点。我们收集了童谣"The House that Jack Built"的一组译文材料,对其译文和原文以及汉语童谣进行对比分析,发现译文的叙事起点可有不同,但其认知路径的选择需符合认知处理的路径可及性原则。这一观察印证了同一情景可存在不同识解方式的翻译认知观(王寅,2012)。放在话语视域下,主题和述题小句构成的主题链和主题—述题交替连锁模式是两种常见的汉语表达方式。合格译文所呈现出的上承下接的"顶针"结构,就是采用了主题—述题连锁这一汉语语段模式,其路径延展方式及主要关系表达与戴浩一(2002)提出的"整体—部分关系基模"等汉语概念化原则相吻合。借助参照体来识别目标是人类的一种基本认知能力,而不合理的译文往往是视点流动与参照点关系的自然心理路径不匹配造成的,这一分析印证了同一情景可存在不同识解方式的翻译认知观(王寅,2012),细化了视点介入对汉语表达的隐性制约作用。汉英语扩展层面的不对应性得到基本验证。

我们分析的是个特定语篇,关注的仅是英语关系小句所对应的汉语依存表现,之所以把这篇童谣及其译文作为分析对象主要是基于其英语扩展特点的典型性以及以往研究的不同解读。尽管语料有所局限,但是原译文所反映出的句子和话语扩展方式的异同,来自对英汉内在特点的对比认识,其结论应具有一定的普遍意义。

| 第四部分 |

主题结构的跨语言研究

10. 当前话语空间视角下的汉英主题结构的标记性研究[①]

Li 和 Thompson(1976)提出"主题突出型"和"主语突出型"的汉英语言类型差异,得到了学界的普遍认可,但不可否认,主题结构在英语(尤其口语)中也普遍存在。以主题在后续小句(即述题)中能否充当句法成分或是否有复指词为划分标准(Prince,1997;Shi,2000;Netz and Kuzar,2007,2009;徐烈炯、刘丹青,2007),本研究确立汉英共有的三种主题结构类型,即主语主题结构、宾语主题结构和左偏置结构,以考察汉英主题结构的使用及标记性是否存在类型差异。分别举例如下[②]:

(1)a. [她]的话呢,[∅]不会主动掺和事儿。

b. ..., and [double-aught and aught], [∅] are the ones that are most popular.

(2)a. [这个东西]你看你懂[∅]。

b. [These shoes] we never did put [∅] on a horse.

(3)a. [我同事],不过[他们]以前在西安就很能走,经常[他们]从学校散步就散到小寨了。

b. Uh, [the day before yesterday], [it] was the most weird day I've ever seen in my entire adult life.

---

① 原文题为《汉英主题结构的标记性:基于口语语料库的话语认知分析》,发表在《外国语》2016 年 39 卷第 6 期,作者为王义娜、李银美。本章只关注汉英三类主题结构的对比考察,即主语主题结构、宾语主题结构和左偏置结构,其他主题结构(如悬置主题结构)并不在本章考察范围中。

② 文中例句除非特别注明均出自自建的对话体语料库。其中,主题及其在述题中的复指词用方括号[ ]标示,复指词空位时标示为[∅];有上下文时主题结构用下划线标出;语料原文一行为一个语调单位,为节省篇幅,我们以","分隔语调单位。

例(1)为SM,主语"她"和"double-aught and aught"单独享有一个语调单位,充当小句主题。例(2)为OF,述题的宾语"这个东西"和"these shoes"前置于句首充当主题,在述题中未留有复指成分。例(3)为LD,述题中代词"他们"和"it"作为复指词分别回指句子主题"我同事"和"the day before yesterday",是主题偏置句式。

这三类结构都是典型的主题结构,以主题作为"对话的兴趣点或关注点"(Lambrecht,1994)或述题"谈论的对象"(曹逢甫,2005),有别于无标记主语。但是对于其标记性(markedness)或标记度(degree of markedness)异同及其在不同语言中(尤其是主题突出型语言)的典型程度,学界并无一致观点或深入讨论。

本研究结合认知语法的当前话语模型(Langacker,2008)和认知类型学的标记性研究思路(Croft,2003;Givón,2005),从话语表征层和认知主体层对三类主题结构的标记性异同与标记度等级进行汉英对比考察,主要分四部分论证:首先基于以往研究不足提出标记性考察对于汉英主题结构研究的必要性;其次在认知分析框架下确立出主题结构考察的一组典型特征束,接着在真实的口语语料库中对其典型特征进行系统对比考察,最后探索汉英主题结构的标记性异同及其语言类型差异,为主题结构的跨语言类型研究提供话语认知分析视角。

10.1 研究问题的提出和研究方法

10.1.1 研究问题的提出

主题结构的研究成果丰富,但对于不同主题结构之间的标记性及其语言差异关注较少。仅有的一些研究主要涉及主题结构与主谓结构的标记性比较或关注不同主题结构之间的功能异同。

以往研究普遍将英语的主题结构看作有别于主谓结构的有标记句式(Lambrecht,1994;Gregory and Michaelis,2001;Netz and Kuzar,2007,2009),但对于主题结构在多大程度上可视为主题突出型语言的无标记结构,学界并无一致认识。石毓智(2000a)等认为主题结构并非无标记结构,以句式能否进入从句为考察标准,主谓结构可进入句子和从句两个层面,为汉语的"无标记语法结构",而主题结构(如"这些书我不要了")只能用于主句中,是受制于"各种语境因素"的有标记结构。施春宏(2004)不同意这一观点,指出一个结构能否进入从句中是句子层面的考虑,而施事和受事主题句一般不用于从句中,因为它们是"属于话语平面的语法结构",汉语的主题句比较发达,"没有格位标志,应该是比较基本的话语结构格式"。此外也有研究从主题角度指出,汉语中担当主题的名词性成分往往无标记(Shi,2000;陈国华、王建国,2010),主题在汉语的句子结构中地位突出,在功能结构方面具有无标记性(陈平,1994;曹逢甫,1995)。

对于不同主题结构的标记性,研究也有不同观点。对于汉语主题结构,刘林军、高远(2010)认为,汉语的主题化结构(即 SM 和 OF)不仅使用频率要高于偏置式的 LD,还可用于 LD 使用的各语言环境中,即偏置结构的标记性高;文旭(2005)则指出,LD 可用于 OF 使用的环境,但反过来不行,即偏置结构的标记性低;潘珣祎(2010)等则认为这两类主题结构在信息等级、主题持续及话语功能上各有侧重,不可相互替换。英语主题结构研究也存有不同观点:Prince(1984,1997)将 LD 分为简化信息处理、激活偏序集合和避免孤岛限制,指出 OF 所用的语言环境都可用 LD 替代,即英语偏置结构的标记性低;Gregory 和 Michaelis(2001)则通过主题的指称示踪对此提出异议,指出两者功能倾向性不同,LD 具有"主题提升"功能,而 OF 倾向于主题延续,因此,并非所有 OF 都可使用 LD 替代;Netz 和 Kuzar(2007)比较了三类主题结构,指出 LD 和 SM 分别用于开启和维持语步,不是替代关系,OF 则不具有话语管理功能。

综上所述,无论是与主谓结构比较,还是就不同主题结构比较,目前对于主题结构的标记性都未形成一致观点。更为有趣的是,根据以往的观察,汉英主题结构在前置式或偏置式的使用倾向上标记度相反,这一结论是否合理有待进一步的语料库验证;另外,对于主题结构中主题—述题的语义关涉性,以往研究明显带有句子倾向,且多限于主题分析,对其述题表现少有关注,两者在真实话语中的关联构建方式及其所调用的认知情境因素尚不清晰,不同主题结构之间的标记性异同尚缺少更为系统的类型对比考察。

为此,本章从主题和述题的情境植入方式对其实际使用加以考察,尝试回答以下问题:主题结构在自然话语中是如何标记的?不同主题结构的典型特征有何异同?汉英是否存在标记度对立倾向?

10.2.2 研究方法与工作假设

日常对话是最真实自然的语言表现。本研究采取可比语料库,以随意性口语对话为研究语料。英语语料库为 SBCSAE 第一部分,包含 14 段对话录音,题材涉及朋友聚餐、夫妻聊天、生日聚会和课堂录音等,每段对话大约 15~30 分钟,共计 5.5 小时(330 分钟)。汉语为自建的随意性对话体语料库,是日常生活语境下的对话录音,经转写完成,题材与英语基本对应,包括 14 段对话,时长约 5.4 小时(324 分钟)。

语料库建立后,手动检索、标注并穷尽性提取三类主题结构(参见后文表 10-1)。之后按照所确立的标记性考察维度对该语料进行二次标注,标注因子包括主题与述题的编码形式和情境植入特征等。之后进一步处理数据,分步统计汉英不同主题结构的标记性异同(参见后文表 10-2 和表 10-3)。

我们的研究假设是:语言结构不是一个可以脱离知识语境和认知处理能力的自足实体,其表征反映了言听双方作为认知主体对所述实体(作为认知客体)在定位场景中的概念化(Langacker,2001c,2002b,2008)。语言结构的标记性观察不是传统意义上"有无标记项"的二元判定,也不仅仅是句式使用频率的高低,而是句法、话语和认知层面上几个综合因素所构成的"特征束"的典型程度(Croft,2003;Givón,2005;沈家煊,1999;施春宏,2004;屈承熹,2006),包括使用频率、结构与认知复杂性以及话语功能分布的广泛性。主题结构可视为一个典型范畴,其结构与认知上的复杂性越高,标记性越高;使用频率和功能分布越广泛,标记性越低。下面我们在认知语法的情境植入理论视角下对主题结构的特征束加以细化,确立其标记度考察维度。

10.2 情境植入与主题结构的标记性维度

情境植入是言者基于当前话语空间所共享的认知情境来引导听者锁定

10. 当前话语空间视角下的汉英主题结构的标记性研究

事物或事件位置的过程。其中,CDS指在话语交际的当下,言听双方作为认知主体所共享的全部知识,包括客体层里展开的序列话语框架及特定话语框架的调用、更新和变化,即话语中正在进行的语流。情境隐蔽在CDS的主体层,包括言语事件、言听双方及其互动和事件发生的时间、地点等即时场境(以言者、听者及其在特定语境中的互动为核心),是一切语言形式具有实际交际意义的话语基础。言者通过有定、量化和限定等情境植入方式,使交际双方就所指实体的话语(或认识)地位达成一致,最终实现对事物或事件的认识控制(Langacker,1991,2002b,2008;Nuyts,2002;完权,2009)。

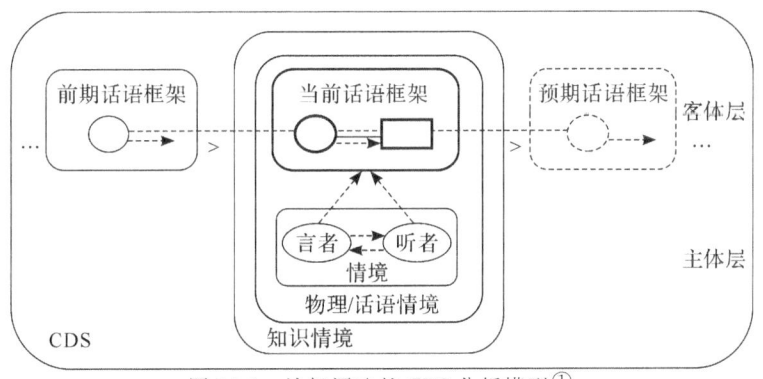

图 10-1 认知语法的 CDS 分析模型①

运用到主题结构里,如图 10-1 所示:主题为表征事物的名词短语,是交际双方的言谈起点,其所指属于某个特定框架内的一个角色,具备激活其所属话语框架的认知参照点能力。言者通过调用 CDS 中的特定认知情境,引导听者识别主题所指。述题为表述事件的定式小句,是主题可激活的位于当前话语框架内的一个目标事件。言者通过对该事件的现实性判断,达成对述题及其与主题关涉方式的认识控制。不同主题结构的选取既受制于主题与不同话语框架的关联,也受制于言者对述题的认识,反映了言者对不同认知情境的认识和调用。依此,我们将其主题和述题的情境植入表现作为主题结构标记性的重要考察依据。

---

① CDS 分析模型由 Langacker(2008)的三个认知图式合并而成,反映了主体层与客体层互动的认知话语分析思路。根据研究需要,图 10-1 对客体层进行了细化:添加了主题结构的主题、述题要素及其可能产生的客观、主观关联路径(分别用圆圈、长方格、实线、虚线箭头表示)。

10.2.1 主题的情境植入方式与标记性维度

先来看主题在客体层的情境表征形式。简单说来，名词短语的编码形式大致有代词、专有名词、定指性名词短语、带定语从句等长修饰成分的有定描写，以及带数(量)词等修饰成分的无定描述语等，其情境植入方式可分为有定和量化两类，标明言者对所指实体的认知距离或有定程度判断(Langacker,2002b)，依据听者对其所指的识别度或心理提取的难易度构成一个由高到低的可及性连续统(Ariel,1990;许余龙,2004)。主题通常要求有定性或专指性(specific)(曹逢甫,1995;沈家煊,1999)，作为一个典型范畴，其编码策略可构成一个"有定/无定"的可及性连续统，即主题所指的心理可及性越高，其定指程度越高，编码形式越简单，标记性越低。例如：

(4) a. 咱们早自习不还挺多吗？[英语]你还必须得去[∅]嘛。(OF)

b. [这一套]，[∅]肯定可贵了。(SM)

c. 像[那个教力学的老师]，[那]肯定就是好多万。(LD)

(5) a. A：Four? Five? Six?

B：[This] I don't know [∅]. We'll have to check [∅]. (OF)

b. [Much of our political behavior], [∅] is a product of what was covered in this class under history and culture. (SM)

c. A：... Yeah he's a teenager, but he teaches these classes in New York.

B：[That boy], [he]'s supposed to be awesome. (LD)

在上述两组主题结构中，例(5a)代词 this 标记性最低，其次为例(4a)专有名词"英语"、例(4b)和例(5c)的定指词语、例(4c)的有定描写，标记性最高的是例(5b)的无定描写。主题的标记性由低到高依次为：代词＜专有名词＜定指性名词短语＜长有定描写＜无定描写。

再来看主题编码在主体层所触发的认知情境。如图10-1所示,交际所触发的情境可包括言听双方共享的物理情境、上文情境、知识情境和言者主观赋予或构建的临时情境等,这些情境在CDS中的"心理空间可及性"并不相同(Epstein,2002;王义娜,2003)。根据主题所指在话语进展中所激活的心理空间,其情境植入的话语表现可分为回指式、直指式、搭桥式、回顾式和前瞻式。回指式用来延续前期话语框架里的凸显主题,指言者把主题所指从上文的话语情境带到听者工作记忆的可及表征上,如例(1a)(2b)(5a);直指式只涉及当前话语框架,指言者引导听者在即时的物理情境中达成可及实体的一致,如例(2a)(4b)等;搭桥式是指借助共有知识激活的主题,该主题由前期话语的某个触发词激活,如例(4a)主题"英语"的所指是"英语早自习",其识别的情境是当时谈话主题"早自习"所激活的知识框架;回顾式是指将已不凸显的语篇主题重新引入当前框架,如例(1b)(4c),或言者基于表态需要有意将凸显主题重新引入,如例(5c)将已在话语情境中凸显的主题he重新引入为that boy,其心理空间可及性降低。还有一类,是言者基于当前话语框架临时构建而来的,其主题所指不存在于前期和当期话语框架中,上文也没有触发词,如例(3b)(5b)的主题所指缺少心理空间可及性,是听者期待能在下文中持续的前瞻式主题。

放在话语中观察,主题提取所调配的认知情境对于听者的心理空间可及性越高,其认知复杂性越低,标记性也就越低。其话语标记性由低到高为:回指式/直指式＜搭桥式＜回顾式＜前瞻式。①

10.2.2 述题的情境植入方式与标记性维度

与主题的情境植入不同,述题情境植入涉及言者对动作行为或状态关系的现实性判断,是言者基于当前情境达成对事件的认识控制的过程。从认知客体层看,言者可通过不同的时态标记、否定标记、情态标记②等形式表明事件的现实性、社会交互性或潜在可能性,表征当前现实、过去现实、非现

---

① 标记度由低到高用"＜"表示;标记区分度不明显时用"/"表示。下同。
② Langacker(2002b等)区分了根情态(root modality)和认识情态(epistemic modality)。我们结合Nuyts(2002),在提取认识情态时将认识情态动词和情态副词标记都考虑在内。

实事件和介于"是"与"否"之间的可能事件等。

与主题植入可调配多类认知情境不同,述题的情境植入主要涉及言者对当前情境的认识与考量,据此达成对事件的控制或事态限定,可大致分为感知现实、非现实、投射现实和潜在现实(Langacker,2008)。感知现实是基于对事件现实存在性的感知,包括现在现实和过去现实,如例(2a)(3b)(5b)等;与感知现实相对应的是认知主体并不知晓或实际并未发生的非现实事件,如例(2b)(5a)等;由直接现实投射而来的事件为投射现实,如例(1a)和例(4a)通过根情态"会、必须"投射现实;认知主体也可追踪未来路径并推断事件发展,对潜在现实的事件加以估量与评判,如例(4b)(4c)的情态副词"肯定"、例(5c)的情态动词 is supposed to 等都是对事件可能性的判断。

就结构复杂性而言,述题从时态标记,到否定和情态标记依次增加,其标记性也随之增加。就其认知复杂性来说,感知现实是现在或过去发生的现实事件,言者无须付出多大努力即可直接感知,而其他事件并未发生,其情境植入方式更为复杂,因此言者要想达成控制就需付出更多努力。也就是说,目标事件相对于认知主体的心理空间可及性越低,述题的情境植入方式越复杂,其标记性越高。其话语标记性由低到高为:感知现实＜非现实/投射现实＜潜在现实。

据此,主题及其述题事件的情境植入方式和言者对主题所指以及事件现实的认知复杂性判断可作为不同主题结构标记性高低的考量关键。下面就基于这一 CDS 认知模型,对主题结构的使用频率及其主题和述题的情境植入方式进行语料提取和数据统计分析,以确定汉英各结构之间的话语标记度。

10.3 汉英主题结构的标记性考察

首先从使用频次(频率)看,汉英主题结构差异显著($\chi^2 = 153.15, p < 0.01$)。如表 10-1 所示:

表 10-1　主题结构的使用频次(频率)

语言	结构			总计
	OF	SM	LD	
汉语	297(59.2%)	103(20.5%)	102(20.3%)	502(100%)
英语	7(4.3%)	90(54.5%)	68(41.2%)	165(100%)

其次在使用总量上,汉语的主题结构是英语的 3 倍多,较为常用。具体到三类结构上,汉语 SM 与 LD 的使用频率较为接近,OF 的使用频率最高,标记性最低;而英语 SM 的使用频率最高,OF 仅有 7 例,标记性最高;由此,汉语主题结构的频率标记性由低到高为 OF<SM<LD;英语则为 SM<LD<OF。对比来看,OF 位于频率标记性的两端,汉英差异最为显著。这基本符合以往的研究结果,汉语的偏置式标记度高,而英语 LD 的标记度低于 OF。

10.3.1 主题的情境植入方式与标记性

表 10-2 分别从结构和认知复杂性上对主题的情境植入方式进行统计。为简便起见,我们将汉语句式下标 C,英语句式下标 E。

表 10-2　主题情境植入方式的结构和认知复杂性

结构		结构复杂性					认知复杂性				
		代词	专名	定指	有定语	无定语	回指式	直指式	搭桥式	回顾式	前瞻式
OF$_C$	频次	164	16	86	20	11	214	4	12	26	41
	百分比	55.2%	5.4%	29.0%	6.7%	3.7%	72.1%	1.3%	4.0%	8.8%	13.8%
SM$_C$	频次	15	6	57	20	5	32	1	1	31	38
	百分比	14.6%	5.8%	55.3%	19.4%	4.9%	31.1%	1.0%	1.0%	30.1%	36.9%
LD$_C$	频次	0	15	42	43	2	0	2	1	31	68
	百分比	0%	14.7%	41.1%	42.2%	2.0%	0%	2.0%	1.0%	30.4%	66.7%
共计	频次	179	37	185	83	18	246	7	14	88	147
	百分比	35.7%	7.4%	36.9%	16.5%	3.6%	49.0%	1.4%	2.8%	17.5%	29.3%
OF$_E$	频次	2	1	3	0	1	4	0	1	2	0
	百分比	28.6%	14.3%	42.9%	0%	14.3%	57.1%	0%	14.3%	28.6%	0%

续表

结构		结构复杂性					认知复杂性				
		代词	专名	定指	有定语	无定语	回指式	直指式	搭桥式	回顾式	前瞻式
SM_E	频次	9	10	28	27	16	14	1	4	21	50
	百分比	10.0%	11.1%	31.1%	30.0%	17.8%	15.6%	1.1%	4.4%	23.3%	55.6%
LD_E	频次	0	12	27	22	7	0	1	4	28	35
	百分比	0%	17.6%	39.7%	32.4%	10.3%	0%	1.5%	5.9%	41.2%	51.5%
共计	频次	11	23	58	49	24	18	2	9	51	85
	百分比	6.7%	13.9%	35.1%	29.7%	14.5%	10.9%	1.2%	5.5%	30.9%	51.5%

注:结构复杂性中的"专名、定指、有定语、无定语"等简称分别代表"专有名词、定指性名词短语、有定描述语、无定描述语"(参见 10.2.1)。此外,汉语的名词性成分并不强制要求有定或无定标记(Chen,2004),常使用零代词和光杆名词,前者归入代词类,后者则根据其可及度分别归入定指类和有定描述语。

先看主题的结构复杂性。总体来看,主题的编码形式以有定为主,无定描写较少。对比可见,使用简单编码形式时汉语偏多(代词的使用比例为 35.7% : 6.7%),使用复杂编码形式时英语偏多(后两项的描述语比例为 44.2% : 20.1%),汉英差异显著(χ^2=77.26,p<0.01)。具体到三类结构,汉语 OF_C 的主题编码形式最为简单,代词类占 55.2%,指称实体的语篇凸显度最高;SM_C 和 LD_C 依次降低,其主题标记性依次增加,与频率标记性基本一致:OF_C<SM_C<LD_C。英语则不同:OF_E 频数低但主题形式简单,SM_E 频数高但主题植入策略复杂,代词形式仅占 10%,LD_E 没有可及度高的代词形式,后两项描述语占 42.7%,结构标记性由低到高为 OF_E<SM_E<LD_E,不同于频率标记性。卡方比较显示,OF 和 LD 汉英较为接近(χ^2 分别为 4.72 和 6.62,p>0.05),SM 汉英差异显著(χ^2=18.41,p<0.01)。

再来看主题的认知复杂性,汉英差异显著(χ^2=76.44,p<0.01)。比较而言,汉语已在前文话语框架激活中的回指式主题比例远高于英语(40.0% : 10.9%),而重新引入主题的回顾式(17.5% : 30.9%)和指向预期话语框架的前瞻式主题比例(29.3% : 51.5%)都远低于英语,由具体结构对比可见:汉语 OF_C 最为突出的特点是主题回指式(72.1%),SM_C 的回指式较少(31.1%)、主题引入式(包含回顾式和前瞻式)较多(67.0%),LD_C 则基本为主题引入式(97.1%)且多为复杂度最高的前瞻式引入(66.7%),标记性由低到高为:OF_C<SM_C<LD_C。英语结构中,OF_E 主

题主要与前期话语框架相关,LD_E 则多为主题引入式,SM_E 里 15.6% 为回指式、55.6% 为复杂度最高的前瞻式,其标记性由低到高为:$OF_E < SM_E <LD_E$,与结构标记性一致。汉英比较显示,OF 和 LD 较为接近(χ^2 分别为 5.87 和 6.31,$p > 0.05$),但 SM 存在差异($\chi^2 = 11.58, 0.01 < p < 0.05$)。这大概与汉英主题在 CDS 的篇章地位不同有关,相关因素将在 10.4 进行考量。

10.3.2 述题的情境植入方式与标记性

对述题情境植入方式的结构复杂性和认知复杂性维度进行标注,结果如表 10-3 所示。

表 10-3 述题情境植入方式的结构和认知复杂性

结构		结构复杂性			认知复杂性			
		时态标记	否定标记	情态标记	感知现实	非现实	投射现实	潜在现实
OF_C	频次	107	88	102	95	88	76	38
	百分比	36.1%	29.6%	34.3%	32.0%	29.6%	25.6%	12.8%
SM_C	频次	43	14	46	42	14	10	37
	百分比	41.7%	13.6%	44.7%	40.8%	13.6%	9.7%	35.9%
LD_C	频次	55	15	32	55	15	8	24
	百分比	53.9%	14.7%	31.4%	53.9%	14.7%	7.8%	23.5%
共计	频次	205	117	180	192	117	94	99
	百分比	40.8%	23.3%	35.9%	38.2%	23.3%	18.7%	19.7%
OF_E	频次	1	3	3	1	3	1	2
	百分比	14.3%	42.9%	42.9%	14.3%	42.9%	14.3%	28.6%
SM_E	频次	60	5	25	60	5	10	15
	百分比	66.6%	5.6%	27.7%	66.7%	5.6%	11.1%	16.7%
LD_E	频次	47	8	13	47	8	6	7
	百分比	69.1%	11.8%	19.1%	69.1%	11.8%	8.8%	10.3%
共计	频次	108	16	41	108	16	17	24
	百分比	65.5%	9.7%	24.8%	65.5%	9.7%	10.3%	14.5%

先看述题的结构复杂性。总体来看,汉语的情境植入策略相对复杂,否定标记和情态标记偏多(汉语和英语分别为 59.2% 和 34.5%),而英语相比汉语简单的时态标记偏多(英语和汉语分别为 65.5% 和 40.8%),其标记性低于汉语。具体到各个结构:汉语 OF_C 使用否定和情态标记最多(63.9%)、SM_C 次之(58.3%),LD_C 最低(46.1%),述题的标记性由低到高为 $LD_C < SM_C < OF_C$;英语 LD_E 的时态标记最多(69.1%),SM_E 次之(66.6%),OF_E 最少(14.3%),标记性由低到高为 $OF_E < SM_E < LD_E$。卡方比较显示,OF 和 LD 汉英较为接近(χ^2 分别为 1.45 和 4.15,$p > 0.05$),但 SM 差异显著($\chi^2 = 12.46, p < 0.01$)。

再看述题事件的认知复杂性。汉英差异显著($\chi^2 = 39.07, p < 0.01$):述题用以表达现实事件的,汉语为 38.2%,英语则高达 65.5%,汉语情境植入的认知复杂性高于英语。具体到各个结构:汉语述题植入方式的复杂性由低到高为 $LD_C < SM_C < OF_C$(46.1%/59.2%/68.0%);英语同样为 $LD_E < SM_E < OF_E$(30.9%/33.3%/85.7%),标记性依次增加。比较显示,OF 倾向于非现实性事件,LD 倾向于现实性事件,两类句式的汉英表达倾向相对接近(χ^2 分别为 2.72 和 5.8,$p > 0.05$);但 SM 差异明显($\chi^2 = 15.94, p < 0.01$):英语以表达感知现实事件为主(66.7%),而汉语则感知现实(40.8%)与潜在现实表达(35.9%)比重相当,SM_C 的潜在现实表达在所有句式中最高。

10.3.3 标记性数据的初步比较

由表 10-1 至表 10-3 的三类特征比较可见,汉英主题结构的标记性差异显著。首先从使用频率上看,汉语主题结构占绝对优势,以 OF_C 最为常见;而英语主题结构使用最多的是 SM_E,OF_E 使用得最少,即汉语里使用最多的主题前置式罕见于英语,OF_C 和 OF_E 位于频率标记性的两端。其次从结构和认知复杂性看,汉语主题结构的主题标记性显然较低,但述题标记性高于英语。具体到三类句式上,汉语主题的标记性等级由低到高为 $OF_C < SM_C < LD_C$,与其频率标记性一致;而英语主题的标记性等级则为 $OF_E < SM_E < LD_E$,不同于其频率标记性。

可以看到,结构复杂性和认知复杂性所呈现的标记性等级基本一致,两者之间具有拟象性;但主题和述题的标记性具有反向表现。汉英相比较,频率差异最大的是 OF,但复杂性上差异显著的却是 SM。因此以往抛开 SM 谈 LD 和 OF 的使用倾向(Prince,1984,1997;Gregory and Michaelis,2001)有些简单化,将 SM 与 OF 合并为主题化结构的做法(刘林军、高远,2010;潘珣祎,2010)也不利于前置与偏置结构的异同认识。此外,鉴于频率分布观察的局限(Haspelmath,2006),标记性还需考虑话语功能分布的广泛性及其篇章地位。

那么,置之于连贯话语中,这些主题结构的典型特征究竟有何异同? 其主题和述题为何呈现反向标记性? 与其语义关联的实现方式是何关系? 下面结合这些问题进行数据讨论。

10.4 讨论:不同主题结构的典型特征与标记性

比较可见,不同主题结构的主题和述题具有各自独特的情境植入特点或标记性特征。放在 CDS 模型中,言者将意指的主题引入当前话语或在当前话语中延续,其情境植入首先需要兼顾言听双方的认知状态(见图 10-1 主体层的双向虚线),以实现顺利交流。主题所指的识别度高时,主题的编码形式和所调配的认知情境相对简单;而如果主题对听者而言可及度较低,所调配的认知情境因素相对复杂,则需要增加主题的标记性[1],以帮助听者有效识别主题,达成言听双方的"协同指称"(Langacker,2008)。当然,言者也可有意降低主题的可及性来表达态度[如例(5c)的主题已在上文凸显为 he,言者却选择了 that boy 重新引入,继而通过述题 he's supposed to be awesome 表达对主题的评价]。语料中这种用法不多,主题的标记性选择主要体现为一种交互主观性表达。

---

[1] 我们对主题的介词、动词、语气词和话语插入语等标记词使用做了对比考察,其使用分布基本倾向于低可及主题,同于主题情境植入的复杂性倾向。这些标记多是话语进程中的连接成分,发挥交互主观性作用;部分语气词和话语插入语是基于言者的表态需要。汉语为 OF<SM<LD(10.8%/13.7%/18.0%);英语为 OF<LD<SM(42.9%/52.8%/58.9%)。

从述题的认知情境因素调配看,其情境植入标记反映了言者对事件的现实性判断,涉及的情境因素主要包括事件发生的时间和做出判断的言者。对于发生的客观事件,交际双方可以直接感知;而未发生的非现实事件在客观世界中并不占有空间位置,尤其是那些表达认识类的潜在现实事件,其心理空间可及性更弱,其情境植入更有赖于言者。仍以本章的例(4)为例:例(4a)的述题事件是基于社会现实的投射,而例(4b)和例(4c)估量与评判的是潜在现实事件。"必须、得"表明事件必然发生,表达了言者对该现实具有一定的实际控制力;而认识情态"肯定"表达的是言者的主观判断,未涉及听者的认知状态。述题的高标记性可视为一种高主观性表达。

为了更为准确地提取不同主题结构的典型特征束,我们依据主题在CDS的主体层和客体层的表现,将其在当前话语框架中所发挥的话语功能归为四类:延续主题、提升主题、表态主题和旁枝主题。延续主题即前期话语框架中已经凸显并得到延续的回指式主题,是具有承上启下力的篇章主题;提升主题是指将讨论的某个实体提至当前话语框架,并在预期话语框架中得到持续的篇章主题(前瞻式、回顾式和搭桥式中都有出现);表态主题指不为听者识别只为言者表达观点态度的主题(部分回顾式);最后一类则是不能发挥语篇主题作用的句法主题(部分前瞻式、部分搭桥式)。

进而我们将述题在当前话语框架的表现归为两类:当述题所述为感知现实时,所提供的描写以现实概念为基础,主题结构为客观描述(见图10-1 主题—述题间的实线);当述题为非感知现实时,对主题的说明则更有赖于言者对所述事件的主观认识,主题结构为主观评述(图10-1 主题—述题间的虚线箭头)。据此提取不同主题结构的典型特征,并标出各类特征在各自语言中的比重,如图10-2所示。

从主题的话语功能看,分布最广泛(即标记性低)的是 OF_C、SM_C 和 SM_E,都可发挥四种功能;LD_C 和 LD_E 次之,可发挥三种功能;OF_E 仅可发挥两种功能,标记性最高。

再从各自所发挥的主导功能看,OF_C 以延续主题为主(占汉语总量的42.6%),SM_C 则是以提升和延续主题为主,而 SM_E 多为旁枝主题和提升主题(分别占英语总量的22.4%、21.3%)。再看 LD_C 和 LD_E,两者均以提升主题为主,不用于延续主题,其语篇地位低于前置式的 SM 和 OF;不过英语的前置式比较特殊：OF_E 主题看起来语篇地位较高，以延续为主，但仅占总量的 2.4%，其功能最为受限、频数最少，标记性高；SM_E 虽然用于延续主题（占英语总量的 8.5%），但所有句式中其旁枝主题最多，如例(1b)的 double-aught and aught、例(5c)的 much of our political behavior 都只是句式主题，不在预期话语框架中持续，其语篇地位偏离篇章主题特征。Netz 和 Kuzar (2007)也提出 SM_E 维持语步的倾向不明显，如此一来，汉英在该句式上差异显著也就不足为奇。

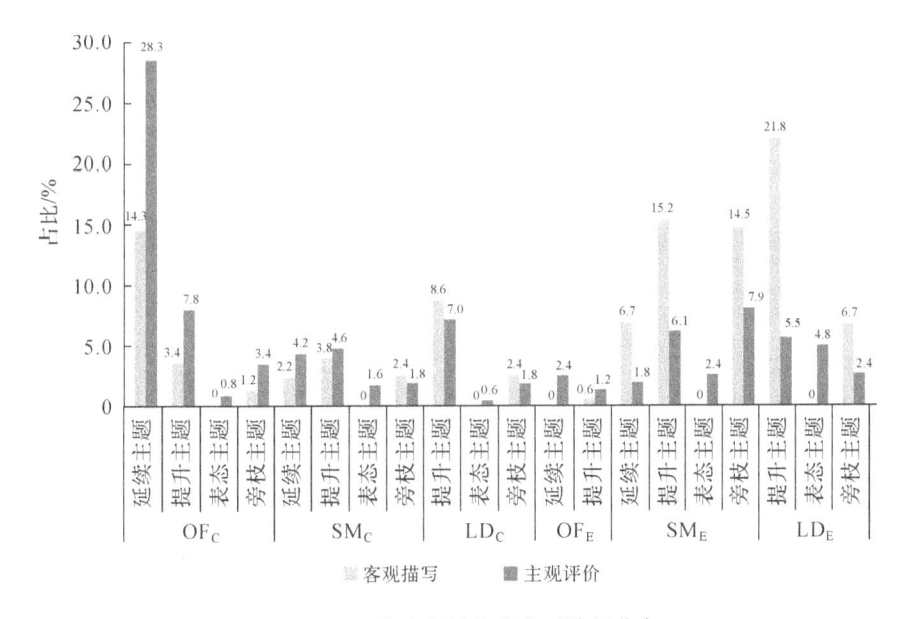

图 10-2 汉英主题结构的典型特征分布

这一典型特征分布观察基本支持 Gregory 和 Michaelis(2001)的不可替代观：OF 倾向于主题延续，而 LD 具有主题提升功能[即 Netz 和 Kuzar (2007)的开启语步功能]，所以表达主题延续时 LD_E 不能替代 OF_E（不可替代用 * 表示），如例(4a)和例(4b)；同理，尽管汉语的前置式较为常用，但 OF_C 或 SM_C 也不能随意替代 LD_C，如例(6c)和例(6d)的 LD_C 都是前瞻式的提升主题，若改为 OF_C 或 SM_C 则会影响听者理解。除非句式的功能特征类似，如例(7a)至例(7c)共享回顾式的主题提升功能，其 OF/LD、SM/LD 和 LD/SM 可相互替代。

(6)a. A：You should run for a local school board position.

B：[That] I'm not so sure about[∅/＊it]. (Gregory and Michaelis,2001)

b. A：Four? Five? Six?

B：[This] I don't know [∅/＊it]. We'll have to check [∅].（原例 5a）

c. [我爸]就是,哎哟我就特受不了[他/＊∅]。

d. 像[中西医讲的吃方面的东西,吃什么肝类的、蔬菜之类]啊,[这/？∅]当然是次要的。

(7)a. [These shoes] we never did put [∅/them] on a horse. （原例 1b）

b. [That two pairs of cotton pajamas, and that cotton muumuu], [∅/they] aren't gonna weigh up to eight dollars worth.

c. 那[男同志的衣服],[它/∅]不一直都这样嘛。

汉英对比可见,汉语主要为延续主题(49.0％),其次是提升主题(35.2％);英语则依次为提升主题(50.4％)和旁枝主题(31.5％),延续主题仅为 10.9％。

进而观察主题结构的客观描写与主观评述表现,不难发现:主题延续(即语篇地位高)时述题的评价功能更为凸显;与之关联的,汉语述题的主观评述凸显(61.8％),英语则客观描述偏多(65.5％)。具体到汉语各类结构:OF_C 的典型特征是对延续主题进行主观评述,其主题已作为篇章主题凸显,可及性最高,容易被听者从话语情境中提取出来。对于这些凸显主题,言者常使用零代词回指,并直接提出态度限定或主观评价;SM_C 主要是对提升和延续主题进行主观评价(主观评价的整体比例较高);LD_C 则是典型的主题提升结构,其述题的主观评价表现不占优势。例如:

(8)a. [∅]你说现在不挑的话,[∅]就是也能找到,[∅]远一点肯定能找到,[∅]就直接去直接住。(OF)

b. 就是[这个题目本身],我觉得,[∅]其实也是蛮重要的。(SM)

c. 比方说[你在法院系统干十年那个级别]，[∅]跟你在外面干十年肯定不一样的。(SM)

d. [一个人的魅力]，[它]是自内而外散发的。[它]绝不仅仅停留在表面的嘴皮功夫。(LD)

例(8a)中言语双方在聊"出国访学住房的问题"，在前期话语框架里"房子"已凸显为篇章主题，其心理空间可及性高，所以在对话接续时言者使用了4个OF直接进行述题评价，4个述题小句构成一个以"房子"为主题的主题链，其主题具有无标记性，述题则相反。例(8b)是个主题延续式SM_C，前期话语框架的言谈主题就是"测试的题目"，言者基于表态需要，通过主题标记"就是"提高主题的关注度，并以话语标记"我觉得"、情态标记"其实"表达其主观认识(标记词的使用加强了主题和述题之间的语义关涉性)。例(8c)SM_C是个前瞻式的提升主题，言者通过重复使用情态标记"肯定"将述题限定为主观认识。而例(8d)是LD_C前瞻式的主题提升表达，主题"一个人的魅力"是个任指(non-specific)，心理空间可及性低，言者将其引入当前话语框架中，在述题中通过代词"它"复指，降低主题的新信息度，遵守了表达复杂信息时主题的"指称与角色分离原则"(principle of separation of reference and role)(Lambrecht,1994)，是主题的客观描写方式。

在英语各结构中，OF_E对延续主题的主观评述最多，如例(2b)(5a)，与OF_C功能倾向类似，仅有1句为提升主题的客观描述，如例(9a)。另外两个结构的主题延续性弱，述题的评价功能相对欠缺：SM_E客观描述较多，主见于旁枝和提升主题，这些主题主要是补充信息，不具备"承上启下"的篇章主题特征，如例(9b)。LD_E客观描写最多，其中在最典型的提升主题结构中，客观描写倾向远高于主观评价(分别占总量的28.5%和12.7%)。例如：

(9)a. OK sweets, I'll go if I want. [Joe] I like [∅], because she's really interesting. But a lot of other paddlers…(OF)

b. No. I don't have my own equipment at all. [Dad], you know, [∅]has done some of it. (SM)

c. [*Power and Gold*]①, [it]'s all about jewelry traditions of the archipelago of Indonesia and the Philippines. (SM)

例(9a)谈论的是"是否参加聚会",言者表示她虽喜欢 Joe,但对其他参加者并不喜欢。言者通过主题前置式的客观表达,凸显了对比效果。例(9b)谈论的是"制作铁蹄的学习经历",当听到对方认为她拥有自己的设备时,言者加以否定,之后使用 SM 补充"Dad has done some of it",该主题结构是篇章主题的枝节信息补充,并未在后续话语框架中持续。例(9c)的谈论主题是一本名为 *Power and Gold* 的书,当被问到该书时,言者使用 LD 重新引入该主题,并复指为 it 以提高述谓命题的焦点性,使主题在预期话语框架中得到延续。

10.5 小结

本章基于认知语法的 CDS 分析思路,从主题和述题的情境植入角度,在口语语料库中考察了汉英三类主题结构的标记性特征及其主题-述题之间的语义关联异同。主要结论如下。第一,不同主题结构的主题和述题基本呈现反向标记性,其语义关联受到 CDS 的认知情境制约。第二,汉英主题结构在典型特征上具有倾向性差异,其话语标记性由低到高分别为:$OF_C <SM_C < LD_C$;$SM_E < LD_E < OF_E$。汉语倾向使用前置式,但英语并不完全呈现为偏置式突出(与以往研究不同)。第三,不同主题结构具有各自独特的情境植入特点,句式功能不同时句式之间不可替代;Prince(1997)等提出的可替代性或刘林军、高远(2010)等提出的汉语主题结构间的标记性中和现象可见于特征共享的句式之间,但并不普遍。第四,汉英主题的篇章地位不同,其述题的评述功能及其关联方式具有倾向性差异。

汉语主题结构以延续主题为主,话语凸显度高、认知复杂性低、在 CDS

---

① 英语语料库中提供的原始文字。其实该书名并不准确,因这是对话材料,所以说话人说不准确英文书名也比较正常。

的心理空间可及性高,容易成为认知情境的一部分,这正是主题突出型语言的重要特征;而英语的三类结构中提升主题占第一位,其次为旁枝主题,汉英在 SM 使用上的明显差异与其对篇章主题的偏离倾向有关。句式主题的篇章地位低时易使用客观描写类述题,汉语述题的评价功能凸显,与其主题的篇章地位突出相吻合。

我们将主题结构视为典型范畴,从主体层与客体层互动角度,提取了一组主题结构考察的典型特征束,包括使用频率、结构与认知复杂性以及话语功能的广泛性。这组特征的标记度对比可反观汉英语言的类型差异,为进一步解读不同主题结构的语义关联方式异同提供新的解决路径。

11. 汉语四类受事前置结构的语料库研究[①]

学界普遍认可汉语为 SVO 语言,以主谓宾为基本语序,但实际语言使用过程中宾语置于谓语动词之前的用例广泛存在,构成受事前置结构,也有研究称其为受事主题句、宾语提前的主题结构、受事主语句、受事次主题句等。鉴于受事是主语还是主题尚存争议,本研究使用"受事前置结构"命名,指受事语义成分置于谓词之前的结构单位。

以往对于受事前置结构的研究,在其类型划分上并未达成一致,有三分、四分和八分等不同划分方式。本研究以主题提顿标记和施事成分的有无,以及受事成分的句法位置为划分依据,将受事前置结构分为四类[②],如下:

(1) 这样的戏,咱不能演。[P,(A)V]
(2) 这些您在注册时没有填。(PAV)
(3) 饭菜还没有拿上来。(PV)
(4) 可是他什么蛋也没有生下来。(APV)

例(1)为"P,(A)V"结构,其受事成分("这样的戏")通过提顿标记单独享有一个语调单位且置于施事成分("咱")和谓词("不能演")之前,施事成分可有可无;例(2)为"PAV"结构,其受事成分("这些")位于施事成分("您")和谓词("没有填")之前,施事成分必须存在;例(3)为"PV"结构,受事成分("饭菜")位于谓词("没有拿上来")之前,无施事成分;例(4)为"APV"

[①] 原文题为《基于语料库的汉语四类受事前置结构研究》,发表在《北方工业大学学报》2022 年第 3 期,作者为李银美。

[②] 鉴于其特殊性,本章未将"把"字受事前置句和"被"字受事前置句纳入研究范围。文中所有例句皆来自自建汉语书面语语料库,在语段中考察的受事前置结构,将使用下划线的方式标出。

结构,受事成分("什么蛋")位于施事("他")和谓词("没有生下来")之间。为行文方便,下文中以 P、(A)V、PAV、PV、APV 代表四类结构。

本章基于自建汉语书面语语料库考察四类结构的语篇分布情况,通过对受事成分的主题性特征、谓词成分的现实性特征展开定量分析,对比四类结构的语篇特征异同,并尝试解析语篇分布与语篇特征之间的相关性。

11.1 受事前置结构研究现状

受事前置结构的研究最早始于《马氏文通》,至今已超百年,研究成果丰富,主要集中在两个方面:一是对受事前置结构进行整体观察或者对具体结构进行个体研究,重点关注受事成分、施事成分和谓词成分的语义特征以及结构所发挥的语篇功能等问题;二是讨论结构产生的原因,包括移位生成和即时生成等观点。这些研究存在结构分类不同、结构对比欠缺、结构典型性矛盾等研究不足的问题。本章将受事前置结构划分为四个类型并进行对比研究,重点关注三个问题:一是对比四类结构的典型性问题,二是考察四类结构受事成分的主语和主题属性问题,三是比较四类结构谓词事件的现实性问题。以下围绕这三个问题进行文献综述。

首先是结构类型及其典型句式研究。彭锦维(2005)重点关注 PV、PAV 和 APV 三类句式,其研究基于口语对话剧本和长篇小说进行语料调查,发现优势语序为 PV 结构,这与张赪和荣晶(2008)基于口语对话剧本和电视剧语料的 PAV 优势矛盾。童剑平和周国强(2010)将受事前置结构扩展到八种类型,但其研究重点探讨这些结构的英译问题,并未回答结构的典型性问题。汤敬安(2018)研究区分 PV、PAV、把字句和被字句等四类受事前置结构,并指出 PV 结构为四类结构中的原型结构,其他结构通过概念转喻方式获取。可见,以往研究并未就结构的类型划分及典型句式达成一致认识,尤其在类型划分上,P、(A)V 结构似乎并未引起学者的关注。然而,我们观察发现,这类结构有着不同于其他几类结构的特征,单独区分方可观察到其语言独特性。

接下来是受事前置成分的主语和主题地位之争。持有主题观的学者较多,例如,Li 和 Thompson(1976)按照主语和主题的凸显程度区分语言类型,汉语为"主题突出型"语言,在其看来,句首的受事成分和位于主语和动词之间的成分分别为主要主题和次要主题。徐烈炯和刘丹青(2007)认为主题通常与述题中的某个成分存在共指关系、全集与子集关系等,依照这个观点,前置的受事就成为典型的主题。然而,也有研究认为,受事前置句尤其是缺少施事成分的 PV 结构为受事主语句(朱佳蕾,2017),是汉语句式的一个典型特征,将语义上的受事视为语法上的主语。实际上,这些研究往往不区分受事前置结构类型,很难就不同结构之间受事成分的主语和主题之争达成一致。此外,主题通常具有语篇属性(Givón,2005;曹逢甫,2005),这些前置的受事成分到底在多大程度上为语篇主题,需要基于真实语料进行观察。我们曾基于口语语料展开调查,发现受事前置结构有较高的主题倾向(李银美、袁凤识,2020),其研究方法同样适用于书面语语言结构的对比观察。

最后是受事前置结构中的谓词特征研究。不少研究注意到,受事前置结构的谓词往往动态性减弱,静态性较强。如,汤敬安(2018)指出,受事置于动词之前,造成"动词的动态性受到抑制,静态性得到加强"。董秀芳(2006)也提出类似观点,"要么话题结构中的动词表示的是状态,要么虽然表示动作,但是这一动作会对宾语造成一种恒定的状态"[①]。我们以往研究也发现,受事前置结构中仅有 32% 的情况表达现实事件,其余则用否定标记、情态标记等表达非现实事件(王义娜、李银美,2016)。然而,这些研究也并未区分结构类型,对结构的观察也缺少系统的统计分析,未能就四类结构的谓词特征得出有力的数据支撑,自然无法回答结构间的异同之处。

为此,本章结合认知类型学的标记性研究思路(Croft,2003),从受事成分的主题性和谓词事件的现实性角度进行结构对比研究。本章主要从三个方面展开:首先,介绍研究方法,包括语料库构建和数据提取问题,并通过初步数据观察四类结构的语篇分布情况;其次,基于随机抽样的真实语料对受事成分的回指性和预指性特征进行对比考察,一定程度上回应受事前置成分的主语和主题之争;最后,基于真实语料对比不同结构谓词事件的现实性问题,并尝试分析不同结构的语篇分布与其语篇特征之间的相关性。

---

① 此处话题即主题。

11.2 受事前置结构研究方法和初步数据

11.2.1 研究方法

本章采用语料库对比研究法,以汉语书面语作为研究语料。由于四类受事前置结构在语料库中只能手动提取,且不同结构受事成分的语篇属性也需要借助上下文语境来观察,很难使用已有的汉语语料库(如 CCL 语料库等)完成结构的提取和标注工作,因此,我们选择自建汉语语料库的方法构建研究语料。研究所用的汉语当代书面语语料库比照 BCCWJ 建设,共 1007776 字,选取能够代表当代汉语典型特征的文学作品、政府文本、诗歌、课文等材料,具体包括小说、剧本、新闻报道、杂志、政府工作报告、国务院白皮书、法律文本、教科书、诗歌等,尽可能保证文本类型的多样性[①]。基于该语料库中语法结构所呈现的相关数据,对比结构的篇章表现。

建立语料库后,手动检索并穷尽性提取四类受事前置结构,再使用 Excel 随机抽样函数抽取四类结构各 100 句,随后使用迭代功能和随机抽样函数将重复结构重新取样,最终获取 400 个不同的随机结构;接下来按照确立的观察维度对抽样的受事前置结构进行标注,具体标注因子包括受事成分的主题性特征和谓词的现实性特征;然后使用 SPSS 统计四类结构的语篇表现异同,最后解析其语篇分布与语篇表现之间的相关性。

---

① 本章语料库比照 BCCWJ 构建,原因是 BCCWJ 为当代日语书面语语料库,其可作为构建当代汉语书面语语料库的标准。我们具体使用的语料详情如下:小说(885836 字,包括《北京折叠》《三体》《丰乳肥臀》和《半生缘》等)、剧本(77173 字,为《雷雨》)、新闻报道(1136 字,选自新华社《特写:贫乡招贤记》)、杂志(18257 字,选自《读者》)、政府工作报告(17285 字,为《2021 年政府工作报告》)、国务院白皮书(21818 字,为《中国的民主》)、法律文本(2557 字,选自《中华人民共和国反有组织犯罪法》)、教科书(54502 字,选自人教版七年级下册语文课本)、诗歌(6385 字,中国现当代诗歌 30 首)。

11.2.2 初步数据

在语料库中穷尽性检索四类受事前置结构,所得结果如表 11-1 所示。

表 11-1 受事前置结构的使用频次

类型	频次	百分比
P,(A)V	142	11.3%
PAV	237	18.9%
PV	760	60.7%
APV	114	9.1%
总计	1253	100%

由表 11-1 可知,语料库中共检索到 1253 例受事前置结构,其中 PV 结构具有明显使用优势,共 760 例,占总量的 60.7%,这与 PAV 结构为优势语序(张赪、荣晶,2008)的研究发现不同,基本验证了 PV 结构为优势语序(彭锦维,2005)和 PV 结构为原型结构(汤敬安,2018)的结论。PAV 结构在语料库中的使用频次和频率位列第二(237,占 18.9%),P,(A)V 和 APV 结构较少,两类结构共有 256 例,分别占总量的 11.3% 和 9.1%,尤其是受事置于施事与谓词之间的 APV 结构,其使用最为受限。

不同受事前置结构的语篇分布情况,体现了各结构在语言中的标记性(Croft,2003;李银美,2021):使用频率越高的结构在语言中的标记性越低,反之则标记性越高。由此,四类结构在汉语语言中的标记性等级由低到高为:PV<PAV<P,(A)V<APV。

11.3 受事成分主题性的语篇考察

11.3.1 受事成分的主题性表现

主题具有语篇属性,其典型特征是用以回指前文语篇主题和预指后文语篇主题(Givón,2005)。受事成分的主题性可通过受事的回指性和预指性特征展开考察。回指性特征指受事前置成分对前文主题的延续性,可分为回指式、回顾式和引入式主题(李银美、袁凤识,2020);预指性特征指受事前置成分在后续语篇中的持续性,分为高持续性、中持续性和无持续性三类,分别指前置成分在后续语篇持续多于2个小句、持续1~2个小句和无持续的情况(李银美、袁凤识,2020)。举例如下:

(5) 村中放牛的余四,脖子上生了一个疮,多年不愈,动辄流脓淌血,且奇痒难挨。郎中一看,便笑道:"<u>区区小疮,好治</u>。去找稀牛屎一泡,糊到疮口上。"人们以为郎中在开玩笑。余四说:"先生,拿着病人开心,伤天害理。"郎中道:"如果信得过我,就去找稀牛屎,信不过我,就另请高明。"第二天,余四提着一条大鱼来谢先生。他说,疮上糊上牛屎后,钻心要命地痒,一会儿工夫,钻出了一些小黑虫,痒也轻了。连糊了十几泡牛屎,疮口就收敛了。(莫言,《丰乳肥臀》)

(6) 豫瑾简直觉得骇然。他不能够想象曼璐怎样能够参与这样卑鄙的阴谋。<u>曼璐的丈夫他根本不认识</u>,可能是一个无恶不作的人,但是曼璐……他想起他们十五六岁的时候刚见面的情景,还有他们初订婚的时候,还有后来,她为了家庭出去做舞女,和他诀别的时候。(张爱玲,《半生缘》)

(7) 咱们当时怎么搞过欧美的,不就是这么规模化搞的吗。但问题是,<u>地都腾出来了</u>,人都省出来了,这些人干吗去呢。欧洲那边是强行减少每人工作时间,增加就业机会,可是这样没活力你明白吗?(郝景芳,《北京折叠》)

上例(5)至(7)中分别包含 P,(A)V、PAV 和 PV 结构,例(5)受事成分"区区小疮"是对前文主题的延续,在后续语篇中也持续多句,为回指式和高持续性主题,其语篇主题性最高;例(6)受事成分"曼璐的丈夫"是在当前话语中被重新引入的主题,为回顾式主题,在后续语篇中只在1个小句中持续,为中持续性主题;例(7)受事成分"地"为光杆名词,是新引入的主题,但并未在后续语篇中持续,为引入式和无持续性主题,其语篇主题性特征最低。

11.3.2 主题性语料考察结果

在语料库中标注400例受事前置结构受事成分的回指性特征,并使用SPSS进行数据统计,结果如图11-1所示。四类结构受事成分的回指性特征差异显著($\chi^2=115.539, \mathrm{df}=6, p<0.01$)。具体结构之间对比可见:PAV结构以回指式和回顾式主题为倾向(超60%),是受事成分语篇凸显程度最高的一类结构;几乎全部的APV结构和绝大多数PV结构使用引入式主题(分别为99%和89%);P,(A)V结构则介于中间,近40%的受事成分为当前语篇主题或记忆中的主题,其余为引入式主题(62%)。四类受事前置结构受事成分的回指性由低到高为:APV<PV<P,(A)V<PAV。

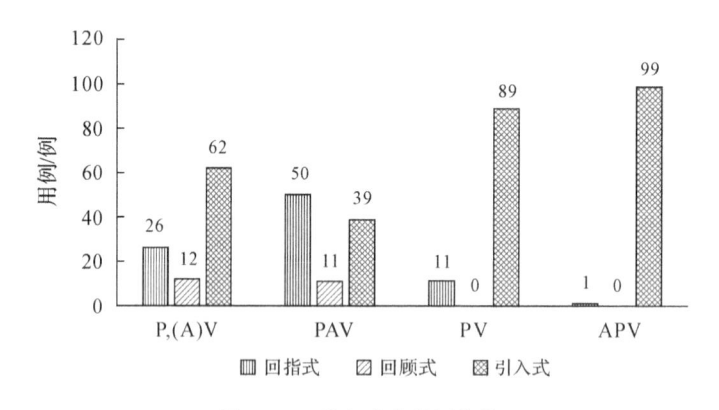

图11-1 受事成分的回指性

受事成分在后文中的预指性特征统计结果如图11-2所示,四类结构受事成分的预指性特征差异显著($\chi^2=82.734, \mathrm{df}=6, p<0.01$)。具体结构之间对比可见:PAV结构有69%的受事成分可以成为后续语篇的谈论主题;P,(A)V和PV结构紧随其后,各有超过40%的受事成分在后续语篇中得到一定程度的持续;APV结构则是四类结构中最为特殊的一类,其受事成分几乎很难成为后续语篇中谈论的对象。四类受事前置结构受事成分的预指性由低到高为APV<PV<P,(A)V<PAV,同于回指性观察所得结论。

回指性和预指性特征的共同表现,真实反映了四类受事前置结构受事成分的语篇走向,一定程度上可回答其主语和主题之争。

首先来看四类结构中受事成分最偏离主题属性的APV结构。其受事成分置于施事和谓词之间,从信息等级上看,它们多是当前语篇中新引入的信息,但在后续篇章中并未得到持续关注,从而偏离了主题的语篇属性。回归语料后,我们发现,这些受事成分集中使用"什么"、"一+量词+(名词)"、光杆名词等无定指称成分,如例(8)至(10)所示。按照以往研究,主题通常为有定成分,这些受事成分的无定编码特征背离了主题的有定属性,因而很难成为典型的主题。

(8) 你反正什么都不管。
(9) 但今天他一点兴致都没有。
(10) 家里连茶叶末也没有。

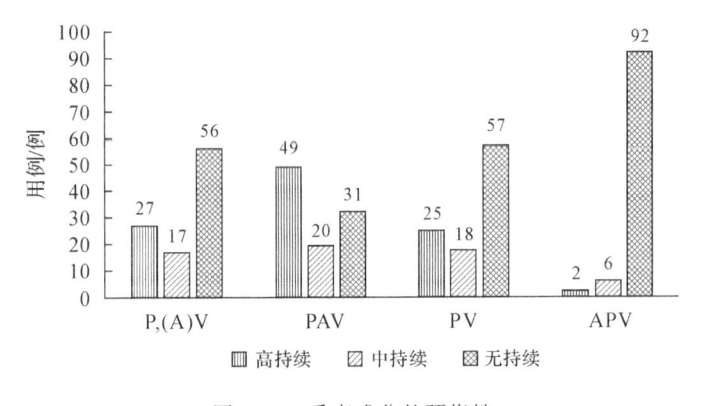

图 11-2 受事成分的预指性

接下来看受事成分最符合主题属性的 PAV 结构。从回指性上看,PAV 结构是四类结构中最多使用回指式受事的一种结构(50%),另有部分回顾式受事(11%);从预指性上看,PAV 结构的受事成分有在后文持续的倾向性(69%)。这两点与主题的语篇属性高度相符,前置的受事成分符合主题特征。我们回归语料去观察受事成分的编码形式,有相当一部分使用"指示代词+(名词)"编码,其往往用来指前文中已经提及的事物,如例(11)中的"这两个奖项"指的就是前文中出现的"物理学和生理学两项诺贝尔奖",其语篇凸显性使其在后文中得以持续。另外,这类结构也可用来引入新的主题,此时,受事成分的编码形式更为复杂,例如,例(12)使用 PAV 结构引入新主题"你的事情",这种领属类描写形式的可及性低于例(11)的指示描写形式,PAV 结构将前文主题"曼桢的婚姻问题"转到了主题"你的事情"上,并且成为后文的言谈对象。由此可见,PAV 结构是四类受事前置结构中维持现有主题和引入新主题的典型结构。

(11) 希恩斯因此获得物理学和生理学两项诺贝尔奖提名,但由于这项发现太具革命性,<u>这两个奖项他都没得到</u>,倒是这时已经成为他的妻子的山杉惠子,因该项理论在治疗失忆症和精神疾病方面的具体应用而获得该年度诺贝尔生理学或医学奖。希恩斯人生的第二阶段是作为政治家,曾任过一届欧盟主席,历时两年半。(刘慈欣,《三体》)

(12) 曼桢的婚姻问题到底还是比较容易解决的。她母亲说道:"她到底还小呢,再等两年也不要紧,倒是你,<u>你的事情我想起来就着急</u>。"曼璐把脸一沉,道:"我的事情你就别管了!"她母亲道:"我哪儿管得了你呢,我不过是这么说!你年纪也有这样大了,干这一行是没办法,还能做一辈子吗?自己也得有个打算呀!"(张爱玲,《半生缘》)

再来看受事成分接近主题属性的 $P,(A)V$ 结构。从语言表征形式上看,这类结构与 PAV 结构的区别只在于主题提顿标记的使用。然而,从受事成分的主题属性上看,两者区别较大。首先,从回指性上看,$P,(A)V$ 结构的受事成分更多使用语篇新信息(62%)。我们认为,这符合"指称与角色分离原则",一个小句一次适合出现一个新信息,当引入一个语篇新主题时,使用提顿标记标识,可以降低这个主题的信息度,从而有效降低信息加工难度。我们通过观察语料也发现,$P,(A)V$ 结构受事成分的编码形式确实要比 PAV 结构复杂,如例(13)和(14)受事成分"台上人讲话的前几分钟"和"更高的维度"都是语篇中新引入的主题,其编码形式比较复杂,尤其是前者甚至使用了"定语从句+名词"的复杂编码,使用提顿标记及介词"至于",可以有效降低这些复杂成分的信息度,让结构的识解变得简单。接下来,在预指性特征上,$P,(A)V$ 结构受事成分为顶指主题的比重要少于 PAV 结构(44%:69%),但仍要高于其他两类受事前置结构,如例(13)受事成分未能得以持续,而例(14)则持续 1 个小句。可见,$P,(A)V$ 结构的受事成分具有走向语篇主题的倾向,但仍然有一部分只能充当小句主题。这一发现,也证明我们研究提取 $P,(A)V$ 结构类型的必要性,不加区分就看不到这一结构的独有语篇特征。

(13) 他沉浸在自己的恍惚中。这也是他第一次看到转换的全景。他几乎没注意到自己是怎么坐下的,也没注意到周围人的落座,台上人讲话的前几分钟,他并没有注意听。"……有利于服务业的发展,服务业依赖于人口规模和密度。我们现在的城市服务业已经占到GDP 85%以上,符合世界第一流都市的普遍特征。另外最重要的就是绿色经济和循环经济。"这句话抓住了老刀的注意力,循环经济和绿色经济是他们工作站的口号,写得比人还大,贴在墙上。(郝景芳,《北京折叠》)

(14) "……八维视角下,粒子是一个与银河系一样宏大浩渺的存在;当视角达到九维后,一个基本粒子内部结构的数量和复杂程度,已经相当于整个宇宙。至于更高的维度,我们的物理学家还无法探测,其复杂度我还想象不出来。"
(刘慈欣,《三体》)

最后来看受事成分既有主语又有主题特征的PV结构。PV结构是无施事成分的一类结构,回归语料可以发现大多数PV结构很难补充施事成分〔见例(15)至(17)〕,也许这就是其被称为"受事主语结构"的原因(鹿士义、高玲燕、陈琳,2020)。观察语料还发现,PV结构的受事成分一般比较简短,以光杆名词居多,诸如PAV结构的"指示代词+(名词)"编码形式在PV结构中极少出现,表明PV结构受事成分的回指性比较弱,但相较于P,(A)V结构,其受事的编码又相对简单,且PV结构新引入语篇的受事成分有一部分在后文得到持续(43%),如例(17)中,受事成分"奇怪的意见"在下句中得到解释,具有一定的语篇主题性,另有超半数则不能在后文中得到持续(57%),如例(15)和(16)的受事成分"血珠子"和"人民生活水平"在下文中没有得到进一步阐释,相对又欠缺语篇主题性。由此,我们认为,PV结构受事成分介于主语和主题之间,既有主语的简短编码特征,又有一定的主题语篇走向特征。

(15) 轰隆一声巨响,成群的铁砂子钻进了马洛亚的双腿,血珠子喷出来。门闩从他手中落地,他慢慢地跪下,望着满头

鸟粪的枣木耶稣,低声朗诵着……(莫言,《丰乳肥臀》)

(16) 对外开放持续扩大,共建"一带一路"成果丰硕。<u>人民生活水平显著提高</u>,城镇新增就业超过 6000 万人,建成世界上规模最大的社会保障体系。(《2021 年政府工作报告》)

(17) 在这里,可以听到最荒唐的新闻,如某处的大蜘蛛怎么成了精,受到雷击。<u>奇怪的意见也在这里可以听到</u>,像把海边上都修上大墙,就足以挡住洋兵上岸。这里还可以听到某京戏演员新近创造了什么腔儿,和煎熬鸦片烟的最好的方法。(老舍,《茶馆》)

结合四类受事前置结构的语篇使用频率,关于受事成分的主题性,我们可以得到如下结论:越是标记性低的受事前置结构(PV),其受事成分的语法地位越多样,兼具主语和语篇主题两种特征;越是标记性高的受事前置结构(APV),其受事成分使用越受限,越易偏离主题的语篇属性;而使用频率介于其中的受事前置结构[P,(A)V 和 PAV],则表现出更多的语篇主题性,PAV 结构受事具有最典型的语篇主题性,而 P,(A)V 结构提顿标记的使用与受事成分的信息等级相关,受事成分越是新信息,越易于使用提顿标记,而提顿标记的添加,又提高了其成为语篇主题的可能性。

11.4 谓词成分现实性的语篇考察

11.4.1 谓词成分的现实性表现

近年来主题结构研究开始关注述题小句的作用,有属性谓词与主题是无标记匹配(刘丹青,2018)、主题提取的述谓"非现实态"(张敏,2009)、主题提升具有高施行性事态限定特征(张滟,2010;卢军羽,2016)等研究发现。基于语料库对汉英主题结构的述题特征展开对比考察,发现了命题事件的非现实性倾向(王义娜、李银美,2019;李银美,2021)。可见,对比考察四类受事前置结构时需要关注谓词的现实性特征。

为方便对比观察,将其区分为现实事件和非现实事件,前者对应于现实世界里发生的事件,后者则包括位于现实事件对立面的否定现实事件和介于"是"与"否"之间的可能事件,如例(18)使用时态标记"了"标示现实性事件,例(19)和例(20)则分别使用否定标记"没有"和情态标记"可以"标示非现实事件。

(18) 今天这一天我受的罪过你都看见了。
(19) 辞职的事情,他可从来没有考虑过。
(20) 她自己的东西,我可以派人送去。

11.4.2 现实性语料考察结果

对随机抽样的 400 例受事前置结构的谓词现实性特征加以标注,使用 SPSS 对数据进行统计,结果如图 11-3 所示。总体来看,受事前置结构中非现实事件有相当高的比重(共 56.3%),而按照 Halliday 和 Matthiessen (2004)的统计结果,实际语言中否定义与肯定义之比大约为 1∶9。这样看来,非现实事件就成为受事前置结构的一个重要标志特征,用以表达受事成分并未受到或未来有可能受到谓词行为的影响。这一统计数据基本符合我们以往对部分受事前置结构的考察结果:大约有 68% 的受事前置结构使用非现实事件(王义娜、李银美,2016)。

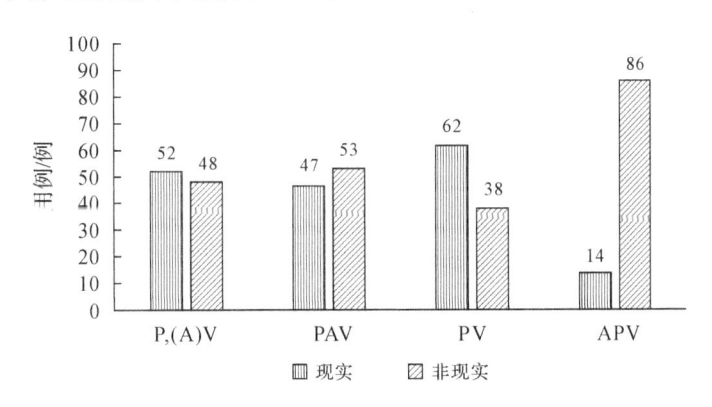

图 11-3 谓词成分的现实性

结构间对比(见图 11-3)表明不同结构的谓词现实性存在显著差异($\chi^2=52.693$, df=6, $p<0.01$):APV 结构的非现实事件比重最大(86%),

非现实事件比重大于现实事件的还有 PAV 结构(53%∶47%),其余两类结构的现实事件比重大于非现实事件比重,其中,P,(A)V 结构的现实事件比重略高(52%),PV 结构的现实事件比重则明显高于非现实事件(62%∶38%)。四类受事前置结构现实事件所占比重由小到大为:APV＜PAV＜P,(A)V＜PV。下面分别就这四类结构的谓词事件类型展开分析。

先来看非现实事件所占比重最大的 APV 结构。回归语料后,我们发现,APV 非现实事件集中使用三种表达方式(100 个随机抽样结构中共有 76 例):"什么……都/也＋不/没有"(31 例)、"一＋量＋(名词)……也/都＋不/没有"(24 例)、"连……都/也＋不/没有"(21 例),分别如例(21)至(23)所示。进一步观察发现,例(21)中"什么也不"是对事件"他想吃东西"的完全否定,而例(22)和(23)中"一＋量＋(名词)……也/都＋不/没有"和"连……都不/都没有"除了表示完全否定外,还表达了连最低标准"一点兴致""一张好好的床"都难以实现的感情色彩,具有"竟然""惊讶""出乎意料"等语用含义。可见,APV 结构表达否定事件时,结构形式固定,语用含义特殊。这也符合有标记语言形式的语用功能也更为有标记性的假说。

(21) 你小舅什么也不想吃。

(22) 但今天他一点兴致都没有。

(23) 我们连一张好好的床都没有。

再来看现实事件占比最高的 PV 结构。回归随机抽样的 100 例语料,我们发现,PV 为现实事件时,多表达事件的起始状态(如"出现""传来""开始""响起来"等 31 例)、终结状态("完成""处理完""取消""拆除"等 16 例)或者可能状态(7 例),分别如例(24)至(26)所示。而当 PV 事件表达否定意义时,虽然也多使用"什么……都/也＋不/没有"(5 例)和"一＋量＋(名词)……也/都＋不/没有"(7 例)等否定结构,如例(27)和例(28)所示,但其比重明显低于 PAV 结构。PV 结构是四类结构中标记性最低的结构类型,因此,其事件类型也更为多样,并不完全局限于某类事件的特定表达。

(24) 撤退开始了。

(25) 这时第一张观测图像处理完成。

(26) 好在游戏时间可以加快。

(27) 在显示器上什么都看不到。

(28) 一个字也说不出来。

最后来看 P,(A)V 和 PAV 结构的事件现实性。这两类结构用于非现实事件和现实事件的比重相当,但在语料中深入观察其事件谓词,可发现这些谓词种类与 APV 和 PV 结构并不相同:当这两种结构用于现实事件时,几乎不能使用如 PV 结构一样表起始或终结状态的谓词类型;用于非现实事件时,也不能使用 APV 结构中表完全否定的谓词表达。相反,P,(A)V 和 PAV 结构谓词集中使用感知类动词,如"(不)知道""(不)懂""忘(不)了""想(不)出来""(不)清楚""(不)认识"等,和发生可能性的情态动词,如"可以""好""想""要""可以"等,分别如例(29)(30)所示。P,(A)V 和 PAV 结构在语篇中的标记性也比较高,而它们对谓词类型的使用限制,恰恰也是其在汉语中标记性较高的一种表现。

(29) 所有面试官我都不认识。

(30) 这件事,我们还是可以私了的。

结合四类受事前置结构的语篇使用频率,关于受事前置结构的事件现实性,我们可以得出如下结论:越是使用频率低的受事前置结构(APV),其标记性越高,谓词则越集中使用非现实事件,表完全否定义,传递"竟然""惊讶""出乎意料"等语用含义;越是使用频率高的受事前置结构(PV),其标记性越低,事件类型越为多样,现实事件可表示事件的起始、终结或可能性状态,非现实事件可使用高标记性的 APV 结构的否定谓词类型;使用频率居中的 P,(A)V 和 PAV 结构,则现实事件和非现实事件比重相当,既不能使用 APV 结构的否定谓词类型,也很少表达 PV 结构的起始或终结状态,其事件多集中使用感知类谓词或情态动词。

11.5 小结

本章基于自建汉语书面语语料库,考察 P,(A)V、PAV、PV 和 APV 四类受事前置结构的语篇分布情况,并从受事成分的回指性特征和预指性特征维度考察四类结构受事成分的语篇主题属性,从谓词的现实性维度对比四类结构的事件类型,并尝试解析语篇分布与语篇表现的相关性,研究发现如下:

(1) 四类结构的语篇分布情况差异显著:使用频率由低到高为 APV＜P,(A)V＜PAV＜PV,在汉语中标记性依次降低。

(2) 四类结构受事成分的语篇主题性特征差异显著:受事成分的回指性和预指性倾向由低到高为 APV＜PV＜P,(A)V＜PAV,位于左端的 APV 结构受事成分最偏离主题属性,位于右端的 PAV 结构受事成分最符合主题的语篇属性,P,(A)V 结构次之,而 PV 结构受事成分的语法属性最为多样,兼具主语和主题双重属性。

(3) 四类受事前置结构的事件现实性特征差异显著:现实事件所占比重由小到大为 APV＜PAV＜P,(A)V＜PV,位于左端的 APV 结构集中使用表达完全否定的特定结构,并传递"竟然""惊讶""出乎意料"等特定语用含义,位于右端的 PV 结构事件类型多样,现实事件可表示事件的起始、终结或可能性状态,非现实事件也可使用特定的否定结构,居中的 P,(A)V 和 PAV 结构无论是现实事件还是非现实事件,多集中使用感知类谓词或情态动词。

(4) 分析发现,四类结构的语篇分布与其语篇表现相关:结构的语篇分布越广,标记性越低,受事成分所充当的语法成分越多样,事件类型也越多样;反之则标记性越高,受事成分越不具有语篇主题属性,事件类型也越受限。

由此可见,受事前置结构的语篇表现具有不同倾向性,结构之间的可替换关系比较弱,后续可以采用实验或问卷调查等方法,进一步研究四类结构的替代关系。另外,汉语受事前置结构多样,这与"主题突出型"语言(如日语)的相应结构又有何差异?不同结构译成"主语突出型"语言(如英语)时又是否存在译文方法选择的差异?这些问题都值得后续深入研究。

| 第五部分 |

语句对比的认知研究路向与展望

12. 情境植入层级视角下的语句标记研究[①]

　　小句是表达事件或关系的语言基本单位,定式小句是经过言者情境定位的结构,描写事件的同时也标示出其认识地位。这一认识地位的标示是认知功能语法研究的重要议题,涉及时、体、情态、言据等四大语义范畴的小句标记作用,标志着语言学研究的"认识转向"(epistemic turn)(Brisard, 2002)。Langacker(1991,2002b,2008)称这一小句定位过程为情境植入,提出了小句的情境植入系统,关注不同小句以何种方式使用哪些情境述义建立言听协同指称。Nuyts(2001,2009b)则称之为事态限定,关注不同范畴的类型及其事态限定等级。这两派观点虽存在差异,但也有着许多共性,且理论影响深远,运用广泛(Brisard,2002;Cornillie,2007;Pelyvás, 2006;Marín-Arrese et al., 2017;Kratochvílová,2019;完权,2009;张滟,2010;牛保义, 2015;刘正光、徐皓琪,2019;王义娜、李银美,2019)。

　　Brisard(2002)搭建了情境植入和事态限定的理论框架,Marín-Arrese等(2017)明确了言据性在小句标记中的重要作用,这是 21 世纪语句标记的情境植入研究的两次重要推进。本研究以此为脉络,梳理认知功能路向下的语句标记研究,指出将时间、认识和言据现实纳入小句研究具有重要意义,并尝试从情境植入和情境植入层级(grounding strata)角度提出对汉语或跨语言研究的一些启示。

[①] 原文题为《情境植入及其层级限定:认知功能路向的语句标记研究》,发表在《外语教学》2023 年第 3 期,作者为李银美、王义娜。

12.1 认知语法的句内/句外情境植入观

12.1.1 情境植入

情境植入,也有研究称之为"入场"(完权,2009;刘正光、徐皓琪,2019),是 Langacker(1987)提出的认知概念,后逐渐发展为一套认知语法的核心理论(Langacker,1991,2002b,2008,2009,2017,2019),指情境和所述实体之间在时间、空间、现实和心理协同指称等基本认识域方面存在语法表述关系。其中,情境指当前话语中言听双方所共享的场境要素,包括言谈时间、地点、言语行为、言听双方及其意识范围以及双方对当前话语的理解等。情境植入通过建立所述实体与情境的关联影响其形式和语义,是言谈内容成为具有交际意义的话语单位的必要步骤。名词短语和定式小句是通过情境植入手段实现认识控制和交互调配的基本语言形式(Langacker,2002b,2008)。植入情境后,单个名词所凸显的事物以及动词所凸显的过程在空间和时间中获得具体所指(杨丽梅,2020)。名词短语的基本概念原型是事物,情境植入可将事物的不同示例在空间中区别开来,使之成为有别于其他事物的指称短语。而定式小句的基本概念原型为事件,区分的关键在于事件的时间性质即该事件的存在或发生与否,这一现实性或现实可能性判断反映了言者对事件认识的不同类型和程度。近来,Langacker(2017,2019)明确区分了小句情境植入的句内和句外表现,指出所述事件的现实性及现实性的判断基础共同构成小句情境植入的两个维度。

12.1.2 句内情境植入:时态和情态

依据所述事件与言谈时间的距离划分事件的现实性,认知语法将小句现实划分为即时现实、过去现实、潜在现实和虚拟现实等四个层级,提出时态和情态标记是小句的典型情境植入成分(grounding elements),如图 12-1 所示(实线箭头标示事件过程)。

以言者所在的指示中心为参照,四个层级 $S_0 - S_3$ 由时态到情态,其现实性依次渐远。言者可直接获取的即时事件 V,位于基线现实层 S_0。其他三个层级以 S_0 为参照,构成 S_0 的阐释位(elaboration)。其中,S_1 为过去事件 V-d,位于即时现实之外,可通过时态完成情境定位。S_2 为概率事件 VM,包括由即时现实投射而来的预期现实及具有发生可能性的潜在现实,由情态成分 M 标示。S_3 距离指示中心最远,是通过想象获取的虚拟现实,标示为情态动词的过去式 M-d,表虚拟义。

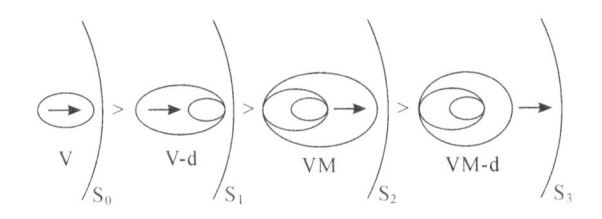

图 12-1 时态—情态的情境植入层级(Langacker,2017)

在英语小句中,现在时和过去时标记都是有定性(definite)策略,表已实现的现实,而非现实则采用情态助词(如 can、may、must、will、shall)及其过去式等量化(quantificational)策略,表达言者对认识现实的可控度。例(1)中的 jump 事件分别为即时和过去现实,现在时零标记[∅]和过去时标记[-]构成现实的近指/远指对立。例(2)中的 marry 事件分别为投射现实和虚拟现实,情态量化手段 will、would 构成非现实的近指/远指对立。

(1) a. They jump high.
    b. They jumped.
(2) a. He will marry her.
    b. If she were rich, he would marry her.

Langacker(2002a)指出,时态和情态标记是小句得以完句(finite)的必要组成部分。它们一般都是高度语法化的外显成分,语义抽象,并不描写所述事件的具体内容,而是以认知场景为参照,凸显情境化的实体。其语义功能是具化对所指实体的认识评价,但认识评价本身并不凸显。因此,情境植入成分本质上具有直指性和主观性。

12.1.3 句外情境植入:言据性

完句性是情境植入的典型语义特征,但发挥情境植入作用的并不限于时态和情态等语法手段。Langacker（2017，2019）将言据范畴归入情境植入体系，指出言据成分和时态—情态系统构成互补的情境植入方式。后者为句内限定，用以达成对事件的认识控制，而前者为句外限定，言者可通过言据范畴对所述命题的准确性提供判断，实现对命题现实的认识控制。其情境植入层级如图12-2所示。

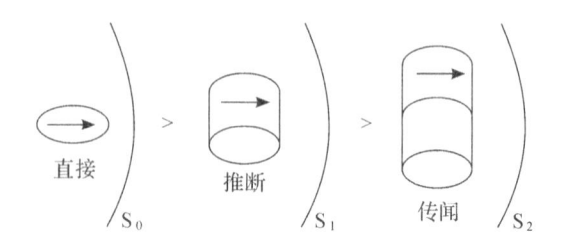

图12-2　言据成分的情境植入层级（Langacker，2017）

言据范畴以言者的"即时经验"为指示中心，由近到远构成直接、推断和传闻三个言据层级（以纵向方式表现，以区别于图12-1）。其中，直接言据位于 S_0，是概念主体的直接体验，包括疼痛、感情、感受等内在体验及外界刺激产生的视听觉等外部感知。推断言据位于高一层级 S_1，指思维、推理、概括、推断、认识整合等高层认知，是言者基于已有知识的推理，包括从肯定推断（如 certainly、I think）到可能性推断（如 perhaps、I guess）的全部范畴。最高层 S_2 为传闻言据，指信息的调配和获取来自其他概念主体，距指示中心最远。如例（3a）至（3d）所示。

(3) a. Certainly he stole it.

　　b. Perhaps he stole it.

　　c. Reportedly he stole it.

　　d. I suspect that he stole it.

其中 certainly、perhaps、reportedly、I suspect 都是命题 he stole it 的情境植入成分，对该命题提供了不同效力的证据和判断。言据副词 certainly 标记有效命题（valid proposition），perhaps 标记命题的有效性尚待确定，reportedly 则标记命题的有效性判断来自传闻言据，与即时情境距离最远，效力较低。当然，感知者也可以是言者自身，如例（3d）的迂回表达 I suspect，语义接近句内情境植入"He may have stolen it."。

可见，言据副词和认知谓词等表达方式都可以表示信息来源或认识的确定性,信息来源与推断之间并无明显的分水岭(Langacker,2017)。其中,言据副词(如 certainly、surely)和主句谓词(如 know、hear)是标记有效命题的有定性策略,而另一些言据副词(如 perhaps、allegedly)和主句述谓(如 suspect、report)用来标记命题信息有待确定或用作传闻类的量化策略。将言据范畴列入情境植入体系只是个界定和程度的问题,词汇手段或迂回表达是广义上的情境植入成分,具有指示性和对命题事件的认识控制性,可"为实现小句的所指功能独立或共同发挥作用"(Langacker,2017)。

12.2 功能路向下的事态限定等级

12.2.1 事态限定

事态限定是 Nuyts(2001)提出的理论概念。他秉持"认知—语用"和"认知—功能"路向(Nuyts,2002),认为事态限定不只是语言层面的问题,还应从言者角度探究事态在场景中的限定方式,关注不同事态类型的概念化过程。为此,Nuyts(2017)提出时—体—情态—言据(tense-aspect-modality-evidentiality,TAME)四个语义范畴的事态限定等级,将限定成分由语法手段扩展到词汇手段,其等级体系如图 12-3 所示。

```
> 推断言据
    > 认识情态
        > 道义情态                    态度限定
        ─────────────────────────────────
            > 时间
                > 标量体/动力情态      情景定位
                    > 阶段体           内部描写
                        > (部分)事件情态
```

图 12-3 功能语法的事态限定等级

事态限定成分自下而上分为内部描写、情景定位和态度限定三个维度:内部描写使用阶段体描写事件状态发展阶段(如完成体、非完成体、进行体等);情景定位包括标量体和动力情态、时间限定等,分别指事态的发生频率

(如反复性、惯常性等)、事件主体的能力或意愿及事态的时间情景;态度限定涉及言者对事态发生可能性的判断,包括道义情态、认识情态和推断言据等。这三个维度构成了一个相对稳定的事态限定连续统,其中内部描写和情景限定是"描写性的事态限定",态度限定表达言者对事态的认识性评价或介入,属"施行性事态限定"(Nuyts,2009b)。限定成分所属层级越高,其语义控制范围就越广。例如:

(4)a. Her mother has called only once last week.
   b. Her mother probably called yesterday.
   c. Her mother might call.

例(4a)中 last week、once 和完成体都是时间限定成分,last week 控制标量体 once 及阶段体 has called 的发生时间,例(4b)时间标记 yesterday 受控于认识标记 probably,例(4c)认识情态 might 是言者对 her mother call 这一假定事件的可能性判断,需经逻辑推理达成。Nuyts(2017)认为,事态等级系统反映了事态的认识视角变化,即层级越低,越易按自然世界知识将事件状态具体化和详细化;反之则易采用言者视角,将事态放置到言者对事件的推理中进行抽象描述。

12.2.2 情态事态限定

以 Palmer(2001)的情态动词三分法为基础,Nuyts(2017)依据主语论元的施控或受控、言者导向以及梯度等语义属性,将情态限定分为四类:表意愿或能力的动力情态,表社会规约许可的道义情态,表事态发生可能性的认识情态,以及施以命令的指令情态,其语义属性见表 12-1(Y 代表有,N 代表无)。

表 12-1 情态限定成分的语义属性

情态限定	主语论元相关		言者导向	梯度
	主语论元施控	主语论元受控		
动力情态	Y	N	N	N
道义情态	N	N	Y	Y
认识情态	N	N	Y	Y
指令情态	Y	Y	Y	N

"主语论元施控"指论元主语被赋予完成事态的中枢地位,如例(5a)和(5b)中主语论元 he 和 you 是完成事态 come in 和 resume work immediately 的中枢角色,而例(5c)和(5d)的主语论元 these strikes 和 John 虽可控制谓词事件,但在事态语义判断中不占中枢地位。"主语论元受控"指外在作用力(常指言者)影响主语论元对事态的控制,如例(5b)指令情态的使用表示言者施加外力致使听者 resume work immediately。由此,Nuyts(2017)指出指令情态是"言语行为概念",不属于事态限定体系。"言者导向"指事态发展以言者意图为导向,言者效力是语义限定的核心,如例(5c)和(5d)。"梯度"指情态成分的量化功能,即可标出事件的社会接受度或发生的可能性高低,如例(5c)中的道义情态 must 表示高社会接受度,例(5d)的认识情态 probably 表示事件发生的可能性较高。动力情态和指令情态缺乏梯度变化:前者仅有"有能愿"和"无能愿"两个正负对立赋值,后者虽有"许可""必要性""建议"等多个赋值,但并不构成连续的语义梯度。

(5) a. He can come in if he wants to; the door is unlocked.
b. You have to resume work immediately, or I'll fire you.
c. These strikes must come to an end; they are ruining our company.
d. John is probably in Paris now.

综上,四类情态限定的语义属性各不相同:①指令情态强调言者对听者行为的引导,不属事态限定范畴;②动力情态是对主语论元能力和意愿的客观描写,属情景定位层;③道义和认识情态的语义属性较为一致,都体现了言者在事态限定中的主导力,属态度限定层。

12.2.3 言据事态限定

Nuyts(2017)指出,就言据范畴而言,直接、推断及传闻言据的事态限定性不同。依据主语论元、言者导向和语义梯度等语义属性加以判定,虽然三类言据在主语论元上区别不大,但其言者导向及语义梯度表现不同。直接言据与传闻言据无须言者付出主观努力,不具言者导向性特征,只有推断言据基于言者证据判定事件状态,言者导向性明显。另外,推断言据可根据所获信息的强弱或品质区分事态的高可信度(如 clearly、obviously、it is clear/evident that)、中可信度(如 appear、presumably、it is plausible that)和低可信度(如 seem、seemingly、it is thinkable/imaginable),具有语义梯度性(Nuyts,2017)。而直接言据虽有听觉、视觉等不同的感官体验,但并不属于同一语义范畴。传闻言据所限定的事件,其确信度由语境决定,而非传闻成分本身的语义特征,同样缺乏语义梯度。

由此 Nuyts(2017)将推断言据归为态度限定(见图 12-3 最上层),位于认识情态之上,而直接言据和传闻言据则被排除在外。此原因在于,推断言据与认识情态在对假定事态进行判断时,言者的努力程度都发挥着重要作用。其语义区别在于:推断言据突出证据获取方式导致的事态可信度,认识情态无须借助证据的具体所指或者证据的具体来源便可对事态可能性做出判断。

12.3 跨语言研究启示

12.3.1 语句标记研究的认知功能路向

小句的情境植入和层级限定观以考察事件表述的认识立场为主要任务来构建其概念体系,强调语义功能和认知主体在小句达意过程中的重要作用。纵观近 20 年来的研究进展,认知功能研究聚焦于小句的所指,以言者所在的即时情境为出发点,以事件或命题距离指示中心的远近为判断标准,其根本是通过现实情境定位为所述事件提供认知参照。因此,时态、情态和言据等不同情境植入成分的使用都与所述事件所关涉的认知场景相关,具有植入不同情境的语义功能。从事态限定角度看,不同范畴的语义地位不同,各种策略共同构成一个具有"功能理据"(functionally motivated)的表达系统(Nuyts,2017)①。这一理论观念推进了语句标记的认知功能研究,具体表现在以下三个方面。

一是言者参与度在语句中的作用得到挖掘。情境植入反映出认知主体(言听双方)和认知客体(所述内容)之间构成的主观性/客观性关系,言者以隐性的情境(指示中心)为参照获取事件现实性,情境植入本身就是言者主观视角的反映,其主观性高低取决于言者这一情境要素的显性参与程度,所述实体在认知距离远近和言者介入度上都有区别。Langacker(2008)从促使事件发生的效力源(source of potency)出发区分效力控制和认识控制(effective/epistemic control),即客观控制和主观控制,并认为不同认知域(物理域、社会交互域、认识域等)所发挥的效力具有主观性等级:越接近于物理域,小句主语发挥的效力越大,越接近于客观,而如果发生在认识域,事件位于潜在现实或推断言据,言者发挥认识效力,则表现出高主观性。由此,从感知现实到认识现实再到言据现实,言者这一情境要素的作用越来越重要,认知主体的介入程度也依次增加。Nuyts(2017)也有类似的见解,从阶段体,到标量体/能愿情态和时间,再到认识情态和推断言据,小句核心论元对事态的控制力越来越小,而言者导向力越来越显著,视角越来越宽,即越来越需要借助事态之外的知识对事态地位做出推断,事态表达与自我知识更符合,小句的主观性更高。将认知主体对交际内容的态度标记与所使用的情境联系起来,可视为小句语法的重新情境化思路。

二是提出了语义层级思想。Langacker(2017,2019)进一步区分了事件和命题事件所植入的现实类型,提出了由感知现实、认识现实和言据现实组成的句内/句外情境植入层级系统。Nuyts(2017)则提出了一个从事件内部描写、情景定位到态度限定的层级系统(见图12-3),言者推断位于事态限定

---

① Nuyts 与 Langacker 在"体"(aspect)的归属、言据范畴的划定等方面不尽相同,比如:Nuyts 认为"体"是事态限定的必要部分,而认知语法则提出"体"只属于小句的内在描写。再如,认知语法将三类言据成分都看作认识评价的判定方式,而 Nuyts 则从言者导向和语义梯度出发,只保留了推理言据的事态限定作用。另外,Langacker 基于英语事实更多关注时态标记和情态助动词的情境植入作用,而在 Nuyts 看来,词缀和助词也好,副词或动词也罢,都可以承担事态限定作用,没有哪个更具有事态限定的优先地位。我们认为 Nuyts 的分析细化了语言标记描写,是对 Langacker 情境植入理论的很好的补充。

的高层。无论是 Langacker 的句内/句外情境植入成分分析,还是 Nuyts 的描写、情景和态度限定等级,都体现出了由高层到低层的包含格局。句外的言据标记作为高层情境植入成分,是对命题事件认识地位的直接限定,句内情境植入成分仅间接达成认识控制(Langacker,2017)。高层语义成分对低层成分也具有制约作用,如例(4b)时间标记受控于认识标记。基于该思路构建情境植入的标记层级分析模型,可为不同语言的标记手段研究提供新的参照系,搭建不同话语标记的情境植入层级。

三是提出了情境植入手段的多样性。形态、词汇和句法手段都可发挥语句标记作用,相较于原本有限的句法标记手段,认知功能路向的情境植入研究摆脱了论元分析的局限,将发挥情境功能的词汇形式和句法手段都纳入观察范围,表达时间的词语和情态副词、情态形容词等都是合格的事态限定成分,如例(4)中的 last week、probably,是对以语法化标记为核心的语法理论的有效补充。这也得到了来自荷兰语、西班牙语、德语等语言事实的支持(Cornillie,2007;Nuyts,2017;Pelyvás,2006),从跨语言角度扩展了对不同语句的事件观察维度。

12.3.2 情境植入及其限定层级对汉语及跨语言研究的启示

情境植入/事态限定理论的提出是对句法自治论的挑战,可视为小句语法的重新情境化思路。认知语法和功能语法把小句构建看作一个功能概念,涉及概念加工和语言表征两个层面,引起学者的持续关注。我们认为,小句的情境植入层级分析思路(见图 12-4)对于汉语或跨语言的语法标记研究具有重要的启示意义。

首先,基于现实性的句内/句外情境植入观为语言类型学提供了一个极具创建性的小句分析思路。现实与非现实的概念意义和表达规律是语言类型学的一个棘手问题,以往学者多视之为情态范畴(Palmer,2001;张雪平,2012),也有学者视之为时—体—情态的上位范畴,提出英语时态凸显而汉语现实/非现实显赫(于秀金,2018),这无疑是汉语语句研究的一个突破,但不同现实类型与具体标记的对应关系分析尚停留在初步论证阶段,缺少具体支撑,需要考虑言听指示中心以及言者作为概念主体的参与及其对现实的认识。认知语法提出并系统论证了小句结构所蕴含的"现实/非现实概念"(见图12-4概念层),把它作为情境植入的下位概念,明确指出小句情境植入的功能就是标示出所述事件在现实中的位置,并以言者的即时现实为中心细化了小句情境植入的现实分类,区分为时间现实、认识现实和言据现实,进而细分为过去、现在、预期、潜在、直接言据、推理言据和传闻言据等现实类型,作为时态、情态和言据等表达的上位范畴。这一情境限定思路关注句内/句外范畴与各类现实情境的对应规律,为语言类型研究提供了进一步的语境方案。

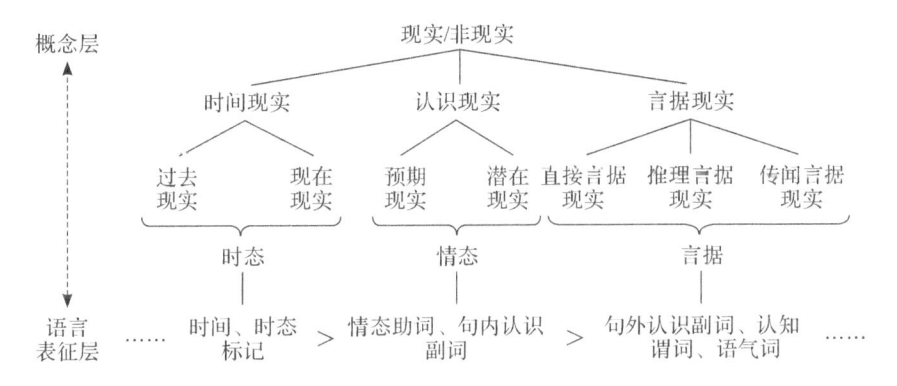

图12-4 小句的情境植入层级

其次,将语法标记范畴扩展到言据性(见图12-4语言表征层及其上位范畴),扩展了事件的观察维度,对于缺乏形态变化的语言类型尤有启示意义。认知语法明确区分定式小句和定式小句做命题,前者主要通过时态和情态标记进入交际,后者则通过认知谓词、认知副词等言据成分植入对命题的认识,言据成分的事态限定作用受到重视。以往研究划分时凸显、体凸显和情态凸显等语言类型(Bhat,1999),很少考虑言据成分的指示作用。而汉语也常常陷入时体态交缠(崔希亮,2003)或有无时态的争议(曹道根、许凌春,2019;朴珉娥、袁毓林,2019)。从情境植入角度看,时态只是限定小句的一种编码手段,对于缺少时态编码的语言,也许语句的时间性会借助情态和语气等情境植入手段(Lyons,1977;曹道根、许凌春,2017)或空间表达方式展现(王文斌,2019a)。新近研究发现,汉语隐含和非强制性的情境植入成分较多(完权,2009),其小句情境植入表现出弱时间性、时空融合性(刘正光、徐皓琪,2019)和高言据性、情态量化手段丰富等特征(王义娜、李银美,2016,2019),汉语事件的时空定位可关注"言谈结构"(discourse structure)这一更广的限定范畴(Li,2018;蔡维天,2019)。从跨语言角度看,不同语言对于外在现实的结构化表征不同,运用情境植入的层级包含观可对汉语语法的标记隐含和语气凸显等现象重新进行审视。

最后,超越语法手段,将发挥情境功能的形态手段、认识副词等词汇形式以及感知或认识谓词等句法手段都纳入观察范围(见图12-4语言表征层),是情境植入层级限定理论的重要建树,这一分析思路扩展了对语句标记的认识。限定层级反映的是我们在概念世界中的相对位置,具有跨语言的稳定性,可阐释语言行为所反映出的语义范畴之间相对的语义范围关系,比如汉语里言据成分的句法位置灵活(如"看来")、道义情态的句法位置严格(如"应该")、认识情态介于其间(如"恐怕"),其句法位置选择与事态限定成分的语义层级相关(曹逢甫,1995;卢军羽,2016)。另外,有研究表明,高层情境植入成分的句法位置灵活也是汉语主题提升或主题悬置结构丰富的主要原因之一,言者的认识维度压制事件发生的时间维度,其句式构建呈现高主观性(张滟,2010;王义娜、李银美,2019)。这些研究都反映了句法位置和主观性的小句标记作用。我们认为,每个语言的句法构造都有自己的情境植入体系,以情境植入层级为分析模型,可对不同情境植入成分的构式偏好或不同构式的情境植入类型进行跨语言研究,探讨其具体使用条件以及所适配的现实类型。汉语里言者对事态情境的认识维度如何压制其时间维度,表现出弱时间性,又是否或如何受制于话语主题的空间定位特征,呈现与英语不同的"时空性差异"(王文斌,2019a),情境植入层级能为回答以上问题提供思路,也能为不同语言的标记手段研究提供新的参照系。

12.4 小结

如何标示所述事件的认识地位是小句研究的主要议题,落实到形式上,即为语句标记问题。情境植入和事态限定理论摆脱了论元分析的藩篱,将小句标记同使用的情境联系起来,指出时、体、情态和言据范畴对小句内容的情境标示作用,标志着语言学研究的认识转向。

本章梳理了Langacker和Nuyts的小句情境植入和事态限定研究,指出两派虽然在时体范畴、情态范畴和言据范畴的认识上有所区别,但他们都结合概念层和语言表征层解析小句的构建理据,以考察事件表述的认识基础为主要任务构建其概念体系,在情境标记层级和言者导向/控制等方面视角交叠。Langacker 在现实/非现实的划分和句内/句外情境植入系统的建立等方面颇具理论建树,Nuyts 则在 TAME 的使用规律以及语义表达方式的多样性等方面有系统深入的推进。如何标示所述事件的认识地位目前还是小句研究的一个新领域,其分析思路开辟了一条语法标记研究的新路径,如何将之运用于汉语研究,构建汉语语法标记的情境植入体系,值得进一步探索。

13. 对比语言学研究的多因素转向[①]

  对比分析的传统由来已久，但逐渐成为一门学科主要是受到了近期认知功能理论和语料库语言学等"后生成路向研究"(post-generative trends)的影响(Chesterman, 1998; Dirven, 2009; 潘文国, 2020)。近年来，我国的对比语言学研究迎来了"理论创新期"(王文斌, 2019b)，英汉对比研究提出了名动分立与包含、时间性与空间性偏好、时空分立与同态等创新观点(刘正光、徐皓琪, 2019; 沈家煊, 2016; 王文斌, 2019a)，研究视野日益开阔。但是对比语言学作为一门学科所面临的方法论挑战一直存在，一是"共同对比基础"的可操作性问题，二是复杂对应关系的形义配对问题。

  认知语言学路向从用法本位出发提出了形义配对思想(form-meaning pairing)(Langacker, 1990; Barlow and Kemmer, 2000)，强调用法事件、语义核心和形式—意义(功能)的不可分割性。尤其是后来兴起的多因素(multi-factorial)研究(Gries, 2003; Divjak and Gries, 2009)，视用法事件为可观察可测量的语言数据，迎来了实证研究的蓬勃发展，有研究称之为"量化转向"(Janda, 2017)。其多因素分析触及形义配对的复杂性，为对比语言学研究提供了一条新路径。下面简要论证对比语言学与实证研究之间的关系，指出以往对比研究所面临的挑战和定量研究可发挥的作用，然后从形义配对的角度，通过研究实例简要指出当今实证对比研究可采用的分析路径，以及开展此类对比研究的必要性。

[①] 原文发表在《西安外国语大学学报》2023年第31卷第3期，作者为王义娜、杨艺。

13.1 对比语言学研究的两大问题

13.1.1 共同对比基础问题

确定可比性是对比研究的核心问题,主要有两种理论观点。一种是以建构对比语言学理论为目标,提出以"共同对比基础"(tertium comparationis,TC)为对比出发点,认为语言中普遍存在着"某种属性或范畴"可作为"进行对比描述的共同出发点或参照点",即 TC(Krzeszowski,1990;许余龙,2007)。TC 主要指形式和语义上的对等或对应,也扩展到话语、语用、交际情景等不同的语言维度或层面,呈现出一定的学科视野。比如,指示代词"this/这"是英汉语言里表达近指的相似的语言单位,可以通过使用频率对比,比较出两者的"功能负荷量"异同(许余龙,2010)。这里产生的主要质疑是语言之间真正共享的可比范畴很少(Haspelmath,2010),有些范畴在不同语言里可能只是语法项目名称相同而已,比如主语、量词、语气词等语法范畴都具有语言独特性。如果"作为对比的共同出发点,然后根据两种语言各自对所比项目所作的分析描述进行'对比'",这样的对比基础不够可靠,也就难以真正反映语言之间的本质异同(Xiao and McEnery,2010;王菊泉,2017)。

另一种观点以 Chesterman(1998)提出的对比功能分析为代表。该观点认为,对比基础就是语言学家、译者和二语学习者觉察到的两种语言在实际使用中的"相似性",Chesterman 区分了发散相似(diverging similarity)和会聚相似(converging similarity),指出对比功能分析的出发点和共同对比基础是两种语言中意欲表达的意义 X 和 Y 具有会聚相似性,而采用的一系列语言表达式所明示出的意义(manifest meanings)与初始意义之间呈现发散相似关系,可构成"关联相似制约"(constraint of relevant similarity)(Chesterman,1998)。这是一套立足于功能主义语言学的语义结构对比模式,以语义为根本,探讨不同语言里形式、语义和使用条件三者之间的共性与差异,类似于"跨语言变体分析"(crosslinguistic variation analysis)(Chesterman,1998)。比如,英汉"难易"构式的可比性在于其系列表达式对非人称性或主题性功能的表达(王义娜、李亚培,2016)。该分析思路由初始语料确定可比性、提出研究假设和研究问题,进而基于进一步的语言事实对比来验证假设和修正假设,以研究假设具有可证伪性为核心。

那么如果一种语言里的某个语言项目在另一种语言里没有(显性)对应,该如何确定其对比基础呢(Chesterman,2008)?如果在另一种语言里有多种对应情况,又该如何对比呢?对于不同类型的语言对比来说,这都是常见现象。无论是强调形式对等还是意义对等,都会切割语言形式与意义之间的内在联系,忽略"符号单位(构式)的本质特征是形式和意义构成的整体"(刘正光等,2020)。形义配对是语言学的基本问题,形式和意义不可分割,是语言的基本单位。如何提供一个可靠的对比基础,在实际对比中把握形义间的内在联系始终是对比语言学所面对的基本问题。

13.1.2 形义的复杂对应问题

形义搭配的多样性也是对比研究面对的基本问题。早期对比研究关注语言系统内部,采用直觉、自省或思辨等方法,呈现出一种对语言的理想化认识(Xiao and McEnery,2010)。虽然早期对比研究大都认可语言之间的复杂对应性,比如吕叔湘(1992)提出了"彼此不同、此一彼多、此有彼无"等多种对应情况,Krzeszowski(1990)也有类似的描写,但早期对比研究多停留于与结构(形式)对应的自省式认识或举例式说明。

20世纪90年代语料库方法论的兴起给整个语言研究领域带来了革命性巨变,平行和可比语料库的建立推进了基于使用数据的语言异同描写研究,并逐渐扩展到语用和话语等领域。比如,Altenberg(1999)基于不同语言在语法、语义以及词汇表达式上的互译频数,提出了跨语言的"相互对应率"(mutual correspondence)计算;Johansson(2007)等以发现对应格式为目标,基于双语或多语平行语料库对英语、德语和挪威语进行了不同层面的个案对比研究,提出了直接对应、间接对应和零对应等对比描写分类,推进了对语言对应的复杂性的认识。Xiao和McEnery(2010)以英汉共享的体范畴为对比出发点,基于可比语料库探索了汉英在体标记、时间状语、量词、被动和否定等相关范畴的用法异同,英汉对应的复杂性可见一斑。

但是仅依靠数据的相对频率难以真正触及某个现象在不同语言里的形义搭配复杂性。语言和跨语言现象的"复杂和多因素本质"是对比研究无法绕开的问题：如何预测或确定一个语言项目在不同语言里的使用条件是句法的还是语义的、是语用的还是体裁的，又或是语境或文化的，对对比研究构成方法论挑战（Chesterman，1998）；不同因素之间是否或在多大程度上相互影响、对不同语言的制约是否相同，更是语言对比研究要面对的方法论挑战（Gast，2015；Gries et al.，2020）。

13.2 基于使用的实证对比研究路径与进展

13.2.1 平行与可比语料库相结合的对比路径：可比性的解决方案

目前的定量对比研究呈现出平行和可比语料库结合的趋势，国际对比语言学期刊《语言对比》（*Languages in Contrast*）2020年专门出版了一辑探讨两种语料库的结合途径（Hasselgård，2020）。面对可比性难题，当无法确定显性可比项时，定量研究倾向于从使用出发，将平行语料提取的复现对应格式作为"内置TC"（in-built TC）（Hasselgård，2020），以确定跨语言的近义表达式，弥补直觉判断的不足。类似于国内学者所说的"复现翻译对等"（卫乃兴，2011）或Krzeszowski（1990）提出过的"统计对等"（statistical TC），基于"最大的数据相似性"确定同义结构，但该TC只被淹没在众多TC类型的一个角落中。从用法本位出发，这一TC的使用也成为验证对比基础可靠性的重要渠道。

就语言类型不同的汉语和英语来说，很多语言现象缺少显性的直接对应项，"此有彼无"的现象较为普遍，比如汉语里的语气词、量词英语里没有，英语里的时态汉语里没有，很多连词汉语里也没有，等等，其对比出发点需要借助平行语料库加以判断。举个简单的例子，英语中表达结果或程度的连词构式so...that在外语教学中常被对应为"如此……以至于"，但这个格式并不是个固化的汉语格式（只是翻译出来的临时结构）。秦洪武、王克非（2004）借助平行语料库研究发现，除大量零对应（29.4%）之外，汉语里最对应的是"得"字结构(27.4%),再就是单项对应,只出现 so 的对应项(如"异常、很"等副词)或 that 的对应项(如"因此、所以"等连词或副词),其对应格式以间接对应为主。不难看出,这一研究发现了汉语"得"字结构与英语 so...that 在结果或程度的过量表达上具有可比性(比如"他那时窘得似乎甲板上的人都在注意他",这里的"窘得+补语小句"就对应于 so embarrassed that),两者的形义对应程度可望借助可比或平行语料库进一步进行对比。

即便是同语族内的语言对比,即使看似显性对应,有时也需要通过平行语料确定 TC。例如,Mortelmans(2017)对德语和荷兰语中的 SEEM 类动词进行比较,发现对比基础不能简单地基于同源词来确定。德语 *scheinen* 与荷兰语的 *lijken*、*blijken*、*schijnen* 都是 *seem* 同源词,但是 *blijken* 与 *scheinen* 在平行语料库中没有发现任何对应用法,于是作者提出德语 *scheinen* 只与荷兰语的 *lijken* 和 *schijnen* 具有可比性,并以此为出发点,在可比语料库中对这三个动词的形义特征进行细粒度标注和比较。可见,复现对应格式的确定可提高 TC 的严谨性和对比效度,平行和可比语料库的结合逐渐成为对比研究的基本方法。

需要指出的是,语言本质上是多义的,形式与意义无法一一对应。常见的情况是,当表达同一事实时,语言 A 可能表现为一种形义关系,而语言 B 则有多种形义配对关系。比如英语的"难易评价结构"只有一种补语提升表现,而汉语则有主语、宾语或补语小句提升等多种表现形式,受制因素也不只是主题性或非人称性功能那么简单(王义娜、李亚培,2016)。不同语言项目在多大程度上对应、何种条件下对应、受制于哪些因素,始终是对比研究需要面对的任务,近年来分析理念和多元数据技术的进步受到对比研究的关注。

13.2.2 形义配对思想下的多因素对比研究路径:形义聚分问题的解决方案

形式-语义配对,指的是语言中频繁使用并最终固化下来的形式-语义搭配(Langacker,1990)。其核心思想是,任何语言结构都是由形式和意义匹配而成的符号结构,其形式和意义不可分割。一个语言特征就是个形义搭配系统,其选择是多因素共同作用的结果。在形式-语义配对思想下,语言在词汇、句法、语义、语用、信息结构、文本类型等层面的使用特征受到重视。多因素研究采用多维尺度(multi-dimensional scaling)、多重对应(multiple correspondence)和对应回归(correspondence regression)等多因素分析方法,以语境共选为前提,发掘数据中的聚类、确定其原型特征,推动了认知语言学的"定量转向"(Divjak and Gries,2009;Glynn,2014;Janda,2017),也迎来了对比语言学的定量研究的推进。

一种形式可能有"多种功能变体",不同的语义变体之间也可能呈现出"相类似的功能联系",多因素分析将形义关系概括为"一形多义"和"一义多形",以解决特定语言特征选择的"形义聚分"问题(Glynn,2014;许家金,2020)。对比研究的"形式对等"或"语义(功能)对等"实质上就是一个形义配对结构在不同语言里的语义分布或近义格式选择的对比,即一个形式语义对的发散式语义或形式变体研究。比如英语有语义类似的双宾构式和介词与格构式(如 John sent Mary the book/ John sent the book to Mary),同样汉语也有语义类似的构式交替现象(如:我送给李四一本书/我送了一本书给李四),构式交替选择的英汉异同可进行形义共选特征的多因素对比研究(张懂,2019a,2019b)。

从一个基本的形义配对结构出发,运用多因素统计方法去考察不同语言使用的多项形义特征,对比同一语言项目在不同语言中发散出的各种形义对应关系,是一条基于使用的对比研究路径。下面我们从"一形多义"与"一义多形"出发,选取几个典型案例,从对比语言学的形式—语义配对角度,指出多因素研究对形式对等和功能对等的影响,以及对比研究运用的优势所在。

13.2.2.1 一形多义研究:感知动词的对比案例

感知动词是表达人类感知情态的范畴,一般可表示视觉、听觉、触觉、味觉、嗅觉等。在罗曼语族中表达感觉的动词 *sentir(e)*("感觉")在感知动词中的地位比较特殊,在法语、意大利语、西班牙语中拥有共同的拉丁词源 *sentire*,而且均可用作"感知动词、认知动词、情感动词或表达思想或直觉"(Enghels and Jansegers,2013),形式/语义上似乎具有对等性。比如《哈利波特与魔法石》中的"Harry felt as though his insides had turned to ice."("哈

利觉得自己的五脏六腑好像一下子冻成了冰"):

(1)a. Harry sentit son sang se glacer.（法语）

b. Harry sintió como si se le helaran las entrañas.（西班牙语）

c. Harry sentì le budella congelarglisi dentro la panica.（意大利语）

观察初始语料，三种语言中的感知表达都使用了同源动词 *sentir(e)*，这构成了它们的共同对比基础。但该动词在不同语言中的具体用法是否一致？不同语言中有无共享或有各自的原型义？对应性如何？又分别具有哪些固化下来的形义配对关系？为了回答上述问题，Enghels & Jansegers (2013)对三种语言中的 *sentir(e)* 用法进行了跨语言对应分析。首先作者运用共同翻译对应分析，将对应项的语义标注为感知、感觉、感受、认知、情感、零对应等六个维度，之后进行语料库数据提取和对比分析。结果显示，该同源词在三种语言中各有其独特的形义配对关系，西班牙语和法语的相互对应度较高，但意大利语则主要对应于其他感知动词。可见，该词在具体的形义配对关系上并不对等，其制约因素需要进一步对比研究。

在此研究基础上，Gries 等(2020)采用行为特征分析的多因素分析思路，进一步挖掘其概念语义差异，确定其概念原型，探寻语义区别和句法格式的关联度。其基本假设是，使用分布上的区别反映出其功能语义上的区别，因此动词本身的语义及其在语境中的形态、句法等特征都是需要标注的参数。该文将 *sentir(e)* 的语义分为"一般物理感知""具态物理感知""情感感知"和"认知感知"四个维度（图 13-1 分别用 phys. gen、phys、emo、cogn 表示），具体参数涉及动词、论元结构、附加语和话语等四个层面，包括形态、人称、语义、主语/宾语（论元位置）、状语和辖域等变量类型。根据显著性检验，三个动词都拥有上述语义维度，但在具体语义偏好上差异显著：法语认知义突出(40.6%)，西班牙语情感义发达(57.6%)，而意大利语偏向具态感知(67.2%)。

层次聚类分析和对应分析发现：法语和意大利语表达相近，其区别主要表现为形式相关(form-related)；而与西班牙语的差异则涉及句法语义。如图 13-1 左侧的层次聚类分析，法语(FR)和意大利语(IT)聚为一类；图 13-1

右侧的对应分析,西班牙语(SP)位于双标图的左侧,法语(FR)和意大利语(IT)则位于双标图右侧的上下两个象限。不仅如此,对应分析还发现了对比项之间的相互关系,并呈现出影响这种关系的核心语义。如图 13-1 右侧所示:*sentir(e)*在西班牙语中"情感感知"用法突出,而在法语和意大利语中则物理感知类更多,其中意大利语偏向具态感知,而法语偏向一般物理感知和认知感知,呈现多元化特征。

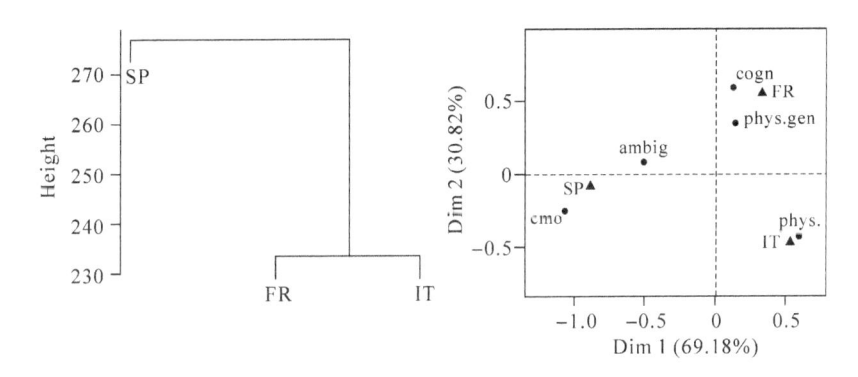

图 13-1 *sentir(e)*的层次聚类分析和对应分析(Gries et al.,2020)

根据其主语和宾语的形义数据预测其格式,可见:表达具态物理感知时,意大利语是(零)代词感事做主语加具体物体或不定式做宾语,如例(2a),法语则是对感事的刺激做主语(不带直接宾语),西班牙语不可预测;表达认知义时,意大利语不可预测,但法语和西班牙语都是(零)代词感事做主语、事件小句做宾语,如例(2b)。可以看出,多因素定量分析进一步明晰了该词在不同语言中的句法—语义关联,为验证和修正假设提供了明确依据。

(2) a. Ho sentito un boato—racconta Aurora Falcone.(意大利语)

I heard an explosion—says Aurora Falcone.(英译)

b. Je sentais que le monde était plus complexe que nos discours.(法语)

I realized that the world was more complex than our speeches.(英译)

如上,语言形式的选择受限于多种语义语境特征的共同作用,反映出不同的形义联系。使用模糊聚类分析、语义网络分析、随机森林等多因素分析方法,可找出不同语言特征在各自语言中的原型用法或形义偏好,还可以提炼出不同制约因素在不同语言中的相对重要性,为对比语言学的形义配对研究提供了一条新的探索途径。

13.2.2.2 一义多形研究:非人称策略的对比案例

对于没有直接的形式对应的语言现象,将语义或功能上的基本对等确定为对比研究的出发点,来对比其形式变体或格式选择上的差异,是该类现象的主要研究思路。由于英汉两种语言分属不同类型的语言,基于语义功能对等开展对比研究较为常见。最近,Gast(2015)为一义多形对比提供了一条基于研究假设驱动的具有预测导向的对比思路,从语料观察走向对应语预测。该研究运用验证性统计方法对比,通过研究假设的逐步验证找出影响非人称策略选择的主要因素及其预测力。

其初始观察是,德语中典型的非人称代词 man(人)具有语境敏感性,其所指具有普遍义和存在义的量化语义特点,在英语中没有专门专用的代词对应项,可能使用 you/one/they 等非人称代词策略(Gast,2015;Johansson,2007)。比如例(3a)的 man 有遍指义,而例(3b)则是存在义(汉语分别对应"人"或"有人")。

(3) a. Man lebt nur einmal.
     You/one only live(s) once.(英译)
     人只活一次。/人的生命只有一次。(汉译)
  b. Man hat geklopft.
     They knocked at the door.(英译)
     刚有人敲门。(汉译)

那么英语是如何表达非人称性的?其非人称策略的选择是由什么决定的?其分布受制于哪些因素?这些问题的提出带有理论视角,对于跨语言对应的预测或假设需要首先确定德语的非人称形式 man 的形义配对作为 TC。于是作者明确了"非人称性"(impersonalization)概念,指出谓词论元位置上的非人称表达,可以表现为一系列可变项,不与话语世界中的任何具体实体建立指称联系。之后作者在欧洲议会翻译平行语料库(Europarl)和开源字幕语料库(Open Subtitles)中检索出 899 条有效语料,指出非人称代词 man 在英语中可对应非人称代词 one/we/you/they、被动结构、名词结构和非定式结构等多种非人称策略,是一类跨语言的"一义多形"现象。比如 Europarl 语料中的这个例子,德语使用了 man,英语使用了 we:

(4) a. Je lockerer man mit den Sitten umgeht, desto starker halt man die Hand auf der Brieftasche.(德语)
b. Basically, the more we lose our grip on morals, the more we tighten our grip on our wallet.(英语)
通常道德越是滑坡,钱包就捂得越紧。

作者提出的研究问题是:德语使用非人称代词 man 时,可以多大程度上预测其英语对应项?问题的解答需要确定其影响因素,Gast 的做法是基于 man 的使用设定了语义、句法和使用条件等多个自变量,包括量化类型(全称量化与存在量化)、句子语境的语义属性(是否有概括性、是否承诺真实性、是否有情态性)、小句类型(陈述句/疑问句/附加句/补语句)和文本来源(原语/译语),将因变量定为非人称策略,继而对非人称代词 man 及其翻译对应项进行多变量标注,预测、验证上述变量对不同非人称策略的影响。

该文运用了逻辑回归的验证性统计手段,预测 man 在不同条件下所对应的英语非人称策略,验证不同非人称策略和相关变量之间的关系。首先是单个变量建模,之后逐步增加变量、修正假设,最后发现"文本来源+量化+情态与量化(交互)+真实性(承诺)"组成的模型为最佳模型:德语 man 所涉及的文本来源、量化类型、真实性(承诺)、情态四个因素决定了英语非人称策略的选择,而概括性和小句类型并不构成影响。预测模型的构建过程及其基本数据如表 13-1 所示。

表 13-1　德英非人称策略对比的模型构建

变量	变量类型	残差	AIC 值	R^2 值	CPO 值
单个变量	真实性承诺	1484.9	1512.9	0.011	98
	情态	1484.7	1512.7	0.011	107
	量化	1476.5	1504.5	0.016	98
	文本来源	1459.4	1501.4	0.028	104
两个变量	量化＋真实性承诺	1466.7	1508.7	0.023	101
	量化＊真实性承诺	1462.2	1518.2	0.026	101
	量化＋情态	1461.8	1503.8	0.026	111
	量化＊情态	1438.3	1494.3	0.042	115
三个变量	文本来源＋量化＋真实性承诺	1423.0	1493.0	0.052	116
	文本来源＋量化＊情态	1395.0	1479.0	0.071	115
四个变量	文本来源＋量化＊情态＋真实承诺	1382.26	1480.26	0.079	123

注:Gast,2015。＊表示变量之间具有交互效应。

这一建模思路运用多因素分析考察各制约因素之间的交互作用及其相对重要性,通过不断的验证和修正假设,找到了具有预测力的最优模型。以上述研究为基础,潘正华、王义娜(2022)运用多元统计和预测分析,拟合出了"大家"的英语非人称对应策略选择的预测模型,对汉英非人称表达的形义选择运作机制提出了预测。可见研究假设驱动下提出的预测模型具有可证伪性,对语义、语境等制约因素的互动分析,推进了 Chesterman(1998)提出的可证伪分析思路,搭建起了量化研究和理论分析的桥梁。

综上,多因素研究已开始应用于对比研究并逐渐发挥重要作用。我们不仅可确定语言 A 中的特定结构 X 在多大程度上与语言 B 中的结构 Y 对应,更为理想的是,我们还可以尝试找出语言 B 中哪类结构与语言 A 中的 X 对应,以及在什么条件下对应。语言属性的精细标注加上多元统计,可为有效地解决不同语言之间的复杂性对应问题提供帮助,提升对比描写、假设验证和语言事实阐释的充分性,并且在描写、解释和预测语言选择机制方面有所建树。

13.3 小结

跨语言现象的可比性和形义配对的复杂性是对比研究需要面对的基本问题。本部分简要论证了对比语言学与定量研究的关系,从认知语言学的形义配对角度指出了形式和意义的不可分割性,然后从一形多义和一义多形出发列举了多因素对比研究对形式—语义内在联系的挖掘,提出其形义配对思想的运用对于推进对比语言学研究具有重要的方法论和理论推动意义。

多因素研究与对比语言学研究有着共同的分析路径和认知基础,这使得对比研究的多因素转向自然而然。首先,多因素研究聚焦于使用变体的原型特征、使用差异及影响因素,其形义配对研究常用于语言变体分析,与对比研究的跨语言分析视角相吻合。其次,对比功能研究通过关联性制约条件确定可比标准,进而在真实语料中验证不同语言是否运用同一种语言策略,并尝试挖掘影响语言选择的使用条件,走的是基于使用的可证伪性的分析路线。而多因素分析的推进在于:将研究对象所涉及的形式、语义、语用和信息结构等用法特征转化成变量,通过大规模标注将其转化成数据,运用语言使用上的多重和互动证据验证和修正研究假设,有望从形义的多维对应角度推进对比语言学研究。

当今的语言对比分析主要有两条路线:基于语言学理论范式的对比分析路线和基于复杂语境互动的多因素实证分析路线,这两条路线之间是一种互动共生、相互支撑的关系(Gast,2015;Gries et al.,2020);不同语言特征研究究竟涉及哪些层面的多因素互动或语境共选,需要依靠语言学者的理论视野和洞察分析;与此同时,通过对语言事实的多元描写或建模验证来探索跨语言异同,可提高对跨语言现象观察描写的充分性,也构成对理论对比研究的自然推动。

目前多因素定量方法已在国外对比研究中得到较为广泛的运用,其领域涉及构式、语义、语用、话语和语言变体对比等(Bresnan and Ford,2010; Levshina,2017;Kocher,2018;Torres Cacoullos and Travis,2019;Bossuyt and Leuschner,2020;Enghels et al.,2020;Kosmata and Schlücker,2022），推动着对比语言学的理论构建和定量转向。国内近年来已有专栏讨论(许家金,2020)和个案研究(房印杰、梁茂成,2019;黄莹、任伟,2020;田笑语、张炜炜,2020;徐秀玲,2020;吴淑琼等,2021)，但多因素对比研究在国内才刚刚起步(张懂、许家金,2019)，价值初显。

结　语

主题结构的运用是"主题突出型"语言的典型表现,也是汉语句子和话语组织的一条基本原则,不同于英语等"主语突出型"语言。作者基于认知语言学的结构—语篇—认知处理融合观,对前置式、偏置式、悬置式等主题结构以及主题提升结构、主题连锁结构等相关句式进行了汉英日跨语言对比研究,基于大量的真实语料开展实证研究和认知分析,一系列相关结构的跨语言普遍性和差异性得以彰显。欣喜之余,特成书分享给读者,希望书中的尝试能得到更多角度的应用和反馈,共同推进对比研究不断走向深入。这里我们想主要总结以下三点收获。

第一,基于认知语言学的形义配对思想,本书提出了基于当前话语空间的语句情境植入分析思路和多因素实证对比设想。这一分析思路同时关注语言结构在客体层和主体层的情境和情境植入特征,可超越以往对时体标记或句内附谓手段的过度关注,使得结构层、语篇层、认知主体层等不同维度所发挥的作用得到挖掘,也使得语言对比的多因素研究更具有整体上的可操作性。

第二,本书提出了主题结构在不同语言中的标记性与主观性差异。首先就是不同主题结构的主题和述题表现基本呈反向标记性,汉语主题的情境植入方式简单,述题则较为复杂,而英语恰恰相反;其次是汉语主题结构表现出分立性,其句式多样性受句式功能的制约,而英语和日语主题结构表现更为中和,符合"主语突出"和"主语主题双突出"语言类型假设;最后是汉英主题结构的标记性选择呈现(交互)主观性表达差异,汉语主题结构的主观性表现更为明显,而英语受其主题的低可及性限制,其述题的客观描写功能更为凸显,主题结构更具引导听者识解主题所指的交互主观性特征。

第三,本书发现了提升结构、"的"字结构、从属结构和非人称等结构与主题结构或主题凸显的关联性,进而拓宽了对汉英语法结构的整体认识,提出了不同语言结构所体现的思维表达方式差异。比如,对比从句位置发现,汉语中的状语从句常呈现广域的篇章功能,其前置与其所发挥的主题作用相关,而英语从句的局部语义融合度较高,易于后置;对比童谣格式发现,主题和述题小句构成的主题连锁模式和主题—述题交替连锁模式是两种常见的汉语语段模式,可对应于英语的从属结构;句尾"的"字具有主题关涉性和主题(结构)标记性,"的"字短语后置结构构成主题中心语的一个目标命题,而英语则常翻译为小句的补语或关系小句,其表现受其主谓型语言的制约;又比如,"难易评价结构"常被归入主题提升结构,而认知对比发现,英语有 1/3 以上表现为 it-主语句,非人称表达具有明显倾向,而汉语则表现为主语提升、宾语提升和主语—宾语双提升等结构,难易评价与说话人对所述事件的主客观评价有关,也受制于各自语言的类型特点。

目前国内的跨语言对比研究呈现出多元态势,不同学者提出了"时空同态/时空分立、高空间性/高时间性、主观性/客观性、主客体融合/主客体分立"等汉英语类型假说(刘正光、徐皓琪,2019;王文斌 2019a;王义娜、李银美,2019;何伟、闫煜菲,2022;等),实证对比研究也呈现出多因素研究走向。未来研究可望扩大到主题结构之外的各种常规句式,从汉语的高情境特点入手,从语句标记的情境植入层级角度,对跨语言句内—句外标记的共现风格及互动规律进行对比研究,探寻不同语言之间情境定位方式的类型异同,推进跨语言对比研究不断走向深入。

参考文献

奥田宽,2000. 作为助动词的"容易"和"好"[C]//中国语文杂志社. 语法研究和探索(十). 北京:商务印书馆:243-256.

蔡维天,2019. 汉语的语气显著性和隐性模态范畴[J]. 语言科学,18(1):1-12.

曹道根,许凌春,2017. "真"无时态语言研究[J]. 当代语言学,19(1):93-121.

曹道根,许凌春,2019. 汉语是一种"(半)时态语言"吗？[J]. 当代语言学,21(3):451-465.

曹逢甫,1995. 主题在汉语中的功能研究[M]. 谢天蔚,译. 北京:语文出版社.

曹逢甫,2005. 汉语的句子与子句结构[M]. 王静,译. 北京:北京语言大学出版社.

陈蓓,2020. 汉语非典型宾语的语料库研究[J]. 华中师范大学学报(人文社会科学版),59(5):140-146.

陈春华,2004. 英汉时间状语从句位置分布差异及其对英语学生写作的影响:基于 CLEC 的实证研究[J]. 解放军外国语学院学报,27(1):75-78.

陈光磊,1981. 关于衡词的考察[J]. 复旦学报(社会科学版)(1):40-51.

陈国华,王建国,2010. 汉语的无标记非主语话题[J]. 世界汉语教学(3):310-324.

陈静,高远,2000. 汉语是主题突出的语言吗？[J]. 外语与外语教学(5):11-14.

陈平,1987. 释汉语中与名词性成分相关的四组概念[J]. 中国语文(2):81-92.

陈平,1994. 试论汉语中三种句子成分与语义成分的配位原则[J]. 中国语文(3):161-168.

崔希亮,2003.事件的情态和汉语的表态系统[C]//中国语文杂志社.语法研究和探索（十二）.北京:商务印书馆:331-347.

戴浩一,2002.概念结构与非自主性语法:汉语语法概念系统初探[J].当代语言学(1):1-12.

戴浩一,2011.再论时间顺序原则[C]//崔希亮.认知语法与对外汉语教学论集.北京:北京语言大学出版社:65-85.

董秀芳,2003."的"字短语做后置关系小句的用法:兼评法律文献中"的"字短语的用法[J].语言文字应用(4):120-126.

董秀芳,2006.宾语提前的话题结构的语义限制[J].汉语学报(1):83-87.

方子纯,2009.中国EFL学习者时间状语从句位置研究[J].外语研究(6):56-60.

房印杰,梁茂成,2019.可比语境下关系代词取舍的多因素分析[J].外语教学与研究,51(3):435-446.

何伟,闫煜菲,2022.汉英的主客融合及分离特质:以流水句及其英译为例[J].上海翻译(1):34-39.

胡波,2015.汉语情态助动词的提升与控制[J].当代语言学,17(2):159-171.

胡裕树,范晓,1985.试论语法研究三个平面[J].新疆师范大学学报（哲学社会科学版)(2):7-16.

黄莹,任伟,2020.英语分析型允让构式的致使倾向研究:多分类逻辑斯蒂回归和多重对应分析法[J].外语与外语教学(3):11-21.

蒋国辉,1993."汉英句子扩展机制"管见[J].现代外语(1):38-44.

李讷,安珊笛,张伯江,1998.从话语角度论证语气词"的"[J].中国语文(2):93-102.

李银美,2017.情境植入视角下汉英主题结构的标记度对比研究[D].北京:北京航空航天大学.

李银美,2021.汉英主题结构的认知话语研究:基于情境植入的标记度考察[M].天津:南开大学出版社.

李银美,2022.基于语料库的汉语四类受事前置结构研究[J].北方工业大学学报,34(3):133-140.

李银美,刘佳欣,2024.汉语受事前置结构的语篇信息等级表现:兼与日语比较[J].中日对照言语学研究(2):34-51.

李银美,王义娜,2017.主题结构的标记性考察:基于情境植入的典型特征束思路[J].北京航空航天大学学报(社会科学版)(2):82-89.

李银美,王义娜,2023.情境植入及其层级限定:认知功能路向的语句标记研究[J].外语教学,44(3):30-36.

李银美,袁风识,2020.汉英主题结构的典型特征束:基于口语语料库的话语分析[J].外语与外语教学(4):124-137.

连淑能,2010.英汉对比研究(增订本)[M].北京:高等教育出版社.

刘丹青,2018.制约话题结构的诸参项:谓语类型、判断类型及指称和角色[J].当代语言学,20(1):1-18.

刘丹青,2023.话题类型与主句现象:语言比较的视角[J].外语教学与研究,55(1):3-15.

刘礼进,2009.再谈中心词理论与"的"字结构[J].现代外语,32(4):352-359.

刘林军,2013.从话语功能看话题标记的实质[J].语言教学与研究(3):91-98.

刘林军,高远,2010.北京话口语中话题化结构和左失位结构分析:兼与英语作类型学对比[J].外语教学与研究,42(1):44-51.

刘宓庆,1992.汉英句子扩展机制对比研究[J].现代外语(1):10-15.

刘宓庆,2006.新编汉英对比与翻译[M].北京:中国对外翻译出版公司.

刘正光,邓忠,邓若瑜,2020.认知对等及其认识论意义[J].外国语,43(1):34-47.

刘正光,徐皓琪,2019.英汉时空概念化方式差异:时空分立与时空同态[J].外语教学与研究,51(2):163-175.

卢军羽,2016.英汉"施行性事态限定"句法-语义—语用研究[J].解放军外国语学院学报,39(6):9-17.

陆丙甫,1993. 核心推导语法[M]. 上海:上海教育出版社.

陆丙甫,2003. "的"的基本功能和派生功能:从描写性到区别性再到指称性[J]. 世界汉语教学(1):14-29.

鹿士义,高玲燕,陈琳,2020. 受事主语句首论元生命度认知加工研究[J]. 汉语学习(5):96-103.

吕叔湘,1982. 中国文法要略[M]. 北京:商务印书馆.

吕叔湘,1992. 通过对比研究语法[J]. 语言教学与研究(2):4-18.

吕叔湘,1999. 现代汉语八百词:增订本[M]. 北京:商务印书馆.

吕叔湘,朱德熙,1952. 语法修辞讲话[M]. 北京:中国青年出版社.

马庆株,1992. 汉语动词和动词性结构[M]. 北京:北京语言学院出版社.

牛保义,2015. 认知语法情境植入研究综述[J]. 外语学刊(5):16-22.

牛保义,2017. 英语情态动词may的情境植入功能研究[J]. 外国语,40(5):12-22.

潘文国,2002. 汉英语对比纲要[M]. 北京:北京语言文化大学出版社.

潘文国,2020. 从总体语言学到对比语言学[J]. 外语学刊(2):1-7.

潘珣祎,2010. 现代汉语话题结构的认知语用研究[D]. 杭州:浙江大学.

潘正华,王义娜,2022. "大家"的英语非人称对应策略分布及其多因子模型构建[J]. 西安外国语大学学报,30(3):28-34.

彭锦维,2005. 现代汉语受事前置句研究[D]. 北京:北京语言大学.

朴珉娥,袁毓林,2019. 汉语是一种"无时态语言"吗?[J]. 当代语言学,21(3):438-450.

秦洪武,2010. 英译汉翻译语言的结构容量:基于多译本语料库的研究[J]. 外国语,33(4):73-81.

秦洪武,王克非,2004. 基于语料库的翻译语言分析:以"so...that"的汉语对应结构为例[J]. 现代外语(1):40-48.

屈承熹,2003. 话题的表达形式与语用关系[C]//徐烈炯,刘丹青. 话题与焦点新论. 上海:上海教育出版社:1-29.

屈承熹,2005. 汉语认知功能语法[M]. 哈尔滨:黑龙江人民出版社.

屈承熹,2006. 汉语篇章语法[M]. 潘文国,等,译. 北京:北京语言大学出版社.

杉村博文,2009. 日语和汉语叙述基点转换情况比较:以由整体与部分充当的叙述基点为例[J]. 汉语学报(1):65-73.

沈家煊,1999. 不对称和标记论[M]. 南昌:江西教育出版社.

沈家煊,2012. "零句"和"流水句":为赵元任先生诞辰120周年而作[J]. 中国语文(5):403-415.

沈家煊,2014. 汉语的逻辑这个样,汉语是这样的:为赵元任先生诞辰120周年而作之二[J]. 语言教学与研究(2):1-10.

沈家煊,2015. 汉语词类的主观性[J]. 外语教学与研究,47(5):643-658.

沈家煊,2016. 名词和动词[M]. 北京:商务印书馆.

沈家煊,2017. 汉语有没有"主谓结构"[J]. 现代外语,40(1):1-13.

沈家煊,2019. 超越主谓结构[M]. 北京:商务印书馆.

施春宏,2004. 汉语句式的标记度及基本语序问题[J]. 汉语学习(2):10-18.

石定栩,2008. "的"和"的"字结构[J]. 当代语言学,10(4):298-307.

石定栩,2009. 无定代词与独立"的"字结构[J]. 外语教学与研究,41(2):83-91.

石毓智,2000a. 汉语的有标记和无标记语法句式[C]//中国语文杂志社. 语法研究和探索(十). 北京:商务印书馆:19-30.

石毓智,2000b. 论"的"的语法功能的同一性[J]. 世界汉语教学(1):16-27.

石毓智,2001. 汉语的主语与话题之辨[J]. 语言研究(2):82-91.

汤敬安,2018. 现代汉语受事前置句的认知研究[D]. 长沙:湖南师范大学.

陶红印,2004. 口语研究的若干理论与实践问题[J]. 语言科学(1):50-67.

田笑语,张炜炜,2020. 汉语变体中分析型致使构式变异研究:多分类逻辑斯蒂回归建模[J]. 外语与外语教学(3):22-33.

童剑平,程力,2009. 汉语句首受事话题的语篇关联及其认知动因[J]. 东北师大学报(哲学社会科学版)(1):96-100.

童剑平,周国强,2010. 句首受事话题句及其英译[J]. 解放军外国语学院学报,33(4):81-86.

完权,2009. 入场理论:认知语法的新进展[J]. 外国语,32(6):27-34.

完权,2012. 超越区别与描写之争:"的"的认知入场作用[J]. 世界汉语教学,26(2):175-187.

完权,2013. 事态句中的"的"[J]. 中国语文(1):51-61.

完权,2017. 汉语(交互)主观性表达的句法位置[J]. 汉语学习(3):3-12.

王东风,章于炎,1993. 英汉语序的比较与翻译[J]. 外语教学与研究(4):36-44.

王洪君,李榕,2015. 论汉语语篇的基本单位和流水句的成因[J]. 语言学论丛(1):11-40.

王继楠,2012. 英汉左偏置句式的句法语篇界面对比研究[D]. 上海:上海外国语大学.

王菊泉,2017. 汉外对比大有可为:纪念吕叔湘先生《通过对比研究语法》发表40周年[J]. 外语与外语教学(5):9-19.

王文斌,2013. 论英语的时间性特质与汉语的空间性特质[J]. 外语教学与研究,45(2):163-173.

王文斌,2019a. 论英汉的时空性差异[M]. 北京:外语教学与研究出版社.

王文斌,2019b. 我国汉外语言对比研究70年[J]. 外语教学与研究,51(6):809-813.

王义娜,2003. 话语指称的认知构建与心理空间可及性[J]. 外国语(5):35-42.

王义娜,2016. 认知视域下的汉语句子扩展方式再认识:以童谣"The House that Jack Built"多译文对比为例[J]. 外国语文,32(5):58-65.

王义娜,李亚培,2016. 英汉"难易评价结构"的主题性与非人称性:认知对比视角[J]. 外语教学与研究,48(5):693-706.

王义娜,李银美,2016.汉英主题结构的标记性:基于口语语料库的话语认知分析[J].外国语(6):33-44.

王义娜,李银美,2019.汉英主题结构的主观性:述题的情境植入视角[J].外语教学与研究,51(2):189-201.

王义娜,李银美,李甜,2017.后置"的"字结构的评述性:兼其英语对应语观察[J].解放军外国语学院学报,40(1):44-52.

王义娜,刘伟乾,2024.情境植入视角下英汉 SEEM 类感知谓词的言据性与认识情态性[J].西安外国语大学学报,32(2):26-31.

王义娜,杨艺,2023.对比语言学研究的多因素转向[J].西安外国语大学学报,(3):22-27.

王义娜,赵涓,2024.情境植入视角下英汉存在句的定指限制与情境通达[J].外语研究,41(4):24-30.

王寅,2012.认知翻译研究[J].中国翻译,33(4):17-23.

卫乃兴,2011.基于语料库的对比短语学研究[J].外国语,34(4):32-42.

文旭,2005.左移位句式的认知解释[J].外国语(2):45-52.

文旭,刘润清,2006.汉语关系小句的认知语用观[J].现代外语(2):111-119.

吴淑琼,刘迪麟,刘青,2021.基于语料库的"确认"类同义副词的行为特征研究:以"的确、确实、实在、着实"为例[J].外语教学,42(5):19-25.

邢福义,2001.汉语复句研究[M].北京:商务印书馆.

徐赳赳,2003.现代汉语篇章回指研究[M].北京:中国社会科学出版社.

徐烈炯,刘丹青,2003.话题与焦点新论[M].上海:上海教育出版社.

徐烈炯,刘丹青,2007.话题的结构与功能[M].上海:上海教育出版社.

徐秀玲,2020.翻译汉语主语回指语显隐机制研究:条件推断树法[J].外语与外语教学(3):44-53.

许红花,2015.现代汉语受事主语句研究[D].长春:吉林大学.

许家金,2020.多因素语境共选:语料库语言学新进展[J].外语与外语教学(3):1-10.

许余龙,2004. 篇章回指的功能语用探索:一项基于汉语民间故事和报刊语料的研究[M]. 上海:上海外语教育出版社.

许余龙,2007. 再论语言对比基础的类型[J]. 外国语(6):21-27.

许余龙,2010. 对比语言学[M]. 2版. 上海:上海外语教育出版社.

杨朝军,2010. 英语左偏置构式分析[J]. 现代外语(1):23-30.

杨丽梅,2020. 汉语情态动词连用的认知阐释[J]. 西安外国语大学学报,28(2):33-37.

于秀金,2018. 跨语言(非)现实与时—体—情态的范畴关联及显赫性格局[J]. 外国语,41(3):9-22.

袁毓林,1996. 话题化及相关的语法过程[J]. 中国语文(4):241-254.

袁毓林,2002. 论元角色的层级关系和语义特征[J]. 世界汉语教学(3):10-22.

袁毓林,2003. 从焦点理论看句尾"的"的句法语义功能[J]. 中国语文(1):3-16.

张伯江,2018. 汉语句法中的框—棂关系[J]. 当代语言学,20(2):231-242.

张伯江,方梅,1996. 汉语功能语法研究[M]. 南昌:江西教育出版社.

张颊,荣晶,2008. 汉语受事前置句结构的演变及对比研究[J]. 语言教学与研究(4):33-40.

张懂,2019. 英汉与格交替的多因素对比分析[D]. 北京:北京外国语大学.

张懂,许家金,2019. 英汉与格交替现象的多因素研究[J]. 外国语,42(2):24-33.

张敏,2009. 汉语话题化结构限制中的邻接条件[C]//北京大学中国语言学研究中心《语言学论丛》编委会. 语言学论丛(第39辑). 北京:商务印书馆:523-572.

张雪平,2012. 现代汉语非现实句的语义系统[J]. 世界汉语教学,26(4):449-462.

张滟,2010."事态限定"句法语义研究:基于"交互主观性"认知观[J].

外语教学与研究,42(3):203-210.

张谊生,2000. 现代汉语副词的性质、范围与分类[J]. 语言研究(1):51-63.

赵元任,1979. 汉语口语语法[M]. 吕叔湘,译. 北京:商务印书馆.

钟玲俐,刘正光,2024. 时空性弱化与汉语话题构式的主观性[J]. 外国语,47(4):28-38.

周晓林,2002. 行政法律语病例析[J]. 语言文字应用(3):64-67.

朱德熙,1978. "的"字结构和判断句[J]. 中国语文(1-2):23-27,104-109.

朱德熙,1982. 语法讲义[M]. 北京:商务印书馆.

朱佳蕾,2017. "一锅饭吃十个人"与受事主语句[J]. 世界汉语教学,31(3):291-310.

庄会彬,2014a. DP假说与汉语"的"字短语再议[J]. 解放军外国语学院学报,37(3):59-65.

庄会彬,2014b. 韵律语法视角下"的"的隐现原则[J]. 语言研究,34(4):65-74.

Achard M,2015. Impersonals and Other Agent Defocusing Constructions in French[M]. Amsterdam & Philadelphia: John Benjamins Publishing Company.

Altenberg B,2002. Concessive connectors in English and Swedish[J]. Language and Computers, 1999(26): 21-43.

Ariel M,1990. Accessing Noun-Phrase Antecedents[M]. London: Routledge.

Barlow M, Kemmer S,2000. Usage-Based Models of Language[M]. Stanford & California: CSLI Publications.

Bhat D N S,1999. The Prominence of Tense, Aspect and Mood[M]. Amsterdam & Philadelphia: John Benjamins Publishing Company.

Bossuyt T, Leuschner T,2000. WH-ever in German, Dutch and English[C]// Enghels R, Defrancq B, Jansegers M. New Approaches to Contrastive Linguistics. Berlin & New York: Mouton de Gruyter: 183-220.

Bresnan J, Ford M, 2010. Predicting syntax: Processing dative constructions in American and Australian varieties of English[J]. Language, 86(1): 168-213.

Brisard F, 2002. Grounding: The Epistemic Footing of Deixis and Reference[C]. Berlin & New York: Mouton de Gruyter.

Chao Y R, 1968. A Grammar of Spoken Chinese[M]. Berkeley & Los Angeles: University of California Press.

Chen P, 2004. Identifiability and definiteness in Chinese[J]. Linguistics, 42(6): 1129-1184.

Chesterman A, 1998. Contrastive Functional Analysis[M]. Amsterdam & Philadelphia: John Benjamins Publishing Company.

Cornillie B, 2007. Evidentiality and Epistemic Modality in Spanish (Semi-)Auxiliaries: A Cognitive-Functional Approach[M]. Berlin & New York: Mouton de Gruyter.

Cristofaro S, 2003. Subordination[M]. New York: Oxford University Press.

Croft W, 2003. Typology and Universals[M]. 2nd ed. Cambridge, New York & Melbourne: Cambridge University Press.

Davies W D, Dubinsky S, 2004. The Grammar of Raising and Control: A Course in Syntactic Argumentation[M]. Malden & MA: Blackwell Publishing.

Diessel H, 2001. The ordering distribution of main and adverbial clauses: A typological study[J]. Language, 77(2): 433-455.

Diessel H, 2005. Competing motivations for the ordering of main and adverbial clauses[J]. Linguistics, 43(3): 449-470.

Diessel H, 2008. Iconicity of sequence: A corpus-based analysis of the positioning of temporal adverbial clauses in English[J]. Cognitive Linguistics, 19(3): 465-490.

Dirven R, 2009. Reflections on current trends in contrastive linguistics: Functional and cognitive perspectives[J]. Annual Review of Cognitive

Linguistics, 7(1): 319-325.

Divjak D, Gries S T, 2009. Corpus-based cognitive semantics: A contrastive study of phasal verbs in English and Russia[C]// Lewandowska-Tomaszczyk B, Dziwirek K. Studies in Cognitive Corpus Linguistics. Frankfurt: Peter Lang: 273-296.

Dowty D, 1991. Thematic proto-roles and argument selection[J]. Language, 67(3): 547-619.

Du Bois J W, Schuetze-Coburn S, Cumming S, Paolino D, 1993. Outline of discourse transcription[C]//Edwards J A, Lampert M D. Talking Data: Transcription and Coding in Discourse Research. New York & London: Psychology Press: 45-90.

Enghels R, Defrancq B, Jansegers M, 2020. New Approaches to Contrastive Linguistics[C]. Berlin & New York: Mouton de Gruyter.

Enghels R, Jansegers M, 2013. On the crosslinguistic equivalence of sentir(e) in Romance languages: A contrastive study in semantics[J]. Linguistics, 51(5): 957-991.

Epstein R, 2002. Grounding, subjectivity and definite descriptions[C]//Brisard F. Grounding: The Epistemic Footing of Deixis and Reference. Berlin & New York: Mouton de Gruyter:41-82.

Ford C E, 1993. Grammar in Interaction: Adverbial Clauses in American English Conversations[M]. Cambridge: Cambridge University Press.

Gast V, 2015. On the use of translation corpora in contrastive linguistics: A case study of impersonalization in English and German[J]. Language in Contrast, 15(1): 4-33.

Geluykens R, 1992. From Discourse Process to Grammatical Construction: On Left-Dislocation in English[M]. Amsterdam & Philadelphia: John Benjamins Publishing Company.

Givón T, 1983. Topic Continuity in Discourse: A Quantitative Cross-Language Study[M]. Amsterdam & Philadelphia: John Benjamins Publishing Company.

Givón T, 2001. Syntax: An Introduction (Vol. II)[M]. Amsterdam & Philadelphia: John Benjamins Publishing Company.

Givón T, 2005. Context as Other Minds: The Pragmatics of Sociality, Cognition and Communication[M]. Amsterdam & Philadelphia: John Benjamins Publishing Company.

Givón T, 2017. The Story of Zero[M]. Amsterdam & Philadelphia: John Benjamins Publishing Company.

Glynn G, 2014. Polysemy and synonymy: Cognitive theory and corpus method[C]// Glynn D, Robinson J A. Corpus Methods for Semantics. Amsterdam & Philadelphia: John Benjamins Publishing Company: 8-38.

Gregory M L, Michaelis L A, 2001. Topicalization and left-dislocation: A functional opposition revisited[J]. Journal of Pragmatics, 33(11): 1665-1705.

Greenberg J H, 1966. Some universals of grammar with particular reference to the order of meaningful elements[C]//Greenberg J H. Universals of Grammar. 2nd ed. Cambridge & Massachusetts: MIT Press: 73-113.

Gries S T, 2003. Multifactorial Analysis in Corpus Linguistics: A Study of Particle Placement[M]. New York & London: Continuum.

Gries S T, 2012. Behavioral profiles: A fine-grained and quantitative approach in corpus-based lexical semantics[C]//Jarema G, Libben G, Westbury C. Methodological and Analytic Frontiers in Lexical Research. Amsterdam & Philadelphia: John Benjamins Publishing Company: 57-80.

Gries S T, Divjak D S, 2009. Behavioral profiles: A corpus-based approach towards cognitive semantic analysis[C]//Evans V, Pourcel S S. New Directions in Cognitive Linguistics. Amsterdam & Philadelphia: John Benjamins Publishing Company: 57-75.

Gries S T, Jansegers M, Miglio V G, 2020. Quantitative methods for corpus-based contrastive linguistics[C]//Enghels R, Defrancq B, Jansegers M. New Approaches to Contrastive Linguistics. Berlin & New York:

Mouton de Gruyter: 53-84.

Gundel J K, 1985. "Shared knowledge" and topicality[J]. Journal of Pragmatics, 9(1): 83-107.

Halliday M A K, Matthiessen C M I M, 2004. An Introduction to Functional Grammar[M]. 3rd ed. London: Edward Arnold.

Haspelmath M, 2006. Against markedness (and what to replace it with)[J]. Journal of Linguistics, 42(1): 25-70.

Haspelmath M, 2010. Comparative concepts and descriptive categories in crosslinguistic studies[J]. Language, 86(3): 663-687.

Hasselgård H, 2020. Corpus-based contrastive studies: Beginnings, developments and directions[J]. Language in Contrast, 20(2): 184-208.

Hawkins J A, 2004. Efficiency and Complexity in Grammars[M]. Oxford: Oxford University Press.

Huang C-T J, 1982. Logical Relations in Chinese and the Theory of Grammar[D]. Cambridge: Massachusetts Institute of Technology.

Huang C-T J, 1987. Remarks on empty categories in Chinese[J]. Linguistic Inquiry, 18(2): 311-338.

Huang C-T J, 1991. Remarks on the status of null object[M]//Freidin R. Principles and Parameters in Comparative Grammar. Cambridge & Massachusetts: MIT Press: 56-76.

Hu J H, Pan H H, 2009. Decomposing the aboutness condition for Chinese topic constructions[J]. Linguistic Review, 26(2-3): 371-384.

Imamura S, 2014. The influence of givenness and heaviness on OSV in Japanese[C]//Aroonmanakun W, Boonkwan P, Supnithi T. Proceedings of the 28th Pacific Asia Conference on Language, Information and Computation. Phuket: Chulalongkorn University: 224-233.

Imamura S, 2015. The effects of givenness and heaviness on VP-internal scrambling and VP-external scrambling in Japanese[J]. Studies of Pragmatics(17): 1-16.

Imamura S, 2016. A corpus-based analysis of scrambling in Japanese in terms of anaphoric and cataphoric co-referencing[J]. Research in Corpus Linguistics(4): 39-49.

Imamura S, 2017. A pragmatic account of scrambling and topicalization in Japanese[J]. Lingua(191-192): 65-80.

Janda L A, 2017. The quantitative turn[C]//Dancygier B. The Cambridge handbook of Cognitive Linguistics. Cambridge: Cambridge University Press: 498-514.

Johansson S, 2007. Seeing Through Multilingual Corpora on the Use of Corpora in Contrastive Studies[M]. Amsterdam & Philadelphia: John Benjamins Publishing Company.

Kaltenböck G, 2005. It-extraposition in English: A functional view [J]. International Journal of Corpus Linguistics, 10(2): 119-159.

Kocher A, 2018. Epistemic and evidential modification in Spanish and Portuguese[J]. Languages in Contrast, 18(1): 102-124.

Kölle L, Schwarz O, 2012. Linguistic versus cultural relativity: On Japanese-Chinese differences in picture description and recall[J]. Cognitive Linguistics, 23(4): 675-709.

Koizumi M, Tamaoka K, 2010. Psycholinguistic evidence for the VP-internal subject position in Japanese[J]. Linguistic Inquiry, 41(4): 663-680.

Kosmata E, Schlücker B, 2022. Contact-induced grammatical change?: The case of proper name compounding in English, German, and Dutch[J]. Languages in Contrast, 22(1): 77-113.

Kratochvílová D, 2019. The Spanish future tense and cognitive perspective: Tense, modality, evidentiality and reflection of the grounding process[J]. Lingua(230): 1-24.

Krzeszowski T P, 1990. Contrasting Languages[M]. Berlin & New York: Mouton de Gruyter.

Kumashiro T, Langacker R W, 2003. Double-subject and complex-predicate constructions[J]. Cognitive Linguistics, 14(1): 1-45.

Lambrecht K, 1994. Information Structure and Sentence Form: Topic, Focus, and the Mental Representation of Discourse Referents[M]. Cambridge, New York & Melbourne: Cambridge University Press.

Langacker R W, 1987. Foundations of Cognitive Grammar(Vol. I): Theoretical Prerequisites [M]. Stanford: Stanford University Press.

Langacker R W, 1990. Concept, Image, and Symbol: The Cognitive Basis of Grammar[M]. Berlin & New York: Mouton de Gruyter.

Langacker R W, 1991. Foundations of Cognitive Grammar(Vol. II): Descriptive Application[M]. Stanford: Stanford University Press.

Langacker R W, 1993. Reference-point constructions[J]. Cognitive Linguistics, 4(1): 1-38.

Langacker R W, 1995. Raising and transparency[J]. Language, 71(1): 1-62.

Langacker R W, 1999. Grammar and Conceptualization[M]. Berlin & New York: Mouton de Gruyter.

Langacker R W, 2001a. Topic, subject, and possessor[C]//Simonsen H G, Endresen R T. A Cognitive Approach to the Verb. Berlin & New York: Mouton de Gruyter: 173-212.

Langacker R W, 2001b. Dynamicity in grammar[J]. Axiomathes(12): 7-33.

Langacker R W, 2001c. Discourse in cognitive grammar[J]. Cognitive Linguistics(12-2): 143-188.

Langacker R W, 2002a. Deixis and subjectivity [C]//Brisard F. Grounding: The Epistemic Footing of Deixis and Reference. Berlin & New York: Mouton de Gruyter: 1-28.

Langacker R W, 2002b. Remarks on the English grounding systems [M]// Brisard F. Grounding: The Epistemic Footing of Deixis and Reference. Berlin & New York: Mouton de Gruyter: 29-40.

Langacker R W, 2008. Cognitive Grammar: A Basic Introduction [M]. New York: Oxford University Press.

Langacker R W, 2009. Investigations in Cognitive Grammar[M]. Berlin & New York: Mouton de Gruyter.

Langacker R W, 2013. Modals: Striving for control [C]//Marín-Arrese J I, et al. English Modality. Berlin & New York: Mouton de Gruyter: 3-55.

Langacker R W, 2014. Subordination in a dynamic account of grammar[C]//Visapää L, Kalliokoski J, Sorva H. Contexts of Subordination: Cognitive, Typological and Discourse Perspectives. Amsterdam & Philadelphia: John Benjamins Publishing Company: 17-72.

Langacker R W, 2016. Working toward a synthesis[J]. Linguistics, 27(4): 465-477.

Langacker R W, 2017. Evidentiality in cognitive grammar [C]//Marin-Arrese J I, Haßler G, Carretero M. Evidentiality Revisited. Amsterdam & Philadelphia: John Benjamins Publishing Company: 13-55.

Langacker R W, 2019. Levels of reality[J]. Languages, 4(2): 1-20.

Levshina N A, 2017. A Multivariate study of T/V forms in European languages based on a parallel corpus of film subtitles[J]. Research in Language, 15(2): 153-172.

Li C N, Thompson S A, 1976. Subject and topic: A new typology of language [C]//Li C N. Subject and Topic. New York: Academic Press: 457-489.

Li W, 2018. Grounding in Chinese Written Narrative Discourse[M]. Leiden & Boston: Brill Rodopi.

Lyons J, 1977. Semantics (Vol. II)[M]. Cambridge, New York & Melbourne: Cambridge University Press.

Malchukov A, Siewierska A, 2011. Impersonal Constructions[C]. Amsterdam & Philadelphia: John Benjamins Publishing Company.

Marín-Arrese J I, Carretero M, Haßler G, 2017. Evidentiality Revisited[C]. Amsterdam & Philadelphia: John Benjamins Publishing Company.

Miyagawa S, 2003. A-movement scrambling and options without optionality[C]//Karimi S. Word Order and Scrambling. Malden & MA: Blackwell Publishing: 177-200.

Miyagawa S, 2010. Why Agree? Why Move? Unifying Agreement-Based and Discourse-Configurational Languages[M]. Cambridge: Massachusetts Institute of Technology.

Mortelmans T, 2017. Seem-type verb in Dutch and German[C]//Marín-Arrese J I, Carretero M, Haßler G. Evidentiality Revisited. Amsterdam & Philadelphia: John Benjamins Publishing Company: 123-148.

Netz H, Kuzar R, 2007. Three marked theme constructions in spoken English[J]. Journal of Pragmatics, 39(2): 305-335.

Netz H, Kuzar R, 2009. The effect of marked topic on memory in Hebrew and English [J]. Language in Contrast, 9(2): 267-283.

Ning C Y, 1993. The overt syntax of relativization and topicalization in Chinese[D]. California: University of California.

Nuyts J, 2001. Epistemic Modality, Language, and Conceptualization: A Cognitive-Pragmatic Perspective[M]. Amsterdam & Philadelphia: John Benjamins Publishing.

Nuyts J, 2002. Grounding and the system of epistemic expressions in Dutch[C]//Brisard F. Grounding: The Epistemic Footing of Deixis and Reference. Berlin & New York: Mouton de Gruyter: 433-466.

Nuyts J, 2009a. Language, conceptualization and TAM marking: A cognitive-functional perspective[J]. Journal of Foreign Languages, 32(1): 2-43.

Nuyts J, 2009b. The "one-commitment-per-clause" principle and the cognitive status of qualificational categories [J]. Linguistics, 47 (1): 141-171.

Nuyts J, 2017. Evidentiality reconsidered[C]//Marin-Arrese J I, Haßler G, Carretero M. Evidentiality Revisited. Amsterdam & Philadelphia: John Benjamins Publishing Company: 57-83.

Ochs Keenan E, Schieffelin B,1976. Foregrounding referents: A reconsideration of left dislocation in discourse[C]//Proceedings of the 2nd Annual Meeting of the Berkeley Linguitics Society. Berkeley: 240-257.

Palmer F R, 2001. Mood and Modality[M]. 2nd ed. Cambridge, New York & Melbourne: Cambridge University Press.

Pan H H, Hu J H, 2008. A semantic-pragmatic interface account of (dangling) topics in Mandarin Chinese[J]. Journal of Pragmatics, 40(11): 1966-1981.

Pekarek Doehler S, De Stefani E, Horlacher A-S, 2015. Time and Emergence in Grammar[M]. Amsterdam & Philadelphia: John Benjamins Publishing Company.

Pelyvás P, 2006. Subjectification in (expressions of) epistemic modality and the development of the grounding predication[C]//Athanasiadou A, Canakis C, Cornillie B. Subjectification: Various Paths to Subjectivity. Berlin & New York: Mouton de Gruyter: 121-150.

Postal P M, 1974. On Raising[M]. Cambridge: Massachusetts Institute of Technology.

Prince E, 1984. Topicalization and left-dislocation: A functional analysis[J]. Annals of the New York Academy of Sciences, 433(1): 213-225.

Prince E, 1997. On the functions of left-dislocation in English discourse[C]//Kamio A. Directions in Functional Linguistics. Amsterdam & Philadelphia: John Benjamins Publishing Company: 117-143.

Prince E, 1998. On the limits of syntax, with reference to left-dislocation and topicalization[C]//Culicover P W, McNally L. The Limits of Syntax and Semantics. New York: Academic Press: 281-302.

Quirk R, Greenbaum S, Leech G, et al., 1985. A Comprehensive Grammar of the English Language[M]. London: Longman.

Ross J, 1967. Constraints on Variables in Syntax[M]. Cambridge & Massachusetts: MIT Press.

Saito M, Hoji H, 1983. Weak crossover and move α in Japanese[J]. Natural Language & Linguistic Theory1: 245-259.

Serdobolskaya N, 2009. Towards the typology of raising: A functional approach[C]//Bisang, W et al. New Challenges in Typology. Berlin & New York: Mouton de Gruyter: 269-294.

Shi D X, 1990. Is there object-to-subject raising in Chinese? [C]// Proceedings of the 6th Annual Meeting of the Berkeley Linguistics Society: 305-314.

Shi D X, 1992. The Nature of Topic Comment Constructions and Topic Chains[D]. California: University of Southern California.

Shi D X, 2000. Topic and topic-comment constructions in Mandarin Chinese[J]. Language, 76(2): 383-408.

Torres Cacoullos R, Travis C, 2019. Variationist typology: Shared probabilistic constraints across (non-)null subject languages[J]. Linguistics, 57(3): 653-692.

Wang K F, Qin H W, 2014. What is peculiar to translational Mandarin Chinese? A corpus-based study of Chinese constructions' load capacity [J]. Corpus Linguistics and Linguistic Theory, 10(1): 57-77.

Wang Y F, 2006. The information structure of adverbial clauses in Chinese discourse[J]. Taiwan Journal of Linguistics, 4(1): 49-88.

Xiao R, McEnery T, 2010. Corpus-Based Contrastive Studies of English and Chinese [M]. New York & London: Routledge.

Xu L J, 1986. Free empty category [J]. Linguistic Inquiry, 17(1): 75-93.

Xu L J, Langendoen D T, 1985. Topic structures in Chinese[J]. Language, 61(1): 1-27.

Yeh Hui-Chen, 2000. Temporal and conditional clauses in Chinese spoken discourse: A function-based study[C]//Proceedings of the 14th Pacific Asia Conference on Language, Information and Computation. Tokyo: PACLIC 14 Organizing Committee: 365-376.